U0870874

牛首山題刻釋讀

刘文庆 编著

南京市江宁区郑和墓园文物保护管理所 编

南京出版传媒集团
南京出版社

图书在版编目（CIP）数据

牛首山题刻释读 / 刘文庆编著；南京市江宁区郑和墓园文物保护管理所编. -- 南京：南京出版社，2022.12
ISBN 978-7-5533-3632-9

Ⅰ. ①牛… Ⅱ. ①刘… ②南… Ⅲ. ①碑刻－拓片－南京－图集 Ⅳ. ①K877.422

中国版本图书馆CIP数据核字（2022）第039715号

书　　名：牛首山题刻释读
作　　者：刘文庆
编　　者：南京市江宁区郑和墓园文物保护管理所
出版发行：南京出版传媒集团
　　　　　南 京 出 版 社
社址：南京市太平门街53号　　邮编：210016
网址：http://www.njcbs.cn　　电子信箱：njcbs1988@163.com
联系电话：025-83283893、83283864（营销）　025-83112257（编务）

出 版 人：项晓宁
出 品 人：卢海鸣
责任编辑：徐　智
装帧设计：王　俊
责任印制：杨福彬

排　　版：南京新华丰制版有限公司
印　　刷：南京凯德印刷有限公司
开　　本：787毫米×1092毫米　1/16
印　　张：18
字　　数：352千
版　　次：2022年12月第1版
印　　次：2022年12月第1次印刷
书　　号：ISBN 978-7-5533-3632-9
定　　价：120.00元

用微信或京东APP扫码购书
用淘宝APP扫码购书

编纂委员会

主 任 委 员　　张　斌

副主任委员　　李小静

主　　　编　　刘文庆

编　　　务　　周　鹏　胡美华　刘　磊

　　　　　　　郑莎莎　何雅慧　魏　婷

目录

上篇　遗物部分

下篇　研究部分

上篇　遗物部分

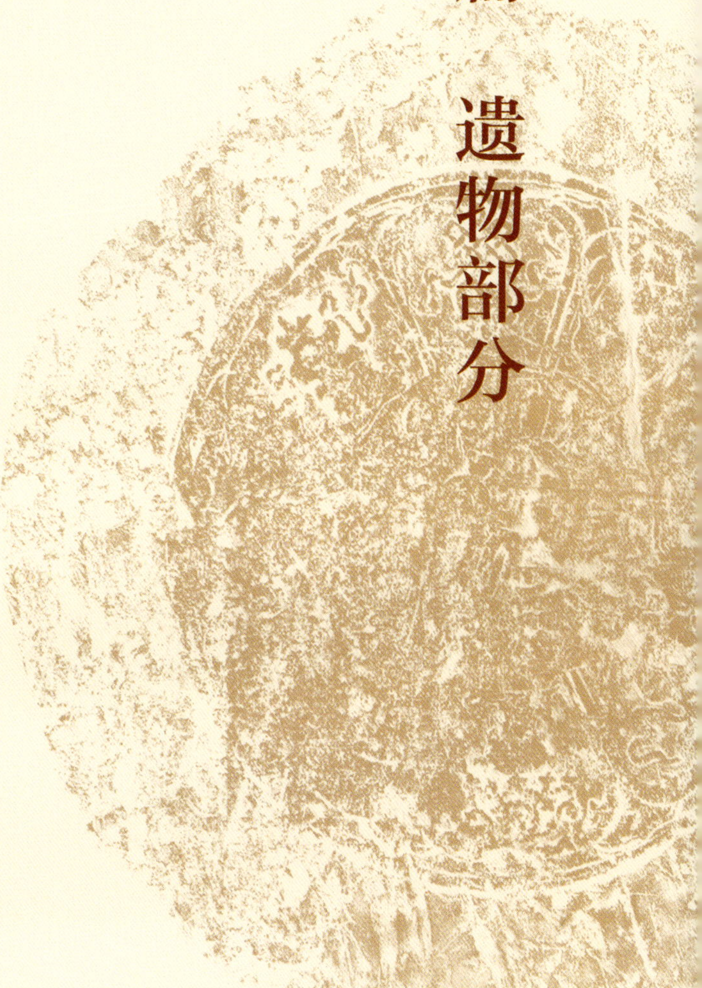

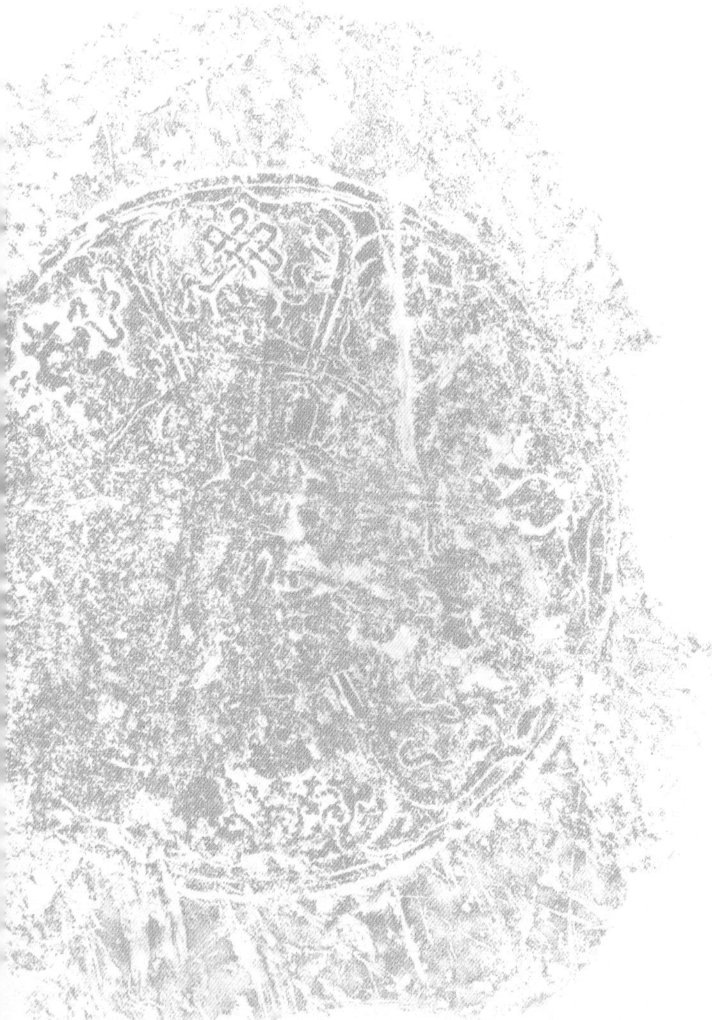

牛首山

牛首山位于南京市江宁区，因东西双峰相对，外形似牛头两角而得名。公元317年，晋元帝司马睿定都建康（今南京），欲在都城的正南门宣阳门外建双阙。丞相王导认为国家初立，民力维艰，不可大兴土木，遂趁陪同晋元帝出游的机会，遥指牛首双峰，进言曰：“此天阙也，岂烦改作！”故后世又称牛首山为天阙山。这里山峦起伏，花木繁多，风景秀丽，是佛教信徒修身养性的理想场所。六朝时，牛首山就已成为佛教中心，其寺院最著盛名者，有弘觉寺、祖堂寺、花岩寺等。清乾隆年间，“牛首烟岚”列入金陵四十八景之中。

（明）朱之蕃《金陵四十景图像诗咏》中的《牛首烟峦图》

弘觉寺初名佛窟寺，建造于南朝刘宋。大明五年（461），僧人辟支曾在西峰的洞窟内禅修。

梁武帝天监二年（503），司空徐度在此依洞窟建造寺庙，遂得名佛窟寺。徐度在牛首山建寺后，仍以余资集录佛经道书、内外诸史、医方图符，凡数千百卷，总以七藏，佛窟寺遂以典籍众多而名声大振，牛首山成为当时拥有最大的“佛经道书、内外诸史、医方图

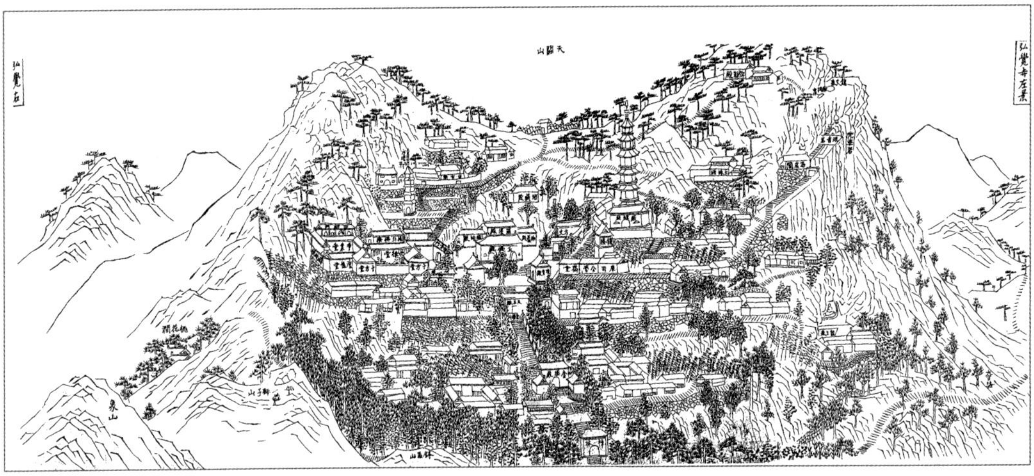

（明）葛寅亮《金陵梵刹志》中的《牛首山弘觉寺图》

符”典籍收藏寺庙的佛教名山。

入唐，弘觉寺曾称长乐寺，又名资善院或福昌院。唐大历九年（774），代宗李豫在牛首山东峰建七级浮屠，高耸入云，后人称为“唐塔”。南唐时，后主李煜改寺名为弘觉寺。

北宋太平兴国年间，改称崇教寺。皇祐二年（1050），僧人德铨与郡人高怀义等于牛首山双峰之间的原佛窟寺地址，建起一座五层方塔，名为辟支佛塔，长干寺僧人普庄撰有碑记。南宋淳祐四年（1244）又经重修，但形制、格局不改。塔后有辟支洞，即南朝刘宋时辟支僧坐禅之处。

明洪武初年，佛窟寺之旧名得以恢复，正统年间更名弘觉寺，并对唐塔进行了维修。嘉靖三十二年（1553）又经重修。弘觉寺规模宏大，建制雄伟。据《金陵梵刹志》卷三十三记载，寺域范围东至白石坑、南至赵库村、西至文殊岭顶、北至太子岭脚，寺基周围二十一里三十步。自南而北，缘山而上，有大山门一座、金刚殿五楹、天王殿三楹、正佛殿七楹、毗卢殿三楹，左右各翼以碑亭、观音殿、轮藏殿、伽蓝殿、祖师殿各三楹。金刚殿与天王殿之间有石蹬百级，称为白云梯。另有禅堂、接引阁、华严楼、藏经阁、弥勒阁、养老堂等。寺内修廊短楯，墙外茂林修竹，景致极佳。

清代乾隆年间，因避乾隆帝弘历讳，弘觉寺改名宏觉寺。乾隆帝六下江南巡游，为宏觉寺佛殿题写了“万法皆如”匾额。宏觉寺在咸丰年间遭兵火焚掠，后虽加修葺，但规模已大不如前。

民国年间，宏觉寺一度更名为普觉寺。朱偰先生在20世纪30年代两度探访佛窟寺旧迹，当时古寺“仅余大雄宝殿，佛龛尘封，荆榛塞途。寺右有杏花数十株，花事已闲，古寺无人，纷纷自开自落”。抗战期间，古寺建筑被付之一炬，唯弘觉寺塔孑然孤立。

侵华日军占领南京后，1938年初在凤凰山至牛首山一带修建铁路，掠夺矿产资源。

（清）高岑《金陵四十景图》中的《牛首山图》

年底，日本人正式开始在牛首山开采铁矿。牛首山铁矿属于浅矿，比较好开采，矿场当时被凤凰山铁矿所管辖，每天都有矿石被运出。日本人还放置了两个空火车皮在牛首山下的世凹村备用。当时，大量的矿石从凤凰山铁矿发出，与停靠在三板桥的牛首山矿石会合，通过铁路最终到达扬子江三山营码头装船，货船装满后运回日本。

日本战败投降后，牛首山停止采矿，采矿运输用的小铁轨也被拆除。

新中国成立后，牛首山铁矿由江宁县继续开采，1958 年，江宁铁矿对原来运矿的铁路进行了改造。1964 年，牛首山铁矿的开采单位变更为南京市牛首山铁矿，隶属于南京市重工业局，高峰时期人员规模达 3000 人。

1980 年以后，因市场不景气、矿石滞销，牛首山铁矿停止开采。为了解决矿工的就业问题，南京市牛首山铁矿改为纺织工贸公司（服装厂、印染厂等），原在牛首山铁矿工作的农业户口人员回到原籍。

2008 年，为供奉南京大报恩寺遗址出土的佛顶骨舍利，南京市政府决定在牛首山修建佛顶宫、佛顶塔和佛顶寺，并对整个牛首山进行了环境整治。佛顶宫、佛顶塔、佛顶寺与弘觉寺塔，成为南京重要的佛教圣地。

（清）徐上添《金陵四十八景图》中的《牛首烟岚图》

（民国）韵生《金陵四十八景全图》中的《牛首烟岚图》

牛首山东峰岩壁题刻

牛首山东峰岩壁题刻“南无阿弥陀佛”

弘觉寺塔

南京牛首山弘觉寺塔原貌

弘觉寺塔位于牛首山东峰南坡，为原弘觉寺附属建筑物，是南京现存最雄伟的砖木结构楼阁式古塔。南朝梁武帝天监二年（503），司空徐度建佛窟寺于牛首山。相传唐代宗李豫梦感“修峰顶七级浮屠”，故于大历九年（774）在牛首山建七级八面浮屠，后毁，现塔为明代重修。塔因寺而得名，因始于唐代，故也被称为“唐塔”。

弘觉寺塔选址在岩石上，塔总高约45米。塔的外壁转角有倚柱，是由特制的子母砖固定在转角墙体内。塔七级八面，每面中为拱形壶门，各层的拱门四实四虚，防止塔的纵向开裂。2至7层每面壶门两侧各有小窗一扇，共计96只小窗，每扇小窗顶部都有油灰痕迹，可能是因为夜晚僧人在小窗上点油灯。弘觉寺塔在围栏、飞檐、登门、风铃等装饰下造型典雅，风格古朴。弘觉寺塔建筑构造与南京明代报恩寺塔、杭州明代雷峰塔、扬州明代文峰塔很相似，都是外八角、内四方的楼阁式塔造型。从弘觉寺塔壁砖、柱础、石须弥座等建筑构件看，与孝陵大金门、碑亭等处规制相似，为典型明代官式形制，这种外八角、内四方、隔层错角的空筒式结构，在江苏较为流行。

作为城南名刹，弘觉寺一直是佛教信徒、达官显贵烧香礼佛的重要去处。尤其是明清以来，每逢三月草长莺飞时节，牛首山茂林修竹，桃李争妍，鸟语花香，云蒸霞蔚，景色极为优美，“风雨晴雾，无不堪游”。历代文人墨客凡有游临，必有咏颂，在此留下了众多诗文。明初大臣胡广随同皇帝游览牛首山佛窟寺后，写下了《从游诗》云：“晓从凤辇出龙关，偶筑牛首其跻扳。南唐古寺留碑在，西竺高僧振锡还。百丈崖龛过鸟雀，半空钟鼓隔人间。暂游已觉尘缘息，到此万知佛屈用。”明人顾璘《与陈石亭雪后游牛首山》亦生动地描绘了佛窟寺景观：“隆冬季月岁云徂，策马牛山兴不孤。削壁倚空云点缀，古松沿涧雪模糊。堂垂塔影传灵怪，人转岩腰学画图。形胜江南无可比，武皇龙驾合踟蹰。”据不完全统计，仅明清两代，有关牛首山弘觉寺的诗就有 400 首之多。

除诗作流传外，1993 至 2015 年，文物部门对弘觉寺塔进行了 3 次维修，在维修过程中发现 70 多条明清时期游人的题记。这些题记都是游人用锐器在门券洞壁的石灰粉刷层上刻画的，题刻文字分布在 2 至 7 层，刻画年代最早的为明正统五年（1440），最多为嘉靖与康熙年间，说明这段时间弘觉寺香火旺盛。从塔壁文字题刻时间段上分析，民国以后的题刻基本没有，推测最后塔遭破坏年代在清代后期。

弘觉寺塔题刻

第二层西南

录文

大明崇祯十七年 / 牛首山弘觉寺□ / □□□□□□□ /

第二层西南

录文

崇禎十六年題刻□□□□□□者不过三十歲柒匠萬敬溪 / 牛首山弘觉寺□□重修寶塔請到 / 泉井村瓦匠朱□□□□匠開如為做晋如後代 / 崇禎拾陸年二月初一□□起朱林宇曹宇各發乾心 / 公□□□晓宇□□禄周東元趙明□嚴春宇 / 朱春禄木匠居住上庄人世張奉林□□做朱 / □□少者年當二十春洪宇 /

第二层西南

录文

崇祯十六年题刻（局部放大）

第四层北面

录文

嘉靖年间题刻“嘉靖三十八年三月初二日王□得薛東权□□□”

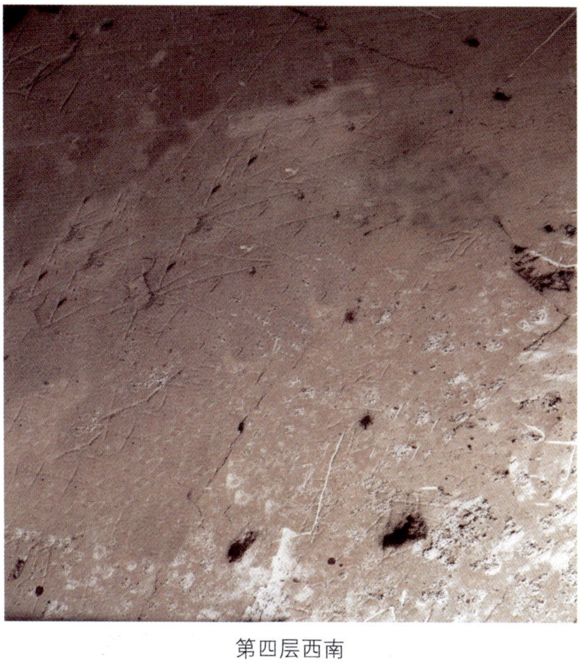

第四层西南

录文

雍正十三年五月题刻

第四层西

录文

康熙元年□月題刻

第四层西

录文

顺治十一年□月八日陳東 宋□仲 宋□誠題刻

第四层北

录文

康熙拾一年叁月初四日 江寧縣 楊□□ 楊□□ 張亦良 □□□題刻

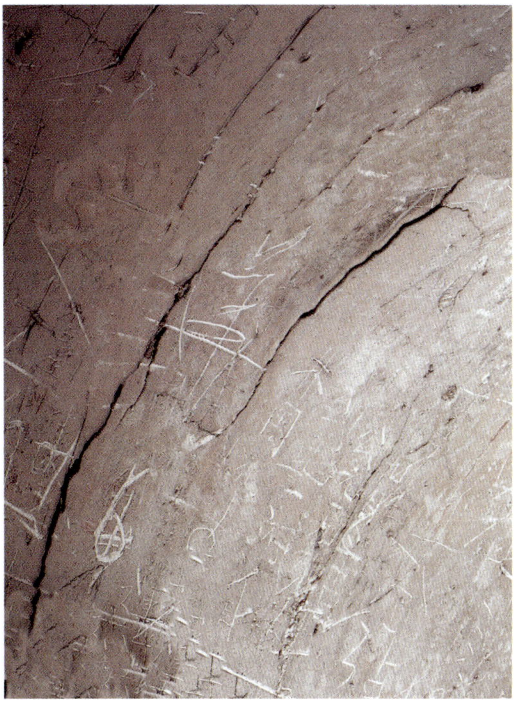

第五层

录文

太平府□縣孫継□題刻

第五层南

录文

崇禎二年題刻

第五层

录文

江南江寧府上元縣 武□□題刻

第七层西

录文

后因不妨开矿而未拆 1961 年記邵邦臻題刻

弘觉寺塔地宫

1956年7月，一位住在牛首山的麻风病人在游览弘觉寺塔时发现了塔下地宫，地宫上圆下方。后经南京博物院发掘，地下珍宝得以面世。

地宫中出土有铜鎏金喇嘛塔、佛像、玉瓶等珍贵文物，其中尤以一座精美绝伦的铜鎏金喇嘛塔引人注目。地宫一经发现，即引起各方的关注。有观点认为，李福善是佛弟子御用监太监，即明代航海家郑和。地宫中出土文物皆为郑和生前所用，且塔内供奉的是郑和的部分遗骨。也有研究人员认为御用监太监李福善并非郑和，而是李童。据李童墓志铭记载，李童，字彦贞，号朴庵，法名福善，江西庐陵人，生于明洪武二十二年（1389），卒于明景泰四年（1453），享年六十三岁。李童于永乐初年被选入宫中，曾多次随明成祖北征，平定蒙元残部。仁宗时随驾平定汉王朱高煦叛乱。宣德时随帝出喜峰口，征讨蒙古兀良哈部，立下功绩。英宗登基时，李童已是三朝元老，很快得到英宗赏识重用。正统年间修弘觉寺塔时，李童即在地宫中供奉器物，以表达自己崇佛敬佛的虔诚之心。

铜鎏金喇嘛塔铭文拓片

弘觉寺塔地宫出土的铜鎏金喇嘛塔

铜鎏金喇嘛塔通高 35 厘米，宽 19.3 厘米。铜质，通体鎏金，分塔基、塔身、塔刹三个部分。塔基为双重须弥座，上面饰有三钴杵、仰覆莲、乳丁纹和连珠纹。下方的正面和背面各有 1 行铭文，正面为“金陵牛首山弘觉禅寺永充供养”13 字，背面为“佛弟子御用监太监李福善奉施”13字。塔身似覆钵，下收不明显，有四个火焰形的券龛。塔刹是简化的小型喇嘛塔，饰有仰覆莲瓣、相轮、宝盖、菩萨等，玲珑剔透，精巧别致。须弥座上还置一组佛像，正中为三头八臂的佛，结跏趺坐于莲座之上，八只手中各持法器。旁边有胁侍菩萨站在左右莲座之上，佛的前后左右有四护法天王立于莲座上。须弥座内藏有珍珠、宝石、水晶、玛瑙、玉石、骨灰等物。鎏金塔安放在一个红色砂岩雕成的须弥山形基座上，上面浮雕游龙戏珠、鹿衔灵芝、双狮戏球、力士顶果盘等图案。塔前放银椁金棺，内有一尊铜鎏金释迦牟尼涅槃像，座的四角各放一个青花罐，罐内有遗骨、牙齿舍利。

弘觉寺塔在明代即被称舍利塔。明代有多位诗人写过牛首山舍利塔诗，提到齿舍利。吴子孝《舍利塔》诗云：“齿骨存余教，开函意怆然。空门长寂寂，留镇已年年。”范重诠诗云：“宝塔登临耸碧霄，东风二月怯重袍。层栏转日移龙影，绝顶笼云下鸟巢。潮涌苍冥看浩渺，山围古郡见萧条。金陵影胜披图画，都属新诗付紫毫。”陆长庚诗云：“浩劫开雄构，垂螺七级全。四廊闲倒影，绝顶揖诸天。盘辟虚皇境，细缊太素烟。争传舍利子，赤日坐诸天。”方凤《游牛首山记》中写道：“祖堂云有佛牙尚存，诸君亦称倦，不能进。予独往觅，佛牙长二寸许。更出唐高僧袈裟，工致不可言，盖千余年物也。”说明当时他本人在牛首山亲眼看到佛牙舍利的真实情况。

弘觉寺塔地宫出土的青釉盖罐内的牙齿

铜鎏金喇嘛塔红砂石底座雕刻供养人图案
长：37.5 厘米，高：15 厘米

铜鎏金喇嘛塔红砂石底座雕刻狮纹图案
长：37.5 厘米，高：15 厘米

铜鎏金喇嘛塔红砂石底座雕刻鹿纹图案
长：37.5 厘米，高：15 厘米

铜鎏金喇嘛塔红砂石底座雕刻龙纹图案
长：37.5 厘米，高：15 厘米

弘觉寺塔地宫出土的铜鎏金不空罥索观音坐像

铜鎏金喇嘛塔内藏石质财神像

弘觉寺塔地宫盖

1956 年 7 月，弘觉寺塔地宫被发现后，江苏省文物管理委员会对其作了及时调查和清理。据当年简讯记载：“地宫口部上边的圆形石盖已经被揭起，盖的反面刻有 41.5 厘米直径的圆形花纹。”此后相当长的时间内，学界并未给予弘觉寺塔及其地宫足够的重视。1957 年牛首山开始大开铁矿，地宫石盖便被掩埋在矿渣中，直到 1996 年对塔实施维修时，地宫石盖才随之暴露出来，但不久弘觉寺塔地宫石盖被夏家虎滚入弘觉寺塔西侧矿坑池内。笔者于 2004 至 2012 年连续跟踪。2012 年，人们利用此矿坑建设佛顶宫，经过 30 多天的持续抽水，当年 7 月 20 日终于在矿坑东北的剖面上发现了地宫石盖。当天下午，石盖即被抬运到弘觉寺塔内加以保护。

石盖呈圆形，直径 63 厘米，厚 20 厘米，由红砂石制成，与地宫出土的铜鎏金喇嘛塔的底座是同一种质地。石盖顶面素面无纹，加工粗糙。底面打磨光滑，中心位置浅浮雕一个直径约 41.5 厘米的圆形图案，分内外两圈。内圈直径约为 20 厘米，内圈之中残损严重，似在最中心又雕一小圆，这个小圆与内圈之间的环面上似雕有等分扇形的界格，格内及小圆中原应刻有图案，但具体内容已难细辨。内圈与外圈之间等分为八格扇形，每格内雕一朵莲瓣，共八瓣，每个莲瓣长约 10 厘米，宽约 7—12.5 厘米，莲瓣内各雕一个法器，共八个，合为“八吉祥”图案。八个吉祥物中，现能清楚辨认的仅有盘长、宝瓶两个，其他图案已经模糊不清。

弘觉寺塔地宫盖局部八吉祥纹拓片“八吉祥”，是一组以佛教教义为题材和表现内容的图案，分别是轮、螺、幢、盖、花、瓶、鱼、结八种法物。相传当年释迦牟尼悟道成佛、转法讲经之时，帝释天、大梵天等众施主为敬奉佛祖而呈献了这八种象征吉祥的供奉物，并因此出现了很多吉兆，经佛祖加持成为众生永久吉祥之象征。此外，它还象征佛祖的身、语、意及功德。具体而言，《北京雍和宫法器说明册》中有很好的概括：法轮，佛说大法圆转万劫不息之物；法螺，佛说具菩萨果妙音吉祥之物；白盖，佛说遍复三千净一切药之物；莲花，佛说出五浊世，无所染着之物；宝瓶，佛说福智圆满，具完无漏之物；金鱼，佛说坚固活泼，解脱坏劫之物；盘长，佛说回环贯彻，一切通明之物；至于幢，《藏传佛教神明大全》载：“胜利幢，是世间一切胜利之代表，它象征着制服四魔（蕴魔、烦恼魔、死魔、天子魔）之功德。”

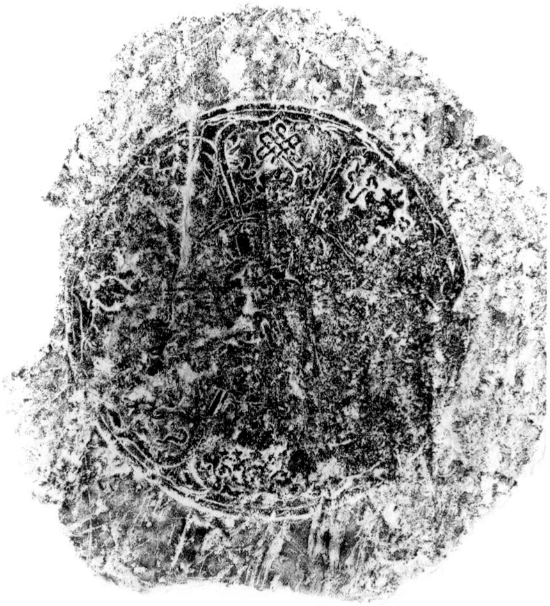

弘觉寺塔地宫出土的盖拓片

据目前已知的考古资料，舍利塔地宫石质盖板上还不曾发现刻有纹饰的图案，而牛首山这块刻有八吉祥纹饰石盖的发现，填补了学术空白，它的出土使弘觉寺塔的地宫体系得以完备。

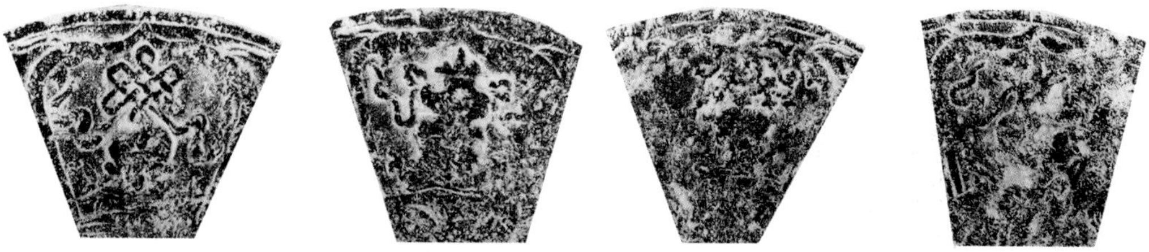

弘觉寺塔地宫出土的盖局部八吉祥纹拓片

弘觉寺兜率崖遗址出土文物

2011 年 6 月，南京市确定利用牛首山矿坑建佛顶宫，长期安奉佛教至高圣物佛顶骨舍利。为配合佛顶宫项目及江宁区牛首山大遗址公园的建设，南京市博物馆、江宁区博物馆、江宁区郑和墓园文物保护管理所，在 2012 年 9 月至 10 月对项目所涉范围及整个牛首山周边进行了考古调查工作，发掘清理出众多重要遗迹、建筑构件与碑刻等文物，为研究明代弘觉寺建筑布局、特点、历史沿革等提供了重要实物资料和依据。

考古发掘出土的建筑构件以砖、瓦当、滴水、井栏等为主，另有少量碑刻。

直径：14 厘米

直径：12.5 厘米

出土的明代兽面瓦当拓片

直径：9 厘米

直径：9 厘米

出土的明代兽面瓦当拓片

出土的明代“卍”字滴水拓片
长：24 厘米，高：5.5 厘米

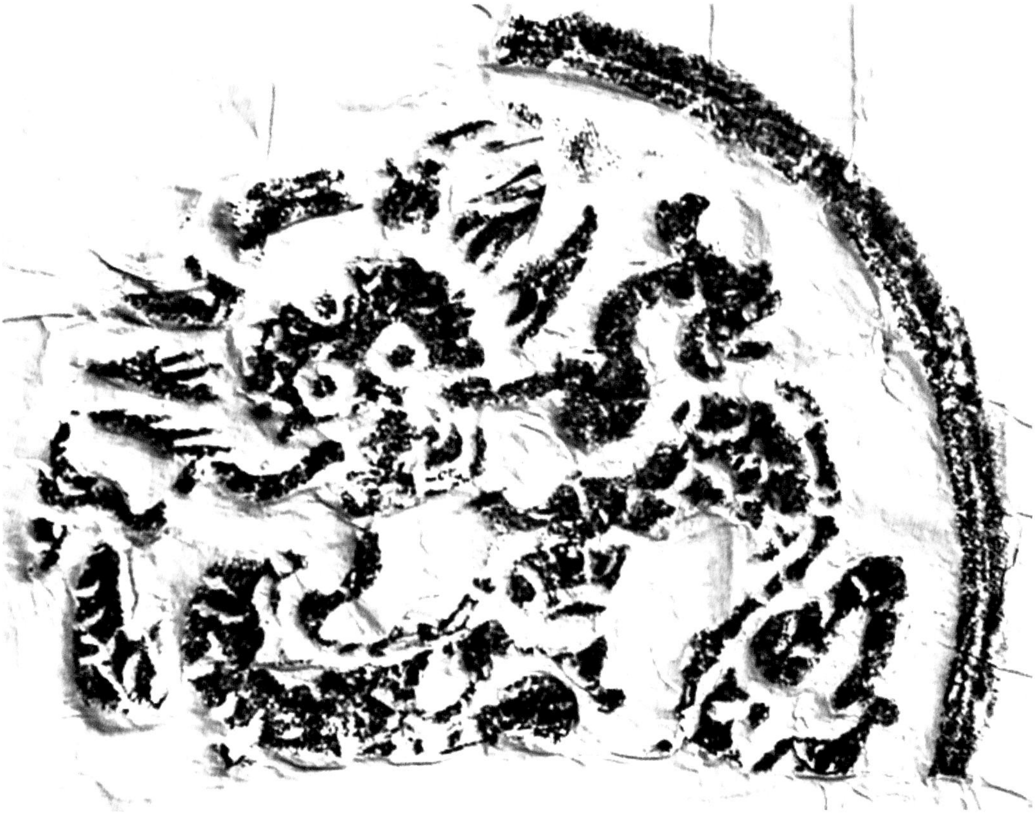

出土的明代龙纹瓦当拓片　直径：10 厘米

出土的明代莲花纹滴水拓片
长：17 厘米，高：9 厘米

出土的明代花卉纹滴水拓片
残长：21 厘米，残高：16 厘米

出土的明代缠枝莲纹滴水拓片
残长：16 厘米，残高：9.5 厘米

出土的“张捨”铭文古砖拓片
残长：9 厘米，宽：14.2 厘米，厚：5.2 厘米

出土的“禅堂”铭文古砖拓片
残长：28 厘米，宽：19.5 厘米，厚：9 厘米

出土的“正后孔”铭文古砖拓片
残长：15 厘米，宽：16 厘米，厚：9 厘米

出土的“二后孔”铭文古砖拓片
残长：15 厘米，宽：16.2 厘米，厚：9 厘米

出土的“正前”铭文古砖拓片
残长：14 厘米，宽：18 厘米，厚：9.5 厘米

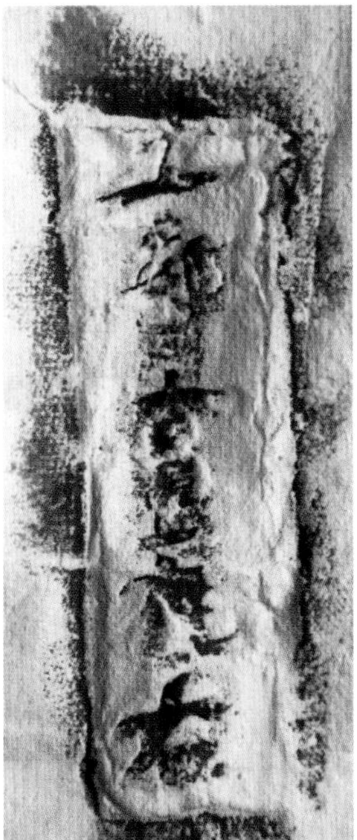

出土的“工部官瓦右”铭文残瓦拓片
长：6.7 厘米，宽：2 厘米

出土的“白龟池”井栏

出土的“白龟池”井栏拓片

出土的“白龟池”井栏铭文拓片

录文

白龟池　宝祐癸丑二月八日题

简析

井栏为八角形，上小下大，每面宽度 21—24 厘米，高 42 厘米，井栏内直径（上下）35—45 厘米，外直径（上下）54—63 厘米，厚 9 厘米。上刻“白龟池”三个楷书大字，落款为“宝祐癸丑二月八日题”。“宝祐癸丑”即南宋理宗宝祐元年（1253）。盛时泰在成书于明嘉靖年间的《牛首山志·池泉志》中写道：“白龟池在天王殿左，栏楯有铭，是成化七年修。”而新出土“白龟池”的井栏铭文为“宝祐癸丑二月八日题”，显然这只宋代井栏在明代嘉靖时就已埋入土中，盛时泰没能看到。

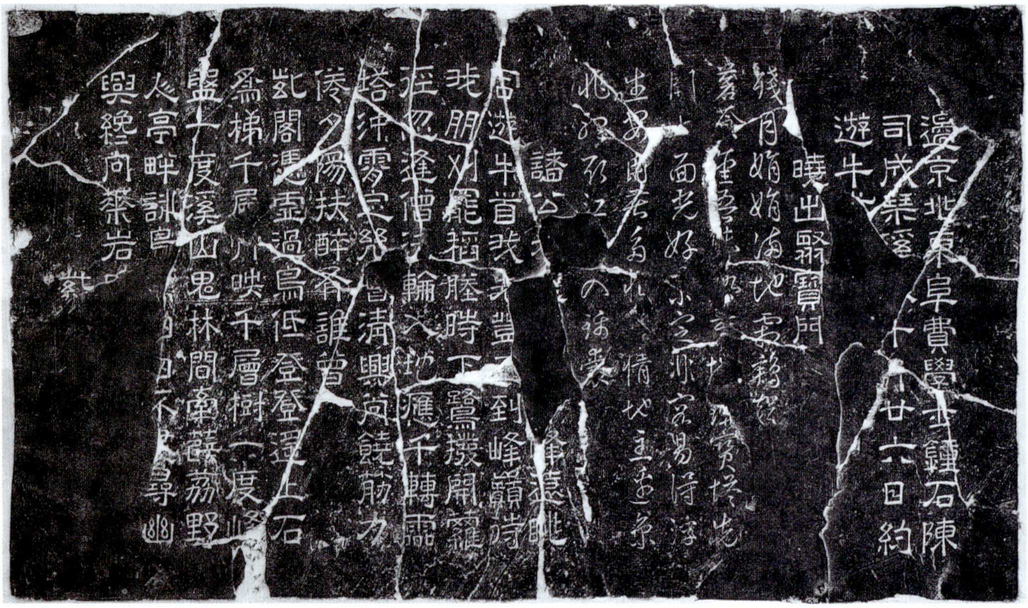

出土的碑刻拓片　长：53.5 厘米，宽：28.5 厘米，厚：2 厘米

录文

边京兆东皋费学士钟石陈 / 司成琴溪十月廿六日约 / 游牛首 / 晓出聚宝门 / 残月娟娟满地霜鸡声 / 遥隔树苍苍 / 金吾未启重城钥宝塔先 / 开四面光 / 好景定非容易得浮 / 生安用许多忙高情地主边京 / 兆剩写江山入锦囊 / 诸公□□□峰远眺 / 同游牛首我先登至到峰巅待 / 我朋刘罢稻塍时下鹭拨开萝径忽逢僧法轮入地应千转灵 / 塔冲霄定几层清兴尚饶筋力 / 倦夕阳扶醉有谁曾 / 紫阁凭虚过鸟低登登遥上石 / 为梯千层竹映千层树一度峰 / 盘一度溪 / 山鬼林间牵薜荔野 / 人亭畔咏鸟啼 / 白日不□寻幽 / 兴才向花岩□□□ / 紫□□

简析

此石刻第一首题诗见载于盛时泰《牛首山志》上卷："辟支洞，在西峰前，广逾文殊之一，高倍之。洞前有殿，殿内石佛形制甚古。殿左有方塔，是宋僧德铨同郡人高怀义造，长干圆照大师普照有文志之，今嵌左壁。右壁有如愚居士词，及予修塔记。铃声断续，时惊游者。风雨寒夕，杂以清梵，尤为惬心。洞左廊修短循，墙外松草蔽亏，游人步屧穿林西下者，望之如画。户外正对花岩，大峰绵连苍翠，盖西峰最佳处也。山西刘紫岩公，有同边京兆东皋、费学士钟石、陈司业琴溪，以十月二十六日，约游牛山，晓出聚宝门，午至寺，晚过辟洞诗云：'残月娟娟满地霜，鸡声遥隔树苍苍。金吾未启重城钥，宝塔先开四面光。好景定非容易得，浮生安用许多忙。高情地主边京兆，剩写江山入锦囊。'"

据碑刻，盛时泰所记“边京兆东皋”，应为“东阜”。第一首诗为刘紫岩作。刘紫岩即刘龙，字舜卿，号紫岩，刑部员外郎刘凤仪之子。弘治八年（1495）乙卯科乡试考中第二名举人。弘治十二年（1499），考中伦文叙榜一甲第三名进士（探花），被授职翰林院编修。武宗正德年间，官居侍讲学士。刘瑾被诛杀后，任职左春坊。嘉靖六年（1527），升为南京礼部尚书，官至南京兵部尚书。卒年七十八，赐谕祭，赠太子太保，谥文安。有《紫岩集》四十八卷、《尚书讲章》八卷、《奏议》四卷行于世。

诗中的“边京兆东皋”，即边宪，字汝明，号东阜，边镛第四子。弘治戊午年（1498）举人，正德辛未年（1511）进士，翰林院庶吉士。癸丑年卒，寿七十七。

费学士钟石，即费寀。费寀，字子和，号钟石，江西铅山人。明成化十九年（1483）生，正德二年（1507）丁卯科举人。正德六年（1511）京考中辛未科进士，授职翰林院编修。嘉靖十四年（1535）调任南京吏部右侍郎，嘉靖二十年（1541）授南京兵部左侍郎。嘉靖二十一年（1542）调礼部左侍郎，兼翰林院学士，掌院事。嘉靖二十三年（1544）晋升礼部尚书，掌管詹事府，并管理东宫内外事务。嘉靖二十四年（1545）加封太子太保。嘉靖二十七年（1548）二月，复加少保。不幸染疾，逝于京城，享年六十六岁。

陈司成琴溪，即陈寰，生平事迹不详。字原大，号琴溪，常熟人，正德六年（1511）进士，改庶吉士，授翰林院检讨。嘉靖间历官国子监司业、监察，嘉靖十二年（1533）致仕。卒年六十三。

出土的香炉文字拓片　宽：28 厘米，高：8.5 厘米

录文

城中钞库街 / 尽字铺地方 / 信士张中选 / 供奉 /

康熙三年五月 / 初一日

简析

此香炉为康熙三年（1664）五月信士张中选捐出，供奉于寺，以为功德。

出土的碑文拓片　宽：85 厘米，厚：15 厘米，高：58—108 厘米

录文

……为最余再登临跻石磴抚杏树窥塔影探辟支洞如结蜃气如列 /……舍身崖凭栏俯视群山如摄浮屠露顶旷远险峻别换耳目若阁 /……其旧贯乎曰否否此古佛窟也不戒于祝融蓁芜久矣独舍 /……纳鸠聚十有余年次第落成凌空构阁供大士其中曰观音……觉生台循曲廊而下负兜率崖有殿三楹曰兜率殿其 /……犬马之力竭矣子大夫盍为记之死且不朽余叹曰兴 /……似之续之守成之人也且夫劫灰所烧名蓝大刹有 /……存人听天也攘剔芟夷盖茨丹濩能令荒阜穷岩 /……人述之而增饰其所未备人与人灯灯相引也余 /……劝尔毋穿凿岩洞而损其天趣又与山之众衲 /……穴其中而游人酒食黴逐以溷清净山灵有 /……不坏而老衲之半生苦心亦常住不坏于 /……住持僧续宽

简析

碑体左上部分残缺，残碑宽 85 厘米，厚 15 厘米，高 58—108 厘米。文字为楷体，竖行共 13 行，合计 253 字。

碑为住持僧续宽亲立，虽然仅存三分之二内容，且缺少立碑年代，但仍是不可多得的研究牛首山历史的第一手资料。

碑文记载“兜率崖有殿三楹，曰兜率殿”，而且是“凌空构阁，供大士其中，曰观音”。这不仅说明了兜率殿的规模和形制，也提到了所供奉的主尊神像。

出土的碑文拓片　宽：70 厘米，厚：15 厘米，高：53—70 厘米

录文

牛首山弘觉寺舍身岩兜率宫观音阁向系游人/……益行交付徒弟悟满悟性法眷居住情愿单身募/……永作公处执照存验今已完成蒙……/……当凭本寺住持邻佑法眷人等公议觉仙□□孙/……如若有犯清规即当更易有德者居住立有清/……等于夫……灯之用今觉仙去世宁可易僧不可易田/……不得不将文书四张投应天府上纳税/……名山舍身岩香火田地既系众善……顷田地柴山刻入碑文永远供养该/……凭重究决不轻贷须至告示者/右仰知悉

简析

碑体上半部残损，残碑下宽70厘米，厚15厘米，高53—70厘米。楷书，竖行13行，字径长3厘米，宽2.5厘米，行间距为2厘米，残碑共计163字。

此残碑未见立碑年代，从碑末语气来看，是明代应天府或江宁县下发告示而刻的碑文，记述弘觉寺僧田众多，住持由有德者担任，田地数都已在官府登记，禁止寺僧私卖。碑中称“兜率宫、观音阁，向系游人（向往）”，兜率宫与兜率殿虽有一字之差，但所指应是同一座建筑，也再一次证明兜率岩曾建有兜率宫或兜率殿。

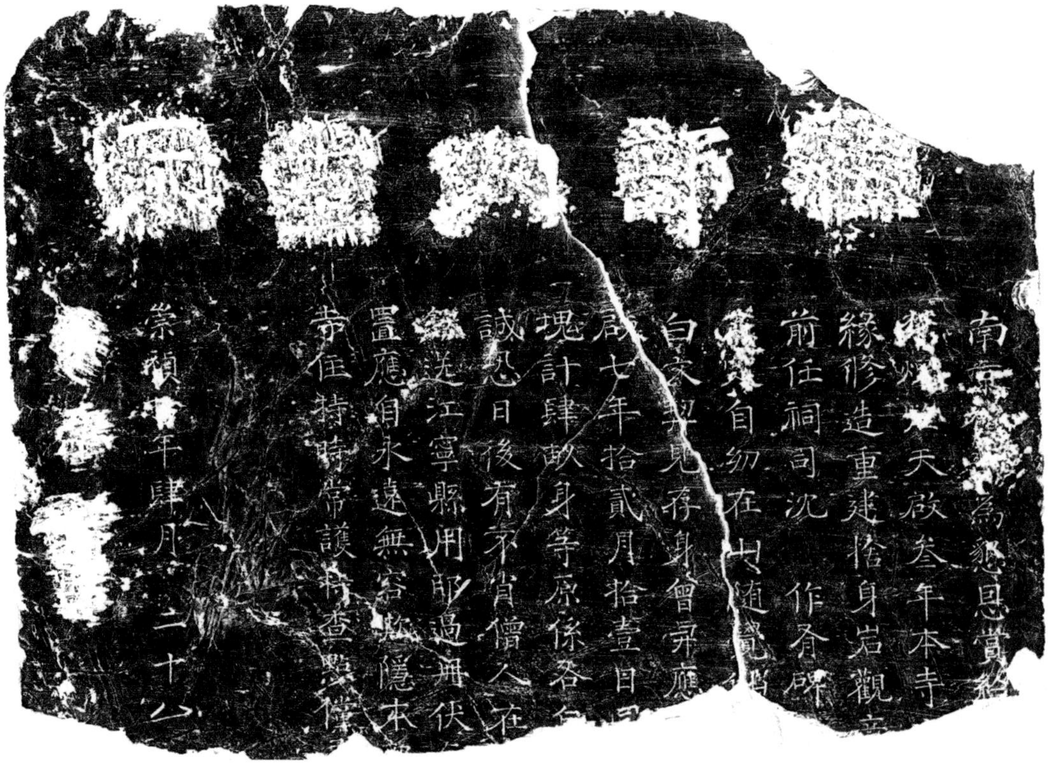

出土的礼部内堂司残碑拓片　残长：85 厘米，残高：57 厘米

录文

礼部内堂司南京内堂司为恳恩赏给……□□□天启三年本寺……缘修造重建舍身崖观音……前任祠司沈作有碑……□□自幼在山随觉仙……白文契见存身曾与应……启七年拾贰月拾壹日……块计肆亩身等原系各……诚恐日后有不肖僧人在……录送江宁县用印过册伏……置应自永远无容欺隐本……寺住持时常护持查点倘……崇祯拾年肆月二十八日

简析

此残碑出土于牛首山弘觉寺遗址，残长 85 厘米，残高 57 厘米。因碑残，无法悉知全文。碑首五字，字迹被破坏，从痕迹看，当为“礼部内堂司”。碑立于崇祯十年（1637）四月二十八日，为弘觉寺田产碑。据碑文记述，弘觉寺在天启三年（1623）修造舍身崖观音阁等建筑，时任沈祠司作有碑记，天启七年（1627）记录有寺产。现任住持恐后世不肖僧徒盗卖寺院田产，经江宁县府过册，立碑为记，以保全寺院田产，维持寺院正常生计。

牌位

底座：长：21 厘米，高：12.2 厘米，宽：11.7 厘米

底座凹槽：16.2 厘米 ×4.6 厘米 ×1.5 厘米

牌位：高：41 厘米，厚：4 厘米，宽：16 厘米

录文

供奉

传临正宗观音堂上第七世上严下定慧公老和尚之灵位

宏悟敬立

简析

牛首山兜率崖遗址出土的临济正宗石牌位，灰白色石质，由碑身和刻有莲瓣纹的底座构成。石碑长方形，四面打磨光滑，底部有长方形榫头，上面镌刻文字。此灵位为严定和尚神主灵位。严定慧公，生卒、经历不可考，为观音堂出家和尚。观音堂为临济宗寺院，严定老和尚为观音堂第七代祖。供奉人宏悟，当为严定和尚弟子辈人物。

牛首山辟支塔碑

牛首山相传是文殊菩萨的冬居之地，也是辟支佛的入定之所，旧有佛窟寺和辟支洞。

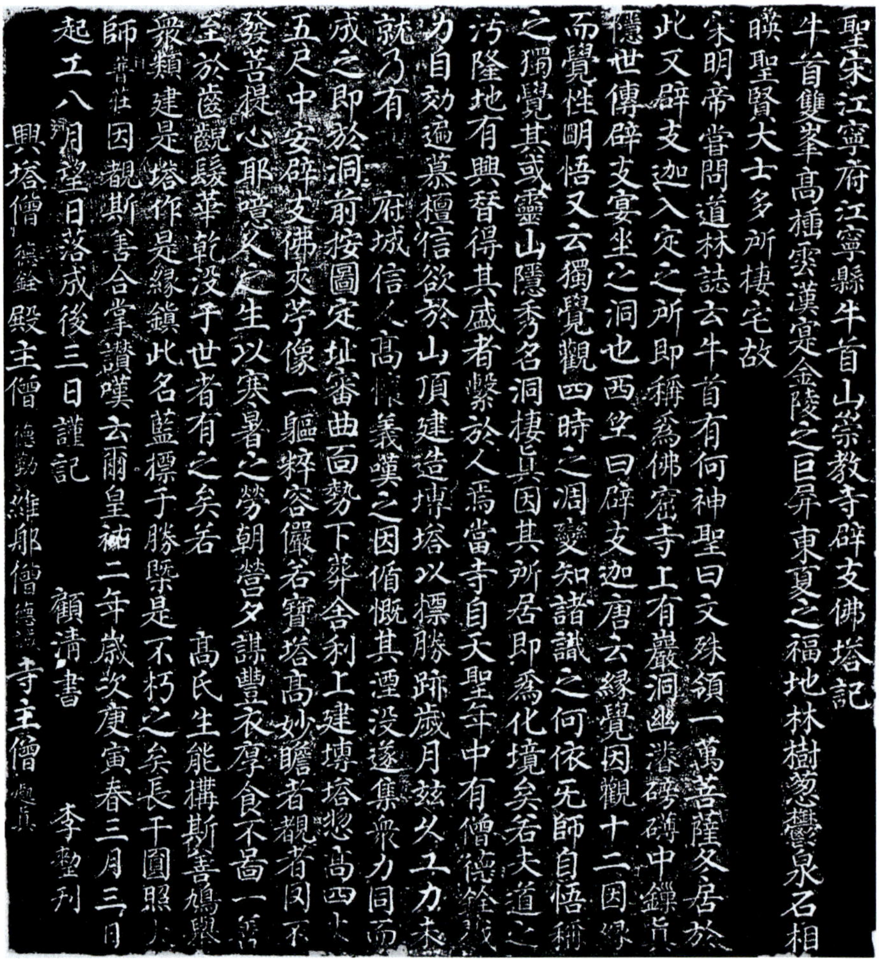
聖宋江寧府江寧縣牛首山崇教寺辟支佛塔記

牛首雙峯高插雲漢定金陵之巨屏東夏之福地林樹葱鬱泉石相暎聖賢大士多所棲宅故宋明帝嘗問道林誌云牛首有何神聖曰文殊領一萬菩薩冬居於此又辟支迦入定之所即稱爲佛窟寺上有巖洞幽潛磚礴中鐫真隱世傳辟支宴坐之洞也西竺曰辟支迦唐云緣覺因觀十二因緣而覺性明悟又云獨覺觀四時之凋變知諸識之何依无師自悟稱之獨覺其或靈山隱秀名洞棲真因其所居即爲化境矣若夫道之汙隆地有興替得其盛者繫於人焉當寺自天聖年中有僧德銓栽力自効遍募檀信欲於山頂建造塼塔以標勝跡歲月玆久工力未就乃有　府城信人高懷義嘆之因循慨其湮沒遂集衆力同而成之即於洞前按圖定址審曲面勢下葬舍利上建塼塔總高四丈五尺中安辟支佛夾苧像一軀粹容儼若寶塔高妙瞻者觀者罔不發菩提心耶噫人之生以寒暑之勞朝營夕謀豐衣厚食不啚一善至於齒髮華乾沒于世者有之矣若　高氏生能搆斯善鳩聚衆類建是塔作是緣鎮此名藍標于勝槩是不朽之矣長干圓照大師普莊因覩斯善合掌讚嘆云爾皇祐二年歲次庚寅春三月三日起工八月望日落成後三日謹記　顧清書　李埜刊

興塔僧德銓　殿主僧德勤　維那僧德滋　寺主僧處真

牛首山辟支塔碑文拓片

北宋太平兴国年间，佛窟寺改称崇教寺。皇祐二年（1050），寺僧德铨与郡人高怀义等于牛首山双峰之间的原佛窟寺所在，建起一座五层方塔，即为辟支佛塔。南宋淳祐四年（1244）及明嘉靖三十二年（1553）重修，但形制、格局未曾改变。

辟支塔除第一层南面开门外，皆无门窗，朴实无华。塔门左右两壁分嵌三碑。左碑题“圣宋江宁府牛首山崇教寺辟支佛塔记”，为皇祐二年（1050）长干寺圆照大师普庄所撰。右嵌二碑，一为淳祐四年（1244）立，另一为嘉靖三十二年（1553）重修时立，碑文为盛时泰所撰。塔后有辟支洞，即南朝刘宋时辟支僧坐禅之处。

1958年，因为要在牛首山开采铁矿，辟支佛塔遭拆除，拆除时绘有塔图。

2008年，为供奉大报恩寺遗址出土的佛顶骨舍利，南京市在牛首山修建了佛顶寺和佛顶宫，并新建一座方塔，形制与辟支佛塔相近。

在清代金石学家严观的《江宁金石记》中，著录《圣宋江宁府江宁县牛首山崇教寺辟支佛塔记》全文。塔记由长干寺僧普庄撰，顾清书。

录文

圣宋江宁府江宁县牛首山崇教寺辟支佛塔记 /

牛首双峰高插云汉实金陵之巨屏东夏之福地林树葱郁泉石相 / 映圣贤大士多所栖宅故 / 宋明帝尝问道林志云牛首有何神圣曰文殊领一万菩萨冬居于 / 此又辟支迦入定之所即称为佛窟寺上有岩洞幽浚磅礴中锁真 / 隐世传辟支宴坐之洞也西竺曰辟支迦唐云缘觉因观十二因缘 / 而觉性明悟又云独觉观四时之凋变知诸识之何依无师自悟称 / 之独觉其或灵山隐秀名洞栖真因其所居即为化境矣若夫道之 / 污隆地有兴替得其盛者系于人焉当寺自天圣年中有僧德铨戮 / 力自效遍慕檀信欲于山顶建造砖塔以标胜迹岁月兹久工力未 / 就乃有府城信人高怀义叹之因循慨其湮没遂集众力同而 / 成之即于洞前按图定址审曲面势下葬舍利上建砖塔总高四丈 / 五尺中安辟支佛夹苎像一躯粹容俨若宝塔高妙瞻者睹者罔不 / 发菩提心耶噫人之生以寒暑之劳朝营夕谋丰衣厚食不图一善 / 至于齿龀发华乾没于世者有之矣若　　高氏生能构斯善鸠举 / 众类建是塔作是缘镇此名蓝标于胜概是不朽之矣长干圆照大 / 师普庄因睹斯善合掌赞叹云尔皇佑二年岁次庚寅春三月三日 / 起工八月望日落成后三日谨记　　顾清书　　李整刊 / 兴塔僧德铨殿主僧德勤维那僧德诚寺主僧处真

简析

北宋天圣年间，僧人德铨打算在山顶建座宝塔，以标胜迹，可是因财力有限长时间未能建造。

江宁府城中的信士高怀义得知后，召集众人共同承担建造资金，在辟支洞前埋下舍利子，建起了一座高四丈五尺的宝塔。长干寺僧人圆照大师普庄有感于高怀义的义举，撰写了塔记。

牛首山摩崖石刻

牛首山摩崖石刻位于江宁区牛首山东峰舍身崖（又名兜率崖）前，距弘觉寺塔约百米，现为江苏省文物保护单位。摩崖石刻呈“门”字形，三面岩壁，一面为平地，正窟面对祖堂山主峰献花岩。石刻包括石像、题刻。三面岩壁上分布5座石龛，凿有129尊石像，以中间的2个石窟明显为尊，其中上层石窟中雕刻的是佛祖释迦牟尼像，趺坐莲台，通高2.17米，佛像比例匀称、呈禅定趺坐；而下方石窟的石像则着道教衣冠，双手交叉相执于胸前。表现佛教内容的摩崖石刻为何会有道教人物，这是这组摩崖石刻的谜题之一。

龛外刻有明永乐年间敕赐弘觉禅寺所属范围的文字。雕像最多的是正壁东侧石龛，高约1.5米，共9层75尊像，有佛、菩萨、罗汉、力士等。西侧石龛内容、风格与东龛类似，雕像共分成8层约70尊，均横向排列，有端坐莲花的佛像、侍立婀娜的菩萨、袒胸露乳的罗汉、甲胄分明的力士、宽衣博袖的僧人。这组雕刻反映了森严的佛教等级制度，也是南京地区唯一反映该内容的摩崖石刻。其下有弥勒像石龛，工艺最精，龛外有明成化元年（1465）题记，岩上还刻有4处梵文和明景泰元年（1450）《题感应泉诗》1首。根据牛首山摩崖石刻一座弥勒佛造像旁石壁上刻的“大明成化元年岁次乙酉五月五日真定成造弥勒佛一尊永远供奉”题记，可以断定现存的石刻为明代遗物。但也有专家推测牛首山自古就是中国佛教的圣地，摩崖石刻可能更早。

1958年牛首山开始露天采矿，这使六朝时期东晋丞相王导赞为“天然双阙”的双峰现在只剩下东峰独秀，而西峰矿坑成了“高山平湖”，所幸，这组摩崖石刻因为位于东峰得以完整保留。但由于长期暴露于露天旷野中，几组摩崖石刻都存在不同程度的腐蚀和风化，加上牛首山富含地下水，虹吸作用使得摩崖石刻面临不小的危机。

图版 30　K1 北壁西端　南京牛首山　明代

图版 31　K1 第一层供养人像　南京牛首山　明代

图版 32　K1 多臂阿修罗护法像　南京牛首山　明代

图版 33　K1 第八层、第九层小坐佛像　南京牛首山　明代

图版 34　K2 主尊　南京牛首山　明代

图版 35　K3 倚坐像　南京牛首山　明代

图版 36　K4 正壁第一层　南京牛首山　明代

图版 37　K4 正壁第一层　南京牛首山　明代

图版 38　K4 正壁第一层　南京牛首山　明代

图版 39　K4 正壁第一层　南京牛首山　明代

图版 40　K4 北壁第一层龛口武士像
南京牛首山　明代

图版 41　K4 第二层戴冠坐像　南京牛首山　明代

图版 42　K4 第二层戴冠坐像　南京牛首山　明代

图版 43　K4 左壁第二层坐像　南京牛首山　明代

图版 44　K4 左壁第二层南京牛首山　明代

图版 45　K4 右壁第五层　南京牛首山　明代

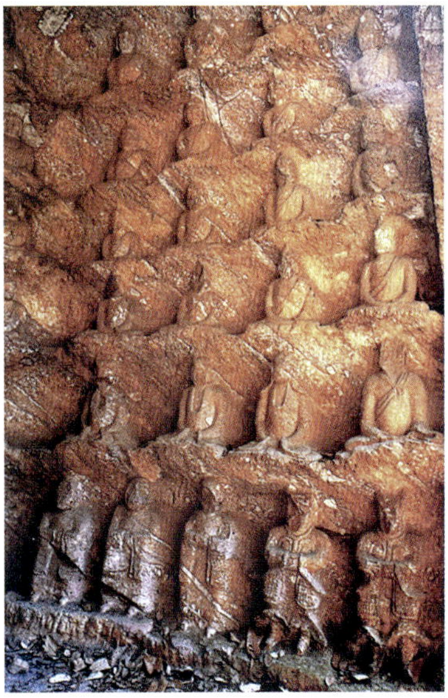

图版 46　K4 南（左）壁
南京牛首山　明代

图版 47　K5 弥勒佛龛　南京牛首山　明代

图版 48　东壁南段题刻　南京牛首山　明代

图版 49　梵文六字真言　南京牛首山　明代

图版 50　《题感应泉诗》碑　南京牛首山　明代

图版 51　东壁东 T3 藏文题刻　南京牛首山　明代

图版 52　西壁西 T1 藏文题刻　南京牛首山　明代

牛首山佛龛与摩崖石刻分布在牛首山东峰兜率岩北崖、离弘觉寺塔百米处的感应泉旁。

最早对牛首山佛龛进行调查的是朱偰先生，他在 1936 年出版的《金陵古迹图考》中作过简短的记录，仅有“壁镌大小石佛数十尊，间以梵文，作风古朴，为明以前物无疑”数语，并附图片一张。此后，直至 20 世纪 80 年代才有更进一步的调查，结果公布在《江宁县概况》中。此调查第一次统计出五个佛龛内造像的总数目，确认了两个主像的尊格，辨识出弥勒龛造像题记及敕赐弘觉禅寺所属范围题刻的部分内容。

东壁南段《题感应泉诗》 长：54 厘米，宽：35 厘米

录文

题感应泉诗 / 牛首重兴古佛场给 / 孤有感应非常天开 / 太璞琼浆美云汉瑶 / 池玉液香清□四溟 / 光荡漾净□□曜焕 / 文章大哉□□□溪 / 水愿祝吾 / 皇万寿觞 / 景泰初元季□月 / 佛成道日金台释胜无极识

东壁南段藏文题刻 长：51 厘米，宽：25—35 厘米

东壁南段藏文题刻 长：69 厘米，宽：62 厘米

东壁北段佛龛外沿南侧题刻
长：73 厘米，宽：9—16 厘米

录文

南无阿弥陀佛

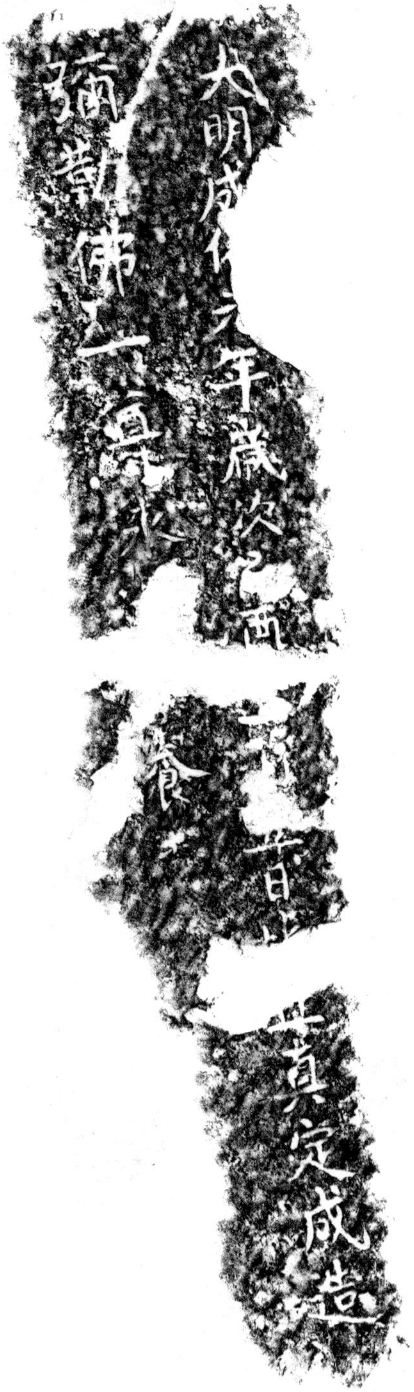

东壁北段佛龛外沿北侧题刻
长：90 厘米，宽：11—20 厘米

录文

大明成化元年岁次乙酉□□五日□□真定成造
弥勒佛一尊永□供养……

东壁南段梵文六字真言题刻　长：180 厘米，宽：45 厘米

译文

嗡嘛呢叭咪吽

北壁佛龛外崖壁东侧题刻
长：70 厘米，宽：76 厘米

录文

牛首山

弘觉禅寺于永乐年间陆续……

买到安德乡□人□□琛山□□计十二亩……

□分坐落牛首山下桃花涧……

佛至本寺山，西至桃涧，□……

□至桃花涧出产人，北至……

原到安德乡三鄙人蒋祯……

段计八亩，坐落牛首山后……

东至消福浪山□西……

北壁佛龛外崖壁下方题刻
长：83 厘米，宽：63 厘米

录文

……遵抄出送司案……合通行……

……南京僧录司……寺……

……行除…行□仰士……

……山塘田地共七十亩……

……白石坑路……西至文殊岭……

……村……北至本寺山门……

……□……赀棒……

……同都吏戴暄

北壁佛龛外东侧崖壁题刻
长：82 厘米，宽：22—63 厘米

录文

圣旨□他与□□□给□□……

……部烦行……

……钦依内事理钦遵施行……

……须至札……

……景泰三年闰……

北壁佛龛外东侧崖壁题刻
长：7—18 厘米，宽：34 厘米

录文

……元赵进孙山一段

……山……

北壁佛龛外东侧崖壁题刻

长：10—28 厘米，宽：13—41 厘米

录文

……使司案呈奉本部送……

……有山……

……德……

西壁南段藏文题刻　长：26 厘米，宽：66 厘米

西壁西南藏文题刻　长：21 厘米，宽：28 厘米

西壁崖壁题刻　长：26 厘米，宽：24 厘米

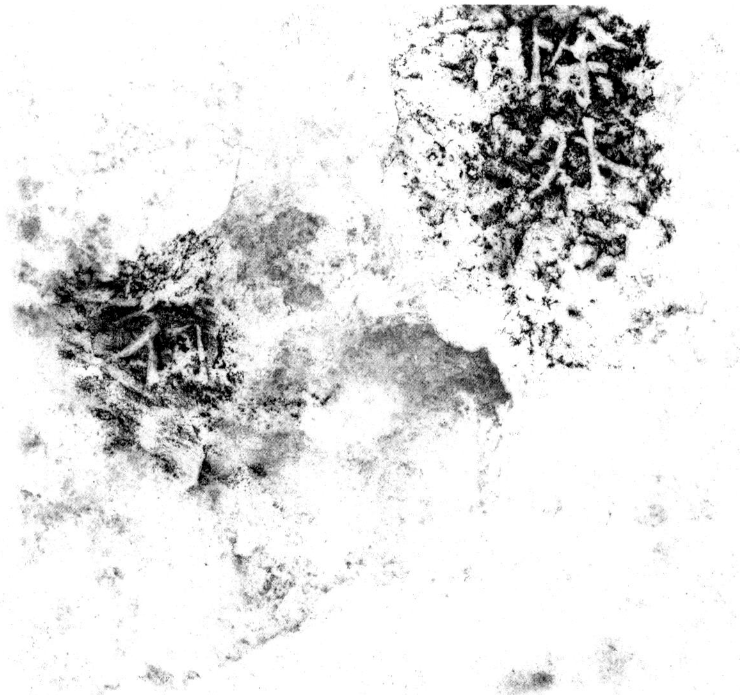

北壁佛龛外东下侧题刻　长：29 厘米，宽：24 厘米

录文

……除外……

……伺……

北壁佛龛外东上侧题刻　长：15 厘米，宽：34 厘米

录文

闭目

祖堂寺

祖堂寺位于南京市江宁区祖堂山南麓，距中华门约 25 千米。寺始建于南朝刘宋大明年间，因寺在幽栖山中，故名幽栖寺。唐贞观年间，法融和尚在此创立牛头宗，幽栖寺遂被誉为“南宗祖堂”，改名为祖堂寺。祖堂寺至晚唐渐废，大和二年（930）重新建造，改称延寿院。北宋治平年间复名幽栖寺，明代重建该寺，又称祖堂寺。

据《金陵梵刹志》记载，祖堂寺为中刹，属大刹报恩寺统辖，在郭外南郊建业乡，领有吉山寺、永泰寺、宁海寺、静居寺 4 小刹。祖堂寺，主要殿堂有金刚殿、天王殿、佛殿、观音殿等。除观音殿为三楹外，其余各殿均为五楹。另有三层十五楹禅堂、二层十楹斋堂及五楹厨库、茶寮各一座。寺院遗址占地 240 亩、因地山塘 500 亩，寺旁还有明成化年间黔国公家臣何礼、何闪等人捐建的花岩寺。花岩寺内旧有明代铜钟一口，现已移置牛首山弘觉寺塔侧钟亭内保护展示。清代祖堂寺被列为金陵四十八景之一，名“祖堂振锡”。

祖堂山拜经台遗址（清）

由于历遭战火，祖堂寺内现仅存清同治年间所建大殿遗址一座、祖师阁、虎跑泉、月牙池、银锭等遗迹，残碑断碣若干。1992 年被定为南京市文物保护单位。

法融为佛教南宗牛

头宗始祖，俗姓韦，延陵人，为富家子弟。少师儒学，19 岁弃儒就道，后又改归沙门。唐贞观十七年（643）于牛头山幽栖寺西北岩下别立茅茨禅室，终日坐于石室，遇四祖道信后得道。

（明）朱之蕃《金陵四十景图像诗咏》中的《祖堂佛迹》

（清）高岑《金陵四十景图》中的《幽栖寺》

（清）徐上添《金陵四十八景》中的《祖堂振锡》

祖师洞内题刻文字

现祖师洞外景

祖师洞内壁左、中、右段题刻拓片　长：98 厘米，宽：59 厘米

录文

可道曾游（篆书）

幽栖岩下芙蓉裔孙

嘉靖乙巳□超谨

大唐□□□□

岁庚□□□□

孟夏仲节□□

□游

简析

祖师洞内壁刻文字分为三段。右段是明代嘉靖年间的题刻，中段疑是南唐时代题刻，左段题刻由于剥蚀严重已无法辨读，疑是年号和年数。

中段题刻以小篆刻成，首行“大唐”两字，“唐”下几个字已剥蚀，第二行“岁庚……”。查南唐升元四年（940）是庚子岁，南唐保大八年（950）是庚戌岁，“庚”字下有一笔画左下弯曲，应是“子”字的最后一笔。据此笔者认为此段题刻是南唐升元四年（940）庚子岁的题刻，应是牛首山地区首次发现的南唐篆书题记。

南唐时期，徐铉、徐锴兄弟位居高职，都擅长小篆，至今栖霞寺仍留有兄弟二人的题刻。此段题刻究竟是不是徐铉或徐锴，抑或其门人的题写，尚待进一步研究。

右段题刻首行有篆书“可道曾游”四字，经和中段篆书对比，发现风格不同，不属于同一时代，当是明嘉靖年间效仿南唐篆书而刻的。

月牙池

银锭桥桥身东西两侧分别刻有“月牙池”和“银锭桥”题刻，桥上石桌刻暗八仙纹。

祖堂山月牙池远景

祖堂山月牙池侧面

银锭桥桥身西侧“银锭桥”题刻

银锭桥桥身东侧“月牙池”题刻

银锭桥上刻有暗八仙纹的石桌

暗八仙纹流行于明清时代，此种纹样中并不出现人物，而以道教中八仙各自所持器物代表各位神仙。宝剑代表吕洞宾，扇子代表汉钟离，花篮代表蓝采和，葫芦和拐杖代表铁拐李，阴阳板代表曹国舅，荷花或笊篱代表何仙姑，渔鼓或拂尘和道情筒代表张果老，笛子代表韩湘子。

暗八仙纹饰之荷花或笊篱
长：24—30 厘米，宽：34 厘米

暗八仙纹饰之拂尘和道情筒
长：22—30 厘米，宽：34 厘米

暗八仙纹饰之阴阳板
长：22—30 厘米，宽：34 厘米

暗八仙纹饰之扇子
长：22—30 厘米，宽：34 厘米

蝙蝠衔钱纹（寓意“福到眼前”）
长：23—29 厘米，宽：34 厘米

祖堂寺砖刻

祖堂寺有刻字的青砖，其中“祖堂寺”“祖堂”的砖刻是祖堂寺历史变迁的直接见证。其他砖刻大多为人名姓氏，比如“张氏”“张达”“罗道诚”“官刘勋宋氏”等。另有砖刻注明造砖之目的和捐赠砖的数量，比如“贵荣造砖求子”，即为求佛保佑生子之祈福砖，“沈氏五”“陈氏女五”“李惠十块”“俞磷砖五十”等题刻应为当时捐赠砖的块数。

最有价值的两块砖当为“嘉靖十五年建造”“上新河北道珍造砖”。“嘉靖十五建造”砖为纪年砖，为祖堂寺修建沿革提供了纪年资料，“上新河北道珍造砖”为唯一一块具有地名的砖刻。上新河，地名始于明初，位于南京市建邺区水西门外，隔夹江与江心洲相望。明初定都南京后，百废待兴，需要大量的建筑材料，靠近江心洲的夹江适合大批从湖南、湖北长江上游水运而来的木排、竹筏的停靠和分散，为了随时转运进城，明初便在这一带开凿了一条河道通往城里，谓之新河，因需求量太大随后又开凿了两条新的河道，最先开凿的新河在最上面因而称之为上新河。上新河在明清两代为长江下游最著名的木材集教市场，是当时最繁荣的码头之一。此砖当为上新河北岸名为珍的人所捐造，或为祈财。

祖堂寺砖刻铭文“祖堂寺”　长：34 厘米，宽：17.5 厘米，厚：8 厘米

祖堂寺砖刻铭文“祖堂”　长：34 厘米，宽：17.5 厘米，厚：8 厘米

祖堂寺砖刻铭文“祖堂”　长：34 厘米，宽：17.5 厘米，厚：8 厘米

祖堂寺砖刻铭文“祖堂”　长：34 厘米，宽：17.5 厘米，厚：8 厘米

祖堂寺砖刻铭文“张氏” 长：36.5 厘米，宽：16.5 厘米，厚：7 厘米

祖堂寺砖刻铭文“张达” 长：38 厘米，宽：19 厘米，厚：8 厘米

祖堂寺砖刻铭文“官刘勋宋氏” 长：36.5 厘米，宽：16.5 厘米，厚：7 厘米

祖堂寺砖刻铭文“姚衍舜” 长：33.5 厘米，宽：17 厘米，厚：8 厘米

祖堂寺砖刻铭文“叶春施”　长：33.5 厘米，宽：17 厘米，厚：8 厘米

祖堂寺砖刻铭文“徐氏道惠”　长：33.5 厘米，宽：17 厘米，厚：8 厘米

祖堂寺砖刻铭文“高景阳施”　长：33.5 厘米，宽：17 厘米，厚：8 厘米

祖堂寺砖刻铭文“王玺　何氏 / 王弼　女□□”
长：33.5 厘米，宽：17 厘米，厚：8 厘米

祖堂寺砖刻铭文“鲁道诚”　长：33.5 厘米，宽：17 厘米，厚：8 厘米

祖堂寺砖刻铭文“鲁道诚”　长：34 厘米，宽：17 厘米，厚：8 厘米

祖堂寺砖刻铭文“贵荣造砖求子” 长：36.5 厘米，宽：16.5 厘米，厚：7 厘米

祖堂寺砖刻铭文“鲍铠” 长：38 厘米，宽：19 厘米，厚：8 厘米

祖堂寺砖刻铭文“上新河北道珍造砖” 残宽：17.5 厘米，厚：8 厘米

祖堂寺模印“朱”字砖　长：34.4 厘米，宽：17 厘米，厚：8 厘米

祖堂寺砖刻铭文“徐门张氏造香”　长：34.4 厘米，宽：16 厘米，厚：8 厘米

祖堂寺砖刻铭文“辛瑛造”　长：34.4 厘米，宽：17 厘米，厚：8 厘米

祖堂寺砖刻铭文“倪氏” 长：33.5 厘米，宽：17 厘米，厚：7.5 厘米

祖堂寺砖刻铭文“杨福” 长：34 厘米，宽：17 厘米，厚：8 厘米

祖堂寺砖刻铭文“开普光” 长：34 厘米，宽：17 厘米，厚：8 厘米

祖堂寺砖刻铭文“朱辅造” 长：34 厘米，宽：17.5 厘米，厚：7.5 厘米

祖堂寺砖刻铭文“朱氏道祥”　长：34.4 厘米，宽：17 厘米，厚：8 厘米

祖堂寺砖刻铭文“嘉靖十五年建造”　长：37.5 厘米，宽：不详，厚：9 厘米

祖堂寺砖刻铭文“蔡氏宰墙”　长：34 厘米，宽：16.8 厘米，厚：8 厘米

祖堂寺砖刻铭文“应仲旸”　长：33.8 厘米，宽：17 厘米，厚：8 厘米

祖堂寺砖刻铭文“沈氏五”　长：34 厘米，宽：17.5 厘米，厚：7.5 厘米

祖堂寺砖刻铭文“高得十”　长：34 厘米，宽：17 厘米，厚：7 厘米

祖堂寺砖刻铭文“□氏五百”　长：33.5 厘米，宽：17 厘米，厚：7 厘米

祖堂寺砖刻铭文“陈氏廿五”　长：34 厘米，宽：16.5 厘米，厚：7.5 厘米

祖堂寺砖刻铭文“李惠十块”　长：34 厘米，宽：17 厘米，厚：8 厘米

祖堂寺砖刻铭文“俞磷砖五十”　长：34 厘米，宽：17.2 厘米，厚：8 厘米

祖堂寺砖刻铭文“周得宜一百”　长：34 厘米，宽：17.1 厘米，厚：8 厘米

祖堂寺砖刻铭文“李氏十块”　长：34 厘米，宽：17.3 厘米，厚：8 厘米

祖堂寺砖刻铭文“何氏玉莲五” 长：36.5 厘米，宽：16.5 厘米，厚：7.5 厘米

祖堂寺砖刻铭文“汤氏砖五” 长：35 厘米，宽：17 厘米，厚：8 厘米

祖堂寺砖刻铭文“顾茂懋三” 长：36 厘米，宽：18.5 厘米，厚：8 厘米

祖堂寺砖刻铭文“褚宪德禄九百” 长：36 厘米，宽：18.5 厘米，厚：9 厘米

祖堂寺砖刻铭文“解氏妙惠十”　长：33.5 厘米，宽：20 厘米，厚：8.5 厘米

祖堂寺砖刻铭文“鄐氏五□”　长：34 厘米，宽：17 厘米，厚：8 厘米

花岩寺

花岩寺是牛首山一处重要的佛教圣地，得名于献花岩。相传牛头宗初祖法融禅师在幽栖寺岩下讲《法华经》时，有百鸟翔集献花之异，遂称此岩为献花岩。其地风景优美，据余宾硕《金陵览古》记载：“从桃花涧东行，缘山径数峰，鸟道迂折，五里至西风岭，有石窟如屋，深丈广寻，题曰献花岩。唐法融法师禅定于此，有百鸟献花之异，其间重峦叠翠，竹树苍郁，霞举云高，巍若仙居。”

《康熙江宁府志》中的《献花岩图》

花岩寺创建于明代成化年间。相传有古道和尚在献花岩下坐禅，几年不动，过往的人都大为惊诧。镇守云南的黔国公沐氏的家臣何公，去祖堂山给寺僧提供粮食时，望见北面有彩云，于是翻山越岭追寻而去，发现彩云是自献花岩逸出。何公惊诧地走近，见古道和尚正襟危坐，问话也不回答，面貌又长得奇古，更觉得怪异。出于崇佛信佛的原因，沐氏家臣何氏在当年捐造寺庙供古道住持，又另建屋宇与之居。寺庙“盖覆盘踞，甚得构山之宜”，后被明宪宗敕赐寺额曰“花岩寺”，为隶属于大报恩寺的中刹。

（民国）韵生《金陵四十八景全图》中的《花崖清兴》

花岩寺旧有芙蓉阁、小星楼、归云亭、翠微房、澄江台、大观堂、滴翠轩等建筑。凡来此寺参观游览者，多有题咏，留下众多诗歌。

寺中供奉有佛牙、佛骨。佛牙长三寸，色黝微碧，齿端有纹如梵书，有窍，内含子如粟。寺僧以黄金刻龙首函而盛之。佛骨如拇指大，有数片，色白质坚，亦贮藏于金函内。

花岩寺钟

花岩寺内有一口明代所铸铜钟，叩之音质洪亮，数十里内，回声不绝。铜钟为青铜质，由钟钮与钟体合铸而成，口径 83 厘米，通高 126 厘米。钟钮系以失蜡法铸出双龙交错蟠附的蒲牢形，背脊拱起作桥形，上托火焰宝珠一颗。铸作精工细致，表面光洁莹润。传说龙生九子皆不成龙，蒲牢为龙第六子，以牛头、鹿角、虾眼、鹰爪、狮身合为一体，形象凶猛，似龙非龙。因蒲牢生性好鸣，置于钟上寓意钟声洪亮。钟体系以块范拼合铸出，表面环铸凸起的图案和铭文，自上而下分为钟肩、钟腹、钟口三部分。钟肩装饰覆莲一周，瓣内饰云气纹。钟腹饰双线勾勒的矩形方格，上、下各四，相邻方格间设长条形牌位。方格内满布铭文，铭文均独立成段，合为一篇。

花岩寺钟

明代花岩寺沐氏铜钟拓片　长：42—46 厘米，宽：28 厘米

录文

右：皇图永固

第一格：南赡部州献花岩古刹禅寺 / 在牛首山之东南系 / 唐法融禅师修行处所有 / 太子太傅黔国公家臣何礼进学 / 何闪仲辉发心重新建造梵 / 刹一所本寺缺少洪钟一口 / 有僧玄让德明发心在于 / 上新河募缘铸造已完工 / 将官贵本寺住持人等开 / 具于后住持道兴 / 信官何闪何铭何礼　李庆　汪宝　昌用 / 道宣　玄月 /

何成　然口　张安 /

明代花岩寺沐氏铜钟拓片　长：55—60 厘米，宽：28 厘米

录文

右：帝道遐昌　左：佛日增辉

中（第二格）：南京西城兵马指挥王双　副指挥申甫　何洪　王迪　张霖　义官李□　劝缘檀越杨晟（杨）微　内铸　前僧录司右觉义□□

灵谷寺住持道融　祖堂幽栖禅寺住持戒勖于洞玄　此格内左侧有上下饰以仰覆莲的双栏牌位

明代花岩寺沐氏铜钟拓片　长：38—43 厘米，宽：28 厘米

录文

右：周妙秀□□□□□□□ /

葛妙缘贾□□傅淑端 /

童□

第三格：新河南岸施主芳名张祥 / 段清李昶李昺李胥李怀□ / 馬杲高明高弘徐輝徐明 / 尤旺蒋成張鑑李刚陳太 / 趙清張源李純弓勋任宗 / 谭珑顾瑄鄭泰李铎馬□ / 雍礼楊旺宋铉倪敏项盛 / 張浩韩林白明張和洪纪 / 周唯刘宗胜何太高何全盛 / 殷成童李仕华宋福澄钱永□ / 巖仕琦朱廷轩胡肖公保楊瑾 / 殷亮殷盛巖仕全劉英 / 陳爵

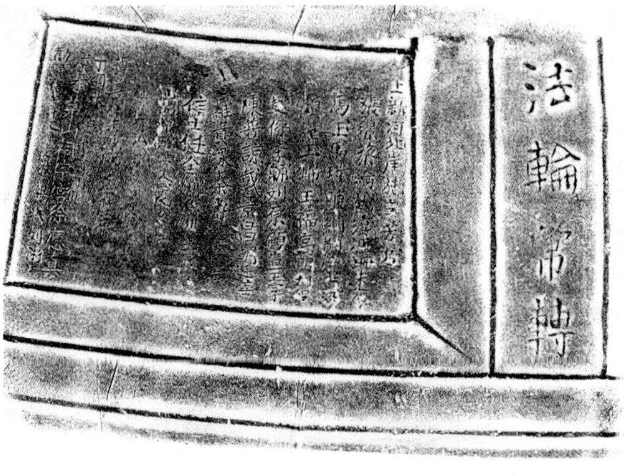

明代花岩寺沐氏铜钟拓片　长：42—46 厘米，宽：28 厘米

录文

右：法轮常转

第四格：上新河北岸施主芳名 / 張璟蔡綸郃淳冯明朱海 / 馬玉馬璞陳纲郑宁洪，顧謹王錦王福高明刘□ / 趙傑李輔刘原顧宣王寧 / 陳普諒戴景昌胡廷善 / 羅貴溧秦壽□□ / 信士任全胡志川王成山 / □□□室人雷氏□□□□□□□□□□□ / 蒋善祥朱妙成晏仁陸康 / 丁綱林歷周□刘质 / 康泰茅山祠宁宫徐應真 / 勸缘信士许乙□敬楊□刘彬

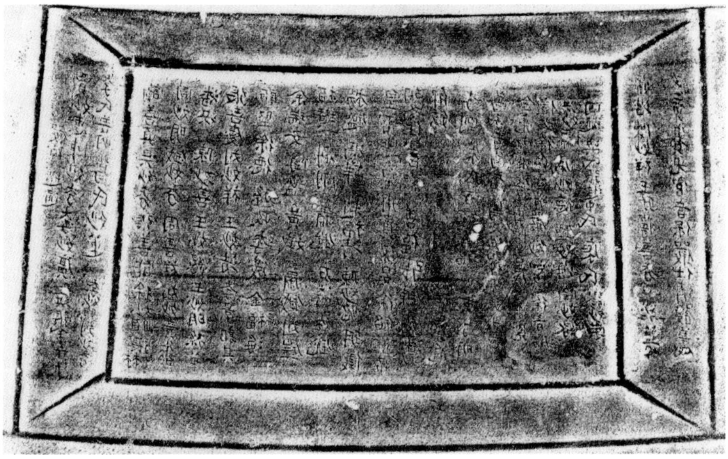

明代花岩寺沐氏铜钟拓片　长：43—48 厘米，宽：28 厘米

录文

右：严辅赵通 / 贾妙惠陈妙秀李妙广江洪张全喜□ / 李氏善明葛氏妙莲李妙聪刘妙秀 /

左：□瓒陈妙祥王好蒋善秀□□□□ / 女三儿赛儿官音保严仕青严善成

中（第五格）：谢善真吴妙秀張善能徐妙顺張琳 / 周妙明錢妙秀周善祥刘妙音朱能 / 潘洪陳妙善王妙缘王妙明孫□ / 張善慶刘妙祥王妙清李景郭其 / 顧坚徐德孫政李成金福海 / 余瑞安陶謐黄斌萧鉞刘铠 / 柏瓚劉剛萧锐石鄰李鋭 / 楊鑑馮铧赵福清陳妙聪胡儀 / 皇甫达皇甫貴梁旻徐銘董昂 / 胡冬任善缘善福張錬张鸾 / 郁钦□□□□□莊□余观 / 李剛朱氏善缘□福 / 董子明 / 高子善高奎□天亮倪□□ / 金亮索雄张存甫陈善庆谢冕 / 信女徐氏善明嚴妙□徐音勝 / 洪妙儒戚妙德鏗妙海陶妙缘 / 周旋梁氏張進仲氏康氏缪妙荣 /

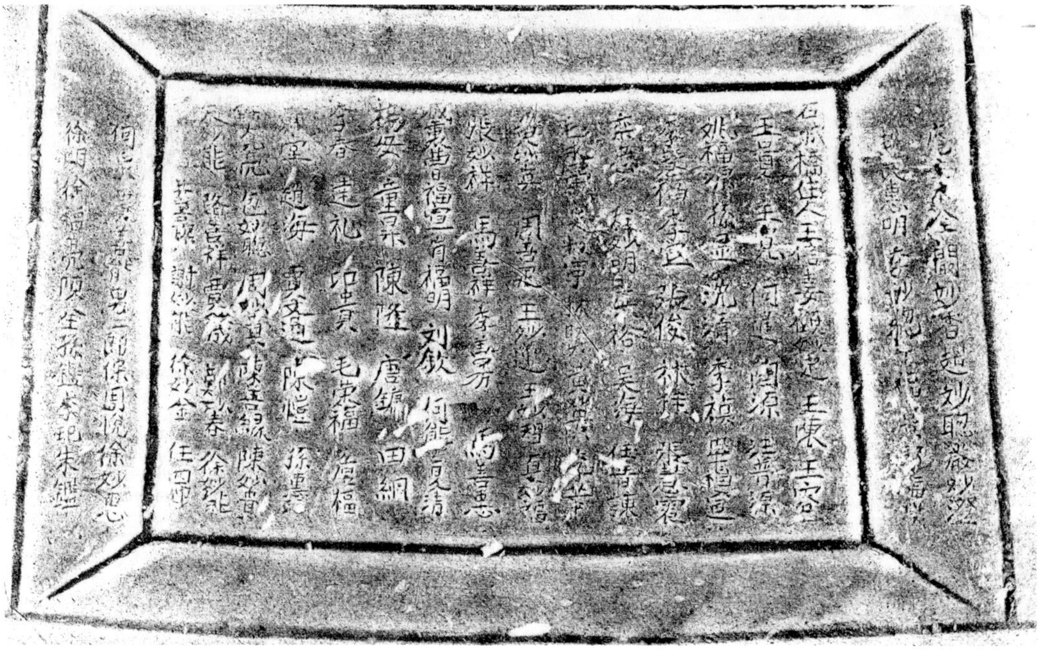

明代花岩寺沐氏铜钟拓片　长：43—47 厘米，宽：28 厘米

录文

右：庵主□全闞妙香超妙聪发妙澄 / 赵氏惠明李妙聪□福景□福□

左：何泉贾善能男二郎保周悦徐妙惠徐明徐福亮陈全孙鑑李玘朱鑑

中（第六格）：石城橋住人王信妻顧妙定王陳王容 / 王贵王宽何暹陶源汪普源 / 姚福源孙显沈清季禎□福宣 / 李慧福李宣张俊林祥張慧震 / 栾忠程妙明栾裕吴海任昔□諫 / 毛永富慶奕叔寧贤□黄英李□ / 黄妙真周善定王妙蓮王妙智真妙福 / 张妙祥 馬善祥 李善□ 馬善惠 / 城里曹福宣肖福明 刘欽 何能夏清 / 楊安 童昇 陳隆 唐鏞 田綱 / 李春 達礼 印貴 毛荣福 张福 / 詹堂 趙海 賈文通 陳愷 孫惠□ / □□亮 包如聪 周妙貴 陳善缘 陳妙貴 / 朱妙能 路善祥 賈妙成 鄭妙春 徐妙能 / 林善熙 谢妙能 徐妙金 任四娘

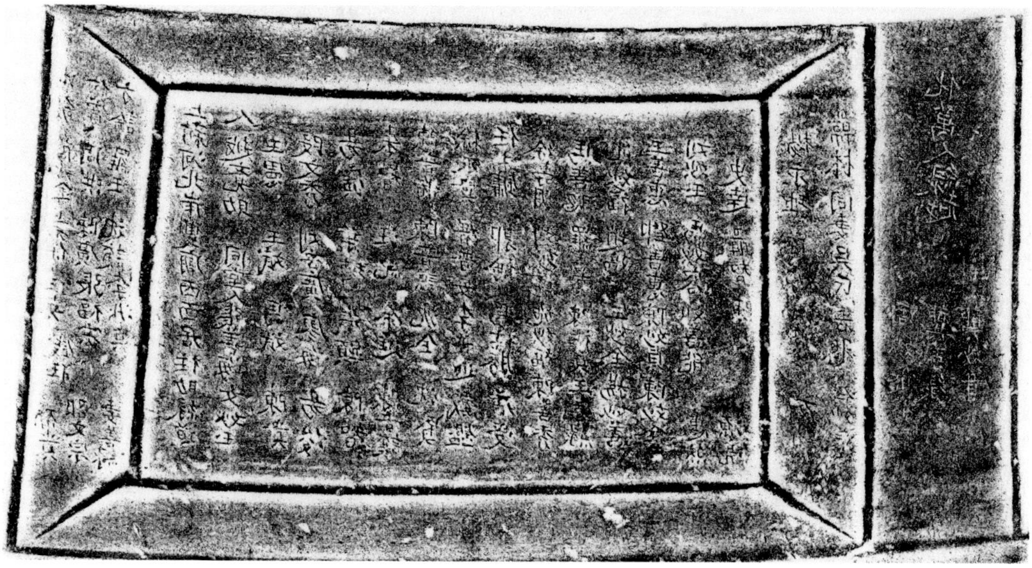

明代花岩寺沐氏铜钟拓片　长：51—57 厘米，宽：28 厘米

录文

右：□敬肖□金□□□□□钱任邵贵 / 何宽周洪陈广张福宏邵文宗 /

方论罗玉沈让李淑宣□□妻善缘 /

左格一：王永□陆□□ /

韩林同妻吴氏□□石妙□

左格二：化万人缘越　周妙能　龚善缘　龚妙音

中（第七格）：上新河北岸雙廟西面居住助缘道 / 人越竟助同堂人張善海女妙玉 / 王宪王斌馬斌陳貴 / 段文秀 刘善廣 廖海易俊 / 易廣 葉璁 張顗 陳智 / 朱智 汪紀 余進 陳吉让 陳普修 陳普谦 沈全 沈賢 / 徐永贵 屠普安 李善进 戴鑑 / 任士鏞 郭□ 马仕勝 詹受 / 徐壽明胡妙□ 施妙福陳善秀 / 馬善聪 羅□□ 陳富贵王喜缘 / 沈妙福 趙福□ 王妙全楊妙善 / 王善惠 鄧善惠 陳妙貞陳妙全 / 刘妙玉 馬妙容 刘善能 □惠然 / 史達 聶贤陳□ 源亮

明代花岩寺沐氏铜钟拓片　长：44—48 厘米，宽：28.5 厘米

录文

右：驯象门檀越王源妻陈氏善惠曹恺 / 孙惠启王浩嫂董氏妙智男王盛

左：信官李贤男李原□□儿男□□ / 范良吴枸苏达曹玉贺□□

中（第八格）：高旺 王可□ 朱竟紀 陳惠慶 / 王妙祥 王愷 王竟華 王荣 / 庆琏 □竟鏞 顧清 王永昌 / 段忠 余福祥 王達 觀音保 / 王海 朱妙清 侯妙勝 毛福壽 / 王源 毛福海 李妙玉 李妙智 / 郭隆 萬宣 葉茂 元妙明 / 吴迪 鄭椿 李記 胡善缘 / 王推 張善真范福 □□ / 范忠 范海 王妙明 吴□ / 王能 陳荣 趙普能 王□ / 范玉胜 □□ 李普安 □□□ / 曾惠通 于道成 陈□宇惠礼 王□通 / 高□保 顧福清顧福寿朱福禄 / □□龐氏善廣萬妙成□

简析

花岩寺铜钟铭文内容，对于研究花岩寺创建历史等具有十分重要的价值。第三格至第八格内容系上新河南岸、上新河北岸等地为铸钟捐资的施主名讳。

花岩寺的捐建者，《献花岩志》仅记为黔国公之宰何公而已，语焉不详。今据钟铭，始知为黔国公家臣何礼、何闪。花岩寺初落成，未及铸造寺钟，何礼、何闪遂又与信官何铭、何成、李庆、汪宝及花岩寺众于南京城西上新河两岸募缘铸造铜钟一口。

花岩寺的创建年代，史籍亦无明载，综合《献花岩志》与钟铭的有关内容，可推断花岩寺当是在黔国公沐琮成化十八年（1482）十二月加授太子太傅衔之后，至成化二十二年（1486）大宗伯李本撰《修建之碑》之间建成的。

尽管捐建花岩寺之举是黔国公家臣何礼、何闪经手始成，但从寺庙规模之大及其敕赐寺额的殊荣来看，大概仍属家臣代主子发心所结的善缘，而非家臣的个人行为。也就是说，花岩寺实为黔国公家族捐建的私寺。黔国公沐氏捐建花岩寺，除了其地风景殊丽外，恐还与献花岩地近长泰北乡观音山沐氏南都祖茔有关。是故，沐氏于献花岩捐建花岩寺一所，不仅是为生者祈福，恐亦兼有为沐氏先人超度亡灵之意。

明《花岩寺碑》

明代《花岩寺碑》拓片（正面）

录文

敕賜

花　一買民人吕中男吕胜山一段計三亩價银□两……

巖　一買民人李让年李昭山一段計二畝價银四两……

寺　一買民人李昭同男李輔山一段二亩银二两……

常　一買民人吕銘一山一塊計二畝價銀三两整……

住　一買民人陳福安山一塊計二畝價銀三两……

陸　一買民人吕銘山一段計一畝價銀貳两整……

續　一買民人周能山一段計五畝價銀伍两整……

置　一買民人譚興等路一条长二佰八十丈闊一丈三尺價银□两八钱……

買　一買民人吕斌吕刚吕让吕亮山一段二畝價銀十二两整……

山　一買民人周紀山一段二畝價銀拾两整……

場　一買民人殷俊殷傑等山一段一畝五分價銀七两整……

田　一買民人周貴周琳山　段二畝價銀十二两整……

地　一買民人周全山一段計伍分二畝價銀□钱整……

四　一買民人鮮國興鮮友山一段二畝五分價銀三两□□……

至　一買民人何名鮮宗山一段計四畝□……

明　一買民人□兴郎胡兴胡原山一段计十亩價银肆两整……

明代《花岩寺碑》拓片（背面）

录文

一買民人何全魏勝山一段計一畝五分價銀三兩□　□□□□
一買民人潭貴潭原山一段計一畝二分價銀五兩整　□□□□□□□
一買貴人吕潤保吕勝民田一坵計三畝價銀六兩整　西至周□□□
一買民人周貴六周進民田一坵塘一□計三畝價銀拾兩整　□□□□□□□□
一買民人趙福民田塘七畝二分價銀四兩五錢整　西□□□
一買民人趙能趙裕□民田地塘共計八十畝八分七厘價銀一佰五十兩　□□□□□□□
一買民人李昭民山一段計三畝價銀十三兩五錢整　□□□
一買民人吕名山一段計壹畝價銀叁兩整　東□□□□
一買民人洪□民山一段計三畝價銀□兩整　□□□□□
一買民人吕愷民山一段計三畝五分價銀□兩整　□□□□□□□
一買民人阮旺民山一段計一畝五分價銀□□　□□□□□□
一買民人殷俊□泰山一段計六畝價銀拾□整　□□□□口
一買民人胡興民山一段計壹畝價銀□兩整　□□□□
大明成化十四年四月初一日住持道興募緣□□□

简析

此碑为花岩寺寺产碑，长 78 厘米，宽 60 厘米，厚 10.5 厘米。成化十四年（1478）四月花岩寺住持道兴募缘购置田产，立碑为记。碑文记载了花岩寺购置的民山、田堂的亩数、价格及四至范围，对研究明代中期的寺院经济具有一定意义。

南唐二陵

南唐二陵指南唐先主李昪与皇后宋氏合葬的钦陵、南唐中主元宗李璟与皇后钟氏合葬的顺陵。二陵均在今南京市江宁区祖堂山南麓，坐北朝南，毗邻而立，东为钦陵，西为顺陵，两者相距50米。二陵都采用了因山凿圹、封土为陵的形式，平面布局大致相同，据载为南唐大臣江文蔚和韩熙载设计。1950至1951年，南京博物院对南唐二陵进行了发掘，出土了陶俑以及铜、铁、漆、木器和玉哀册等文物640余件。

1. 南唐烈祖李昪钦陵

钦陵规模较大，陵墓上部为一圆形土墩，高约5米，直径30米。墓门外有八字形挡土墙，墓门和挡土墙之间用每块重达二三吨的大石条封塞。墓门南向，中间辟圆拱形洞门，门高2.81米，宽2.38米，门左右两旁隐出砖砌矩形倚柱，上面有柱、枋、栏额、斗拱等各式仿木建筑部件，表面均有彩绘。从墓口到墓室后壁全长21.48米，宽10.45米，分为前、中、后3室。前室、中室用砖砌造，后室全用石块砌成。前室、中室的东西两侧附有1对侧室，后室两侧各附有3对侧室。

南唐二陵

前室平面为长方形，长4.5米，宽3.85米，高4.3米。四壁正中各开有拱券形洞门，南壁为墓门，北壁为通向中室的门，东、西两壁为通向左、右侧室的门。室内四角隐出的八角形倚柱和券门左、右各隐出的矩形倚柱，将前室分隔成了面阔三间、进深三间的空间。柱上施一斗二升式斗拱，承托柱顶枋。所有倚柱、斗拱、立枋等建筑构件上均彩绘柿蒂纹、蕙草云纹、缠枝牡丹纹、宝相花、海石榴花等纹样，呈现出富丽豪华的气派。在南、北壁的柱头枋上两端，各有安装平简或平基用的方形砖洞。墓室虽是砖砌，但整体上模仿了木构建筑。中室略呈方形，长 4. 56 米，宽 4. 45 米，高 5. 3 米，室内的仿木建筑形制与前室基本相同，不同的是中室北壁的构造。中室的北壁即后室的入口，两侧的立壁用巨大的青石板砌成，立壁上各有一高浮雕守门武士像。武士戴盔穿甲，手握长剑，足踩云朵，原均贴金涂朱。武士像上为浮雕双龙戏珠的青石横额，横额下和武士像之间的空间用方形青石板平叠封砌，上涂朱色。

钦陵

中室与后室之间是为开启后室石门用的过道。后室为钦陵地宫最主要的部分，规模最大，南北长 6. 03 米，东西宽 5. 9 米，近方形。后室全由青石仿木建筑砌成，东西两壁顶上各用青石条向上叠涩，其上再加巨石条封顶，从地面至顶部高 4. 7 米。南壁中间辟一方形门，门板用巨大的青石板做成。东西两壁各开有门，通向三个侧室。北壁正中开一凹入墙内的大型壁龛。后室正中置一石砌棺床，棺床两侧浮雕六条飞龙，北端伸入北壁龛内。后室室顶用石灰粉刷后绘有天象图，青石板铺砌的地面上凿有江河之形，即所谓的“上具天文，下具地理”，以象征帝王拥有天下江山。

1987 年，在维修钦陵地下排水设施时还发现一方乘舟垂钓图画像砖，砖长 42 厘米，宽 20 厘米，厚 9 厘米。砖面上刻画有大小三舟，大舟上有人乘坐，已扬帆远行，桅杆顶端有云气纹，舟尾有“千秋”二字，舟右下方有“千秋万岁”四个字，两艘小舟上则有一人持竿垂钓。

2. 南唐元宗李璟顺陵

顺陵的形制与钦陵大体相同，只是规模略逊于钦陵，全长 21. 9 米，由前、中、后 3 个主墓室和两侧共计 8 个侧室组成，全部是砖结构，既没有天象和河川图像，也没有双龙戏珠和守门武士石刻，仿木建筑构建上的彩绘也大大减少。

顺陵

南唐二陵历史上虽多次被盗，但发掘时仍出土随葬品 640 余件，其中 200 余件各式陶俑是南唐二陵随葬品中的精品。人首蛇身俑、双首蛇身俑、人首鱼俑等陶俑是唐代以来南方地区常见的镇墓类俑。而以男女优伶俑和男女舞俑为代表的陶俑，与隋唐墓葬中常见的武士俑、文吏俑、男女侍俑等组合已大不相同，表现出了更多的世俗气氛，呈现出与宋辽金元时期伎乐舞蹈杂剧俑之间的共通性。

3. 南唐后主周后懿陵

2010 年 9 月下旬至 2011 年 1 月，南京市博物馆在南唐二陵陵园西侧围墙边又发现了一座墓葬，编号为南唐 3 号墓。据发掘简报，3 号墓位于元宗李璟顺陵西北约 100 米处的缓坡上，早年被盗。此墓砖室平面呈“中”字形，总长 6.84 米，总宽 5.51 米，由甬道、墓室及耳室构成。墓室厚 0.39 米，双层青砖顺向错缝平砌，砖缝间以黄泥浆粘接。部分墓砖上模印阳文或阴刻“官”“北官”“北官务记”等铭文。墓顶四边叠涩，墓室中部两侧附有对称的券顶耳室。墓室四壁近底部共设 12 个壁龛。墓室地面用石板铺砌，石板之上铺设 3 排条形石棺座。墓葬因早年被盗，仅出土玉、陶瓷、银、铁等质地的遗物 40 余件。综合考察墓葬在祖堂山南唐陵园内的相对位置，特别是墓内发现遗骸的鉴定结果，推定其为南唐后主李煜昭惠国后周氏懿陵。

周后墓墓葬结构简单，规模较小，从墓室顶部防盗石板之间连接固定石板的长条形铁栓板凹槽中均无小腰的迹象判断，这座墓葬具有临时安葬的性质，即所谓的“假葬”或“权厝”。原本应该是等后主李煌死后合葬的，但因南唐国亡，后主被带往开封、最后死葬洛阳而没有实现。紧靠 3 号墓东南侧的低矮山丘，应该是后主李煜自己选定的陵址，未及开工即江山沦陷，周后亦不得合葬，“权厝”至今。

南唐二陵系 1949 年后在江南地区最早发掘的帝王陵墓。二陵的发现，对于研究南唐时期帝王陵墓的建筑、绘画、雕刻、陶瓷、服饰以及陵寝制度等具有极其重要的价值。考古发掘结束后，于 1957 年正式出版了考古发掘报告。1956 年南唐二陵被定为省级文物保护单位。1981 年，人们在南唐二陵周围建成占地 87 亩的陵园和蜿蜒起伏的围墙，以加强管理与保护。1984 年，专门成立南唐二陵文物保管所，负责这两座陵墓的保护与管理。

此后，园区经过全面规划，陆续添建了不少配套设施，如雄伟壮观的仿唐式入园门阙、门前停车场及文物陈列室。陈列室内展示南唐二陵考古发掘、保护管理概况及部分出土文物和复制品。此外，还增建了形式典雅、风格独特的小型会议接待室和文物保护专用房，在陵前四方碑亭内刊立卧式纪事碑，在神道前端两旁竖起一对华表。为了丰富园区文化景观，又在二陵东南辟建南唐二主词碑廊，邀请著名书法家沈鹏、赖少其、费新我、沙曼翁等题写李璟、李煜词作，刻镶于碑廊上。经过多年的绿化，现园区内种植了古柏、蜀桧、黄杨、垂柳、松竹等数千棵，还在顺陵西南享殿所在的平台上开辟了八亩茶园。1988 年南唐二陵入选国务院公布的第三批全国重点文物保护单位。2013 年 8 月，南唐二陵成功入选江苏省第二批江苏大遗址名录。

南唐二陵作为南京南郊一处重要的特色旅游景点，已成为宣传展示南京悠久灿烂的历史文化，特别是具有独特魅力的南唐历史文化的一扇窗口。

南唐二陵钦陵出土玉哀册

南唐保大元年（943）钦陵随葬哀册，1950年在南京市江宁县祖堂山李昇钦陵出土。共出土23片，较完整的有11片。青玉质，圭形。每片哀册的大小相等，长16厘米，宽7厘米，厚0.2—0.3厘米。多数正面刻楷书3行，少数刻1行，个别素面。字内填金，背面仅刻编号。从这些残缺不全的哀册文字内容看，可分为颂扬李昇的功业、谥法和庙号、悼文三个部分。李昇是南唐开国皇帝，这篇青玉哀册的文字，对研究南唐时期政治、经济和文化方面均有重要的史料价值。玉哀册现藏南京博物院。

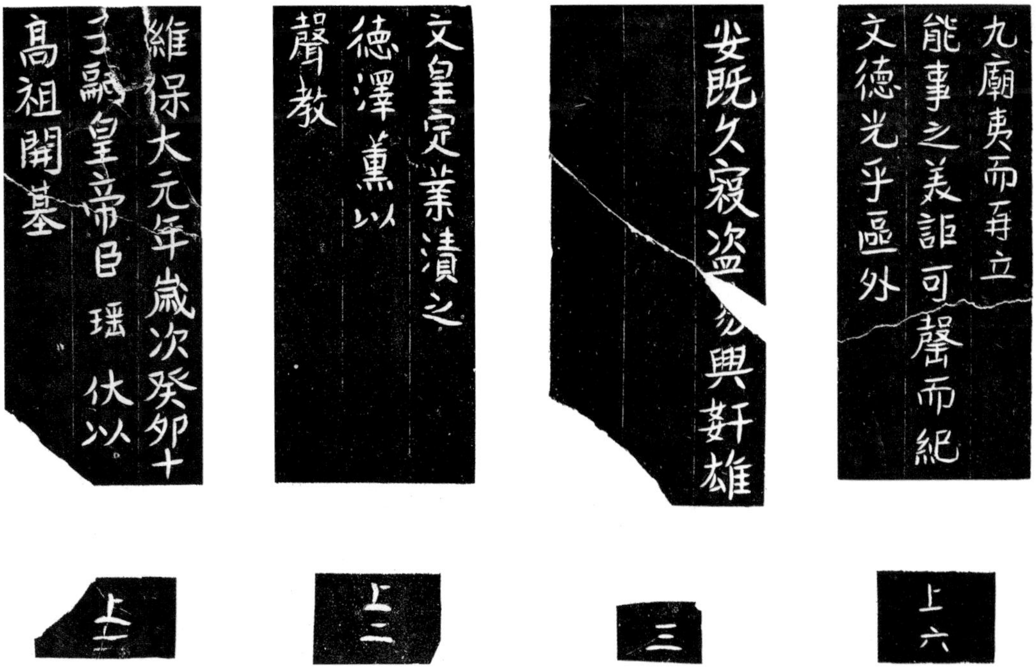

一　二　三　四

钦陵出土玉哀册拓片

录文

一：維保大元年歲次癸夘十 / 子嗣皇帝臣瑶伏以 / 高祖開基 /

二：文皇定業漬之 / 德澤薰以 / 聲教 /

三：安既久寇盜易興奸雄 /

四：九廟夷而再立 / 能事之美詎可罄而紀 / 文德光乎區外

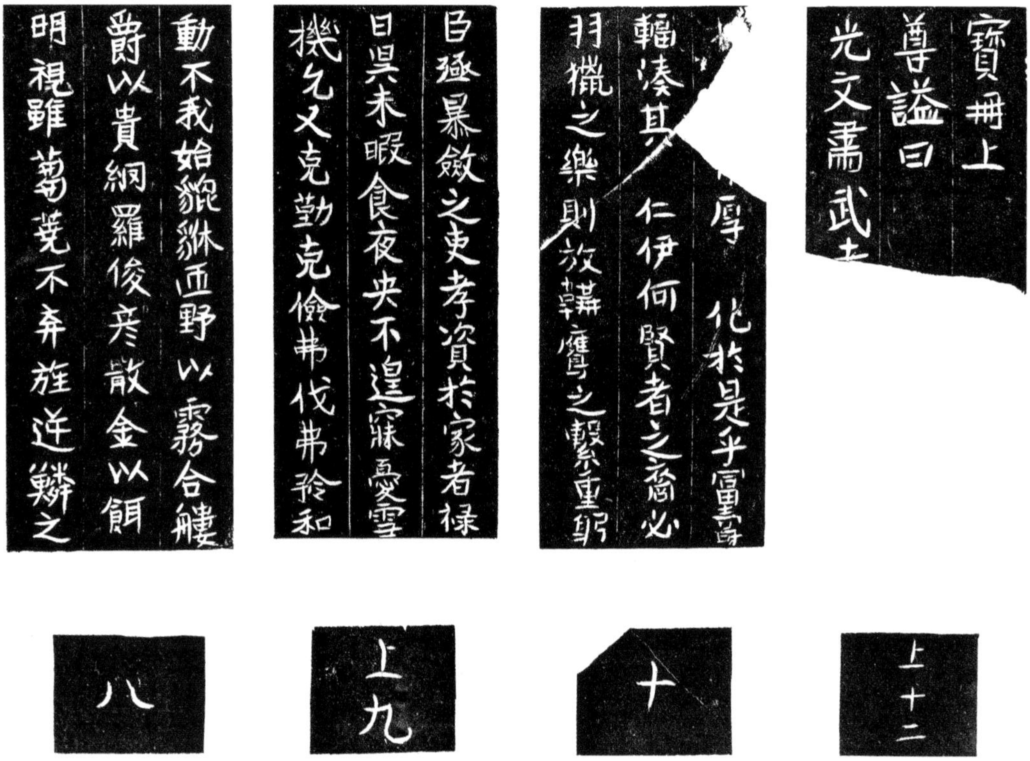

五　　六　　七　　八

钦陵出土玉哀册拓片

录文

五：動不我始貔貅匝野以霧合艘 / 爵以貴網羅俊彦散金以餌 / 明視雖䓘荛不弃旌逆鳞之

六：臣殛暴斂之吏孝資扵家者禄 / 日昃未暇食夜央不遑寐憂雪 / 機允乂克勤克儉弗矜和

七：□□□厚化扵是乎富壽 / 輻湊其 仁伊何賢者之裔必 / 羽獵之樂則放韝鷹之縶重躬

八：寶冊上 / 尊謚曰 / 光文肅武孝

九　　十　　十一　　十二

钦陵出土玉哀册拓片

录文

九：□祖伏惟 / 明霊降格膺兹典禮錫 / 祐垂

十：裕俾安後昆呜呼哀哉

十一：以轻举信攀髯而云坠群族临 / 愁昼惨兮如晦昊天亦泣雨 / □□讵迴七月之期亟来挽绋之

十二：曲言迈□山□ / 风嶾兮俨□ / 天威朔气□

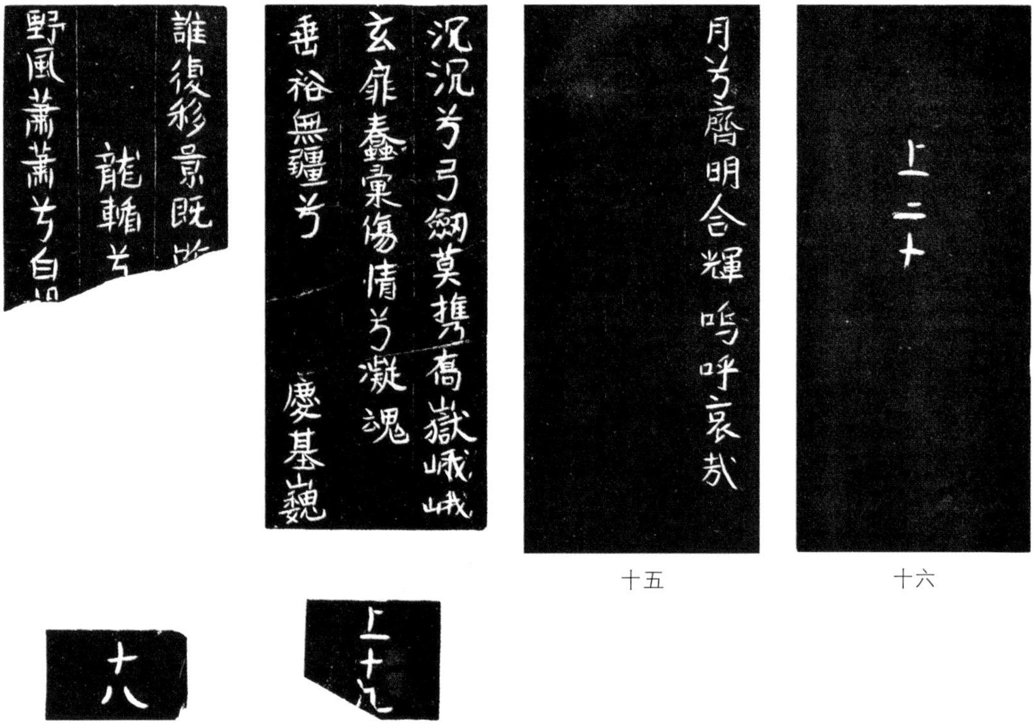

钦陵出土玉哀册拓片

录文

十三：誰復移景既逝 / 龍輴兮 / 野風蕭蕭兮白

十四：沉沉兮弓劍莫携喬嶽峨峨 / 玄扉螽彙傷情兮凝魂 / 垂裕無疆兮　慶基巍

十五：月兮齊明合輝嗚呼哀哉

十七

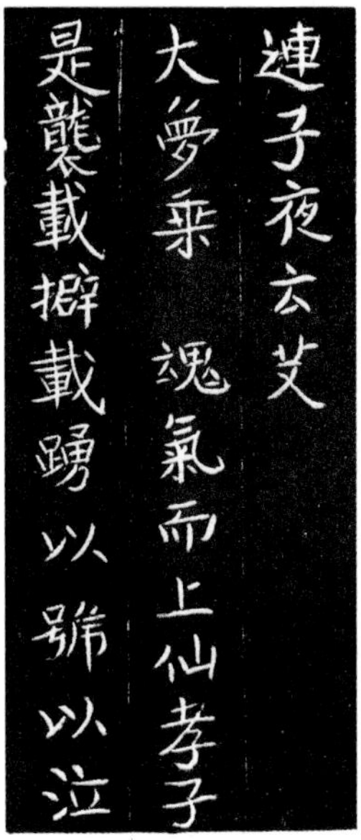

十八

十九

二十

钦陵出土玉哀册拓片

录文

十七：钦陵礼也钟鸣□ / 玄宫□□

十八：連子夜云艾 / 大夢乘　魂氣而上仙孝子 / 是襲載擗載踴以號以泣

十九：太壇 / 謚

二十：禋告 / 嚴配誠動於 / 穹厚符瑞□□戎狄屨

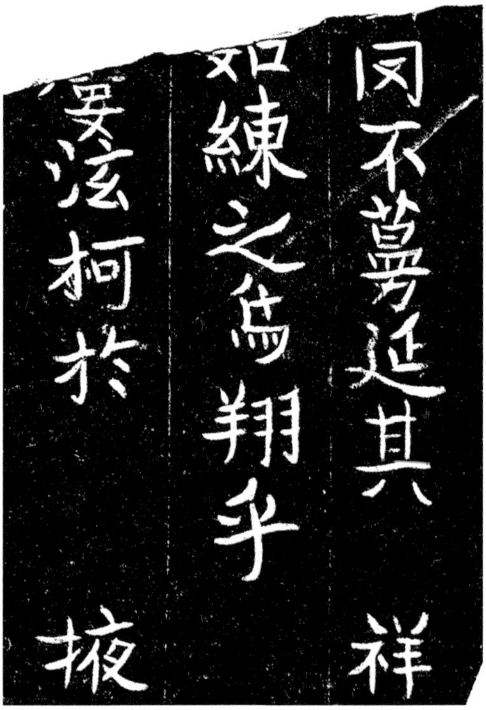

二十二

二十一

钦陵出土玉哀册拓片

录文

二十一：惜而未用美利籌之未

二十二：罔不蔓延其祥 / 如練之鳥翔乎 / 宴泫柯於掖

南唐二陵钦陵后室棺床纹饰

李昪钦陵棺床由六块方形大青石板合成，全长 3.8 米，宽 2 米，厚 0.5 米。棺床表面周边有浅浮雕纹饰，为枝叶环绕的海石榴花纹。画面的做法，是光留出 2.2 厘米宽的边框，边框以内，雕 21 厘米宽两边带边线的海石榴花纹。雕法系将画面的花叶枝条及边线均留出，空处约 1 毫米。边框及花纹内的床心也加以打磨，使其低于花纹约 1 毫米。

钦陵后室棺床花卉纹饰拓片

钦陵后室棺床花卉纹饰拓片

钦陵后室棺床花卉纹饰拓片

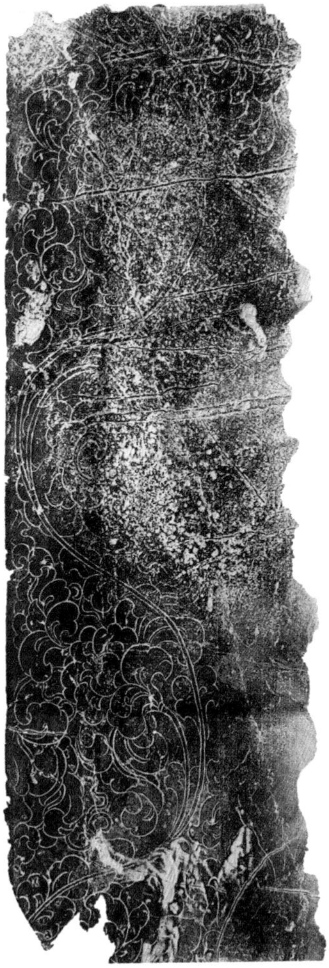

钦陵后室棺床花卉纹饰拓片

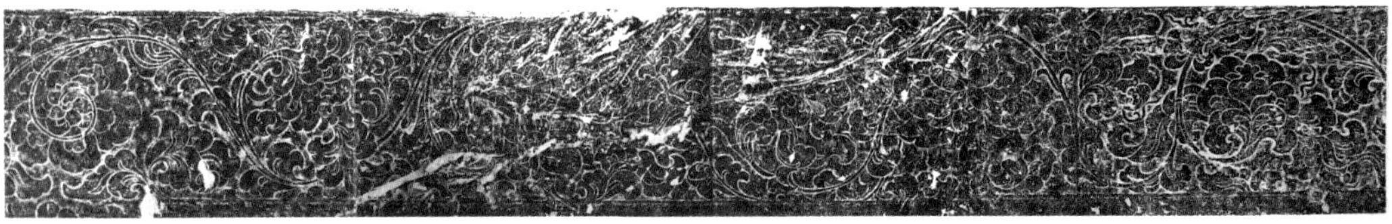

钦陵后室棺床上的浅浮雕拓片

南唐二陵钦陵中室浮雕拓片

“双龙戏珠”雕刻的方法是先把石料打磨成平面，在石面上画出图样，然后将周围不需要的地方打去，并加以磨光，在留出的凸起部分，用深浅不同的雕法，将图像雕出来。李昇钦陵中室北壁两侧雕有两个武士立像，在武士像上，有一长横额，雕刻着“双龙戏珠”的图像。正中是一颗带火焰的宝珠，下托彩云，双龙在其两旁。龙遍体鳞甲，爪牙犀利，昂首嘘气，头相对，身向前进，伸一前爪作攫珠的姿势。

钦陵中室“双龙戏珠”浮雕拓片

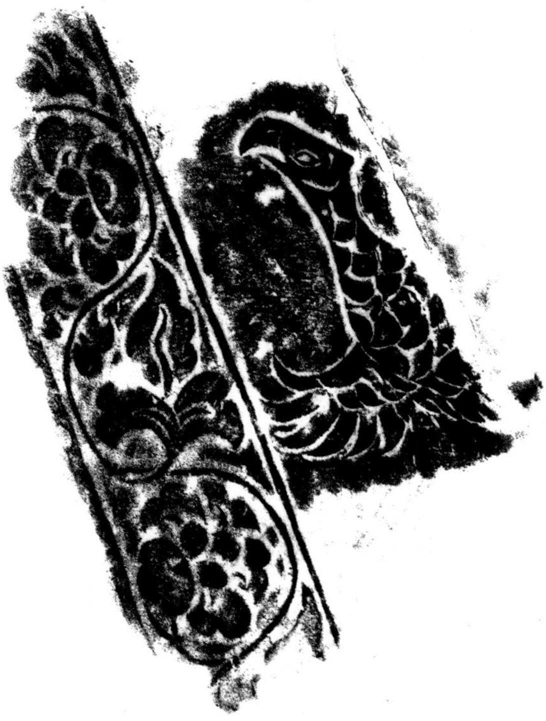

钦陵中室武士像铠甲上的雄鹰纹饰

南唐二陵顺陵出土石哀册

一　二　三　四

顺陵出土石哀册拓片

录文

一：岁次

二：先朝

三：人柱国赐紫

四：先帝之□

五

六

七

八

顺陵出土石哀册拓片

录文

五：第□□□

六：故岁青□

七：瞑眩缀

八：尊谥曰

九

十

十一

十二

顺陵出土石哀册拓片

录文

九：贻后昆之

十：髯断稽山鸟

十一：迩乎

十二：□惟洞□

十三

十四

十五

顺陵出土石哀册拓片

录文

十三：兮凝睇

十四：乐徒惊兮

十五：号之宝

十六

十七

顺陵出土石哀册拓片

录文

十六：元

十七：后

南唐范阳王卢文进家族墓志

2002 年 5 月，笔者巡查谷里周村一沙发厂施工工地时发现南唐《卢文进妻刘氏墓志铭》，墓葬已不存，发现地原为谷里镇周村大石凹的山坡处。此地四面峰峦环抱，林木葱郁，东倚牛首山，南映祖堂山，西临岱山，北靠张家山，距南唐二陵约为 3 千米。根据出土墓志铭，可知志主为南唐范阳王卢文进家族成员。

南唐《唐故范阳王卢君改葬记》

石灰石质，方形，边长 49.5 厘米、厚 9 厘米。志文楷书，从右向左竖书，纵 18 行，满行 19 字，共 291 字。

南唐《唐故范阳王卢君改葬记》

录文

唐故范阳王卢君改葬记

夫穀梁缅服，戴记如敛，改卜之礼，其来久乎故/范阳王茔域，先在江宁县丹阳乡大亭里，自窆/于此，多有后难，相地之人俱云不吉。小殿直、副/指挥使从业，即王之弟九子也以/先王宅地未利，神灵靡安，罔极居之情，夙夜□/叹再谋龟筮，以卜改迁。/皇上以辅国旧臣、连姻朱邸，更兹幽室特霈/鸿恩，赐钱伍佰万，仍令近臣监护。遂于保大九/年岁次辛亥七月申朔朔日辛酉，移葬于开/元乡蒲干里。宋国夫人合祔焉，彭城长县君祔/于东南隅，次陇西县君祔于东北隅，次彭城县/君祔于东隅。男、钦明，殿使，从胤小殿直，副指挥使/从昭，滑州长史；从吉，别于大茔之西南，择吉地而葬/焉。止于命世雄才，匡时茂□蕙馥兰馨之/美，夙龙干之名。各誌贞珉，此不载述。庶乎年/代迥远，陵谷变更，咸知京兆之所，永认祁连之/迹。时保大九年岁次辛亥七月一日辛酉记

简析

南唐《唐故范阳王卢君改葬记》碑长 49 厘米，宽 49 厘米，18 行，满行 18 字。

卢文进，字国用，范阳（今河北涿州）人。史书称其身长七尺，状貌伟然，饮啖过人，薛居正《旧五代史》、欧阳修《新五代史》、马氏《南唐书》、陆氏《南唐书》均有其传。

卢文进原为卢龙节度使刘守光的骁将，庄宗李存勖攻范阳，文进先降后唐，庄宗授之寿州刺史。后投降契丹，被封为幽州节度使，又改封为卢龙节度使。他与韩延徽、韩知古等汉人协助契丹创立制度，建立国家，引领契丹兵掳掠汉人，教之学习汉人先进技术和文化，促进了契丹国发展，契丹由此日益强大。天成二年（927），卢文进因思念故土，从平州率领所部 15 万人，重新回到后唐的怀抱，正如他自己所言："一望家山，每销魂而断目。"先后官任滑州节度使、检校太尉、邓州节度使、同平章事、上将军、潞州节度使、安州节度使。天福元年（936）后晋建立，高祖石敬瑭依契丹力量夺取政权，与契丹约为父子之国。卢文进因背叛过契丹，为此心中非常不安。此年十二月，他杀掉行军司马冯知兆与节度副使杜重贵等，从安州（今湖北安陆）率部渡淮至金陵，投奔杨吴，后依南唐。史称卢文进在后晋颇有善政，兵民爱之。南奔之前，他带着数骑随从，亲至营中与将士诀别。南唐烈祖李昪待之甚厚，先后封为天雄统军、宣州节度使、镇海军节度使。后自润州应诏还金陵，官至左卫上将军，兼中书令、范阳郡王。卢文进在南唐从来不敢炫耀自己，"屈身晦迹，务为恭谨，礼接文士"。后卒于金陵，葬于牛首山大石凹。

南唐《清河郡宋国君墓铭记》

南唐《清河郡宋国君墓铭记》志盖

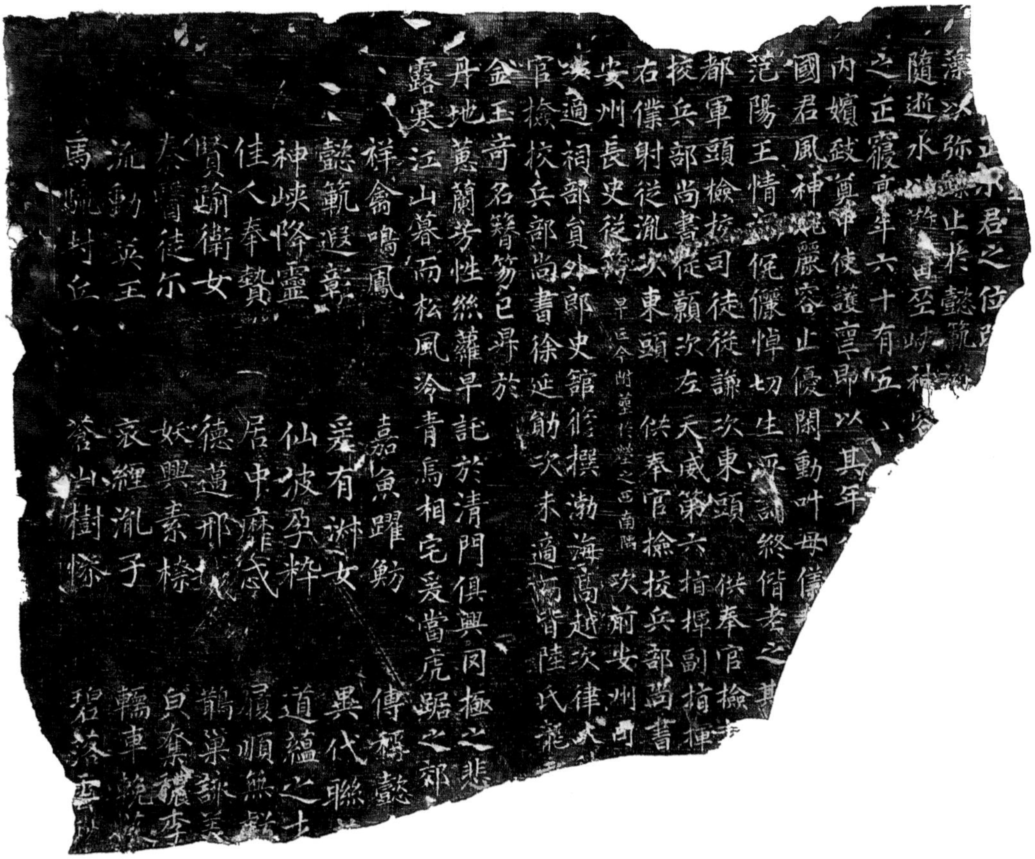

南唐《清河郡宋国君墓志》

录文

……/ □□宋君之位……/ 藻以弥□，止于懿范，……/ 随逝水□□□巫峡神容……/ 之正寝享年六十有五……/ 内嫔致奠，中使护丧，即以其年……/ 国君风神婉丽，容止优闲，动叶母仪……/ 范阳王情深伉俪，悼切生□，□终偕老之其……都军头检校司徒从谦，次东头供奉官检校……/ 校兵部尚书从颢，次左天威第六指挥副指挥……/ 右仆射从胤，次东头供奉官检校兵部尚书……/ 安州长史从筠（早亡今附葬于茔之西南隅）。次前安州司……/ 次适祠部员外郎史馆修撰渤海高越，次律……官检校兵部尚书徐延勋，次未适，而皆陆氏龙……/ 金玉奇名，簪笏已升于 / 丹地；蕙兰芳性，丝萝早托于清门；俱兴罔极之悲……/ 露寒江山暮而松风冷青鸟相宅爰当虎踞之郊……/ 祥禽鸣凤，嘉鱼跃鲂，传称懿……/ 懿范遐彰，爰有淑女，异代联……/ 神峡降灵，仙波孕粹，道蕴之……/ 佳人奉贽，居中靡忒履顺无亏……/ 贤踰卫女，德迈邢娥，鹊巢泳美 / 秦医徒尔，妖兴素榛，貌夺秾李……/ 流动英王，哀缠胤子，輀车輓……/ 马□封丘，苍山树惨，碧落云……/

简析

清河郡宋国君为卢文进正室，容貌秀丽，举止端庄，享年六十五。志盖为盝顶式，石灰石质，近正方形，上边长 49 厘米、宽 48.5 厘米，下边长 72.5 厘米、宽 72 厘米、厚 10 厘米。志石用阴线刻有方格，并从中央开始向四边用方格分成 5 个区域，区域内分别阴刻文字和图案纹饰。中央为第一区域，阴刻楷书“清河郡宋国君墓铭记”；第二区域刻日、月、山、人星、北斗，并以八卦图案环绕，按顺时针排列有艮、乾、兑、艮、震、坤，余漫漶不识；第三区域右面正中顺时针旋转，依次刻有鼠、牛、虎、兔、龙、蛇、马、羊、猴、鸡、犬、猪十二生肖图案，四角刻有牡丹花；第四区域刻二十八星宿图，星与星之间用单线连接；第五区域为杀边，下、上、左、右分别刻青龙、白虎、朱雀、玄武四象，四象图案两边刻祥云。

志底残，石灰质，残长 47 厘米，残宽 40 厘米，厚 12 厘米。志文楷书，24 行，满行 19 字，共 328 字。

南唐《故彭城县君刘氏墓铭》

南唐《故彭城县君刘氏墓铭》志盖

简析

志盖为盝顶式，石灰石质，近正方形，上边长 53.5 厘米，宽 55 厘米；下边长 74.5 厘米，宽 74 厘米，厚 10 厘米。中央阴刻篆书 3 行，行 3 字。为“故彭城县君刘氏墓铭”，其余所刻星象图案纹饰与《清河郡宋国君墓铭记》志盖基本一致。只是四象、十二生肖、二十八星宿方位与之迥异，大部分图案已漫漶不清。此石四杀左刻青龙，右刻白虎，上刻朱雀，下刻玄武。

1. 关于卢文进的生卒年代

今据此四方墓铭知，彭城县君刘氏为卢文进侧室。

墓志铭中提及的卢文进家族成员、卢文进的子女及其妻室，史书中记载极少，仅马氏《南唐书·卢文进传》言：“文进有女少而美，存矩求为侧室。”陆氏《南唐书·高越传》言：“文进仲女有才色，能属文，号女学士，因以妻越。”称卢文进仲女善文，有姿色，号称“女学士”。志文刻“王之弟九子也”，可见卢文进子嗣众多，光男丁有九。此次发现确认的其八子，分别为都军头检校司徒从谦、供奉官检校兵部尚书从颢、天威第六指挥副指挥右仆射从口、供奉官检校兵部尚书安州长使从筠、小殿直副指挥使从业、钦明殿使从胤、小殿直副指挥使从昭、滑州长史从吉，均卒于保大九年（951）之前。文中所提及的子嗣虽多，官阶虽高，但查阅史料，其传录均付之阙如。

2. 关于卢氏改葬原因

《唐故范阳王卢君改葬记》云：“范阳王茔域，先在江宁县丹阳乡大亭里，自寒于此，多有后难，相地之人俱云不吉。”可知卢氏改葬，实崇信风水，因所谓葬地不吉而改葬。

据陆游《南唐书·卢文进传》及《高越传》所载，卢文进生前与南唐名臣冯延巳有隙。卢文进卒后，冯延巳欲倾其家，诬以阴事，尽收卢文进诸子。时卢文进女婿高越上书讼之，指责冯延巳过恶，词气甚厉。元宗怒，贬高越为蕲州司士参军，但卢氏赖以保全。据此推测，卢文进死后不久，其后人曾受政敌打压，几乎被满门抄家。家运的衰替，卢氏后人认为是卢文进葬地风水不好，遂对其进行改葬。元宗因卢文进为辅国旧臣，对其改葬特赐钱五百万，并令近臣监护，由此亦可见南唐李氏待卢氏家族颇厚。

南唐《张思恭墓志》

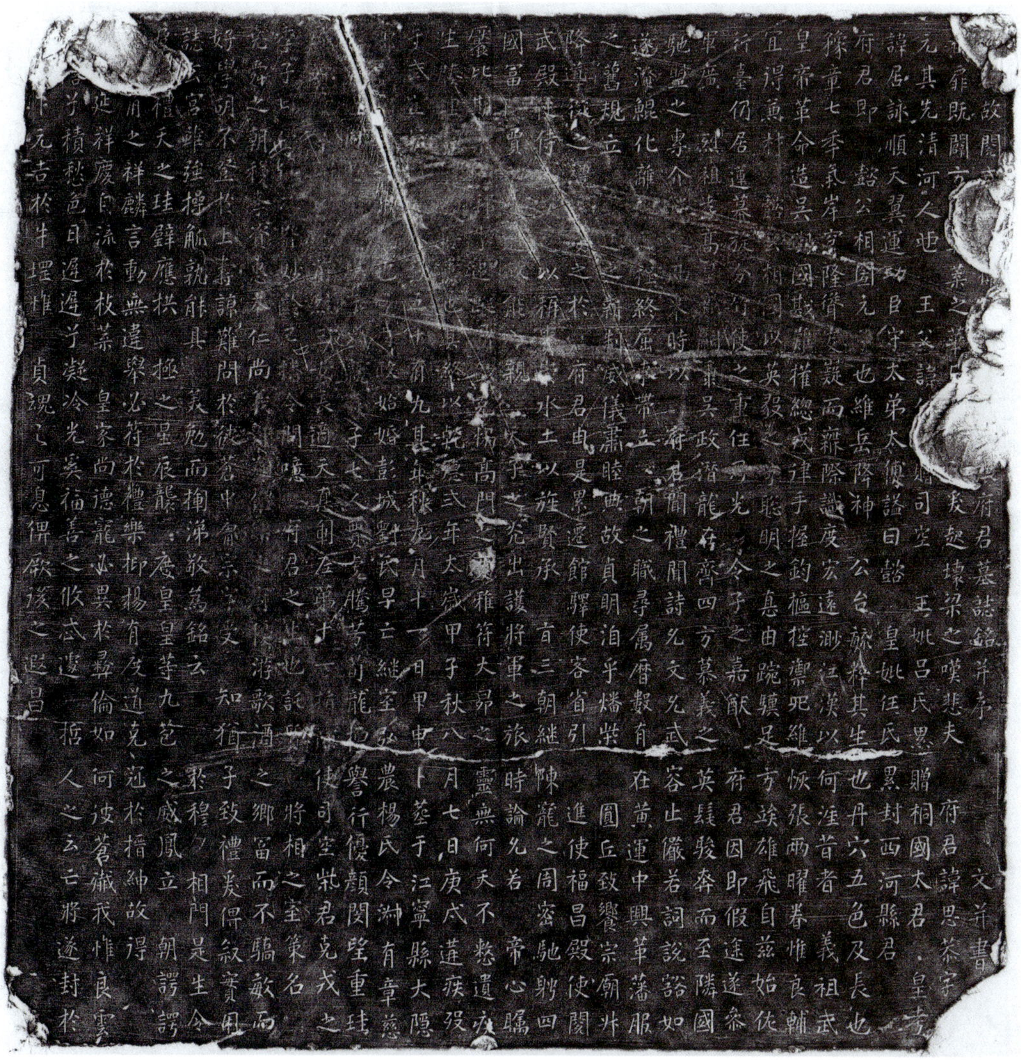

南唐《张思恭墓志》

录文

唐故阅武殿使侍□□□□□张府君墓志铭并序　　　文并书/□扉既闢方□奕世之华□□□□爰起坏梁之叹悲夫　府君讳思恭字□/元其先清河人也　王父讳□□赠司空　王妣吕氏累赠桐国太君　皇考/讳居詠顺天翼运功臣守太弟太傅谥曰懿　皇妣任氏累封西河县君/府君即　懿公相国元子也维岳降神　公台毓粹其生也丹穴五色及长也/豫章七年气岸穹隆耸岐嶷而无际识度宏远渺江汉以何涯昔者　义祖武/皇帝革命造吴与国戡难权总戎律手握钧枢控御四维恢张两曜眷惟良辅/宜得兼材　懿公相国以英毅之奇聪明之德由踠骥足方竢雄飞自兹始佐/行台仍居莲幕旋分竹使之重任乃光　令子之嘉猷　府君因即假途遂参/军广　烈祖孝高皇帝嗣秉吴政潜龙在齐四方慕义之英豪骏奔而至邻国/驰盟之专介继踵而来时以　府君闻礼闻诗允文允武容止俨若词说豁如/遂淹鲲化离云之程终屈束带立　朝之职寻属历数有在黄运中兴革藩服/之旧规立　朝廷之新制威仪肃睦典故贞明洎乎燔柴　圆丘致飨宗庙升/降导从之礼悉委之于　府君由是累迁馆驿使客省引　进使福昌殿使阅/武殿使侍尊龙虎以称贵崇水土以旌贤承　旨三朝继陈宠之周密驰聘四/国富陆贾之交通故能入亲　天子之光出护将军之旅时论允若　帝心嘱/餍比期御侮邦家追蹤鼎铉克协高门之庆雅符大昴之灵无何天不慭遗疾/生膝理□□□善寿也其终以乾德二年太岁甲子秋八月七日庚戌遘疾殁/于武定坊□□春秋五十有九其年秋九月十一日甲申卜葬于江宁县大隐/乡□□□之原礼也　内政始婚彭城刘氏早亡继室弘农杨氏令淑有章慈/□□性内助之名扬于六亲有子七人贾虎腾芳荀龙擅誉行优颜闵望重珪/璧尧履亨□远迈前烈三女长适天德军左第十一指挥使司空柴君克戎之/季子曰□□次皆妙龄已播令问噫　府君之生也托质　将相之室策名/尧舜之朝移孝资忠本仁尚义翱翔礼乐之府优游歌酒之乡富而不骄敏而/好学胡不登于上寿谅难问于彼苍中庸宗字受　知犹子致礼爰俾叙实用/志玄宫虽强操觚孰能具　美勉而挥涕敬为铭云　于穆　相门是生令/臣□礼天之珪璧应拱　极之星辰袭　庆皇皇等九苞之威凤立　朝谔谔/□□角之祥麟言动无违举必符于礼乐抑扬有度道克冠于缙绅故得/□□延祥庆自流于枝叶　皇家尚德宠必异于彝伦如何彼苍歼我惟良云/□□兮积愁色日迟迟兮凝冷光奚福善之攸忒遽　哲人之云亡将遂封于/□□卜元吉于牛冈惟　贞魂之可息俾厥后之遐昌

简析

张思恭，生于晚唐天祐二年（905），史书无载。其父张居咏在南宋马令所撰的《南唐书》和陆游所撰的《南唐书》中均有记载，曾在南唐初期担任过平章事一职，在南唐建国的过程中立了很大功劳，被称为“顺天翼运功臣”。《张思恭墓志》中记载了张居咏的谥号是“懿”，可补史阙。张居咏死于南唐保大年间，这个谥号应是南唐第二个皇帝元宗赐予的。

张思恭是张居咏的长子，凭借父亲的声望，他跻身仕途，熟悉典籍，兼擅文武，相貌和言谈举止都很优秀。南唐建国后，他参与了朝廷规章和祭祀礼仪的制定，还一度担任对外交流的使节，官职也由馆驿使一路升迁到阅武殿使侍，也算天子近臣了。北宋乾德二年（964），张思恭病逝，享年五十九岁，葬于江宁县大隐乡。

张思恭去世之前的10余年，南唐政权已经处于风雨飘摇之中，相继臣服于中原的王朝后周和北宋，纪年也遵奉中原的正朔，故而墓志中采用了北宋乾德纪年。

张思恭的长女嫁给了柴克戎的第三子，史书中没有柴克戎的记载，但从其名字来推断，他和南唐名将柴克宏应是兄弟关系，都是杨吴功臣柴再用的儿子。

《张思恭墓志》长60厘米，宽60厘米，楷书31行，满行30字。撰文者和书丹者都是其侄子张致礼，志文和铭诗均以骈体写成，引用了大量的典故，对仗工整，华美流丽。楷书的字体风格介于颜、柳之间，疏朗刚正，雄健宽和。

注解

义祖武皇帝：指杨吴权臣丞相徐温。徐温是南唐第一个皇帝李昪的养父，李昪的政治资本是从徐温手中承继过来的。南唐建国后，他追尊徐温为“义祖武皇帝”。

犹子：犹子比儿，即侄子。

岐嶷：指年少时就聪明过人。

令问：即“令闻”，指美好的名声。

南唐《姚承钧墓志》

南唐《姚承钧墓志》

录文

唐故内门承旨、银青光禄大夫、检校工部尚书、兼御史大夫、上柱国姚府君墓志铭。/　　京兆韦焕撰，　　河南芮德雄书，　　太原王廷浩刊 / 府君讳承钧，字子平，保大十二年，岁次甲寅夏五月二十九日，遘疾殁于 / 京师私第，享年三十有五。以其年季秋月十九日，葬于江宁县凤台乡小陔村，梓桐山之阳也。/ 曾祖讳制，东洲镇遏使、检校左散骑常侍；皇祖讳珪，静海都镇使、检校兵部尚书；/ 皇考讳匡裕，静海指挥使、都镇遏使、检校吏部尚书；妣夫人李氏，府君之先也。/ 世典东疆，物土静理，洎乎后胤，食禄犹然。今即生于彼士也，府君礼乐之家，孝悌之子，/ 当生有异，与众不群，咸称杞梓之材，尽谓瑚琏之器，善于弧矢，曾穿百步之杨。尚以筹谋，素有 / 六韬之术，英奇若是。　　先考嘉焉，于是申补右军散将，时大和四载矣。冀期鸿渐，俟振鹏 / 程，益禀义方，转加恭恪。洎七年，改右军衙前总管，准　　制迁静海指挥第二都都军头，虞 / 侯。才亲戎仵，众中扬贾勇之声，既助边威，境上有望风之惧。寻以　国家旁求俊彦，用副佥谐，/ 爰罢边陲，旋归　　上国，奉　制迁右军散十将、充左龙挞指挥副兵马使、银青光禄大卿、/ 检校国子祭酒、兼监察御史、上柱国。仰承　　天泽，益著忠诚，既品秩以升隆，始才能而渐 / 展。昇元初，　　烈祖高皇帝，圣运应数，土德中兴，广布殊恩，爰叨　　庆泽，改右军衙前 / 十将，赐秩兼转殿中侍御史。颇增光显，甚励勤劬，唯务治兵，曾无暇日。三年，　　祀天成礼，/ 雨露再沾，改右军衙前虞侯、充龙卫军左云翼第一指挥第一都，实职副兵马使，揣循 / 覆育之恩，终荷　升平之化，于是远方来贡，四海晏然。实当偃武之时，正覩用文之际，固宜知 / 道，是用改途乞侍　　阶蓂，免于细柳。六年授阁门承　旨，戎衣才脱。　　御香先得以 / □身　　紫殿初开，玉砌固当于植足，大光门阀，实快平生为爰，若斯行善所及。旋值 / 高皇晏驾，　　今上乘乾，纂成大禹之功，复下如膏之泽。保大元年，授检校右散骑常侍、兼 / 御史大夫，爵秩屡迁，声华远播，门庭赫奕，车马骈阗。十一年，　　国家选用贤良，举振淹滞，/ □兹藏器。足副　　上心用是，加　　恩踰次甄奖，转检校工部尚书，充内门承 / 旨，班行所贵，亲戚咸欢，皆言大国爵人，悉是选贤任德。恭荷　　天命，欲报　　鸿猷。□ / 期蓝玉难全，芳兰易殒。偶斯遘疾，遽止沉沦。反席未安，梦奠已验。　　府君娶徐氏，封东海 / 县君，即　　曹王之次女也。克敦孝行，夙蕴贤和，外彰女史之文，内播治家之法。男四人、伯 / 曰继文，学业将就，怀志颇高，早闻别李之知，以蕴题桥之操；仲曰顺哥叔曰玉孥；季曰胜哥。或 / 在襁褓或始龆年，既承积善之门，尽是保家之至。女二人：长许同僚，陇西李内门之长子也，孝 / 敬有闻，蘋蘩可奉；次女年方总角，言渐解围。有弟承钊，操心奉主，体物无私，习百王之书，晓九流 / □述；（承铨）为人雅重，立性慈和，既闻筮仕之祯，伫候荣名之庆。于戏！生既有时，死固有地，达人悉 / 能知命，　　府君得不其然。苟世禄之不隳，有子孙之可继，获殁牖下，复何伤乎？焕智不及 / 于□，丝才实卑于□。凤幸叨下，请得以直书。庶彰不朽之名，用表　　　丧贤之地。恭辞不逮，/ 乃作铭云、/ 敦孝治家，秉直事主。动静合常，威仪中矩。克俭克勤，允文允武、誉满当时，名传千古。其一 / 美秀独兼，慈惠难伦。解骖赎上，投辖留宾。敦诗阅礼，去华任真。朝庭所贵，朋友称仁，其二。/ 量同巨海，心若磐石。立德不回，执信岂易。箭发穿杨，词能夺席。欲继余芳，孰堪踵迹。其三。/ 梓桐之阳，巅秀原芳。江宁之乡，身葬名昌。勒石是纪，幽邃为藏。君子万年，永保无疆。其四。

简析

姚承钧，字子平，生于五代杨吴武义元年（919），卒于南唐保大十二年（954），享年三十五岁。姚承钧家族自其曾祖姚制开始，祖父、父亲都担任静海指挥使一职，世典东疆同年季秋月十九日葬于江宁县凤台乡小郊村，梓桐山之阳，是雄甲一方的小诸侯。杨吴大和四年（932），年仅 13 岁的姚承钧在其父的庇护下投身军旅，从右军散将一直做到静海指挥第二都虞候，奉命驻守与其他割据势力交界的边疆。由于战功和声望，被提升到充左龙犍指挥副兵马使。

昇元初年，建立南唐的李昪为笼络人才，将手握兵权的姚承钧提升至殿中侍御史一职，姚承钧也很识时务地向皇帝提出“乞侍阶蓂，免于细柳”，主动要求交出兵权，离开军队。昇元六年（942），姚承钧如愿脱下戎衣，当了文职官员阁门承旨。南唐第二个皇帝元宗继位后，姚承钧又陆续担任了御史大夫、工部尚书、内门承旨几个官职，于保大十二年（954）五月二十九日染病去世，葬于江宁县梓桐山之南。

姚承钧担任的官职在南唐属于中高层，然而史书中竟没有关于他的片言记载，姚承钧的妻子徐氏封东海县君，“即曹王之次女也”。南宋马令所著《南唐书》和陆游所著《南唐书》均无有关“曹王”的记载，据南通《徐夫人墓志》，曾在杨吴为金紫光禄大夫的徐球，将其第四女徐夫人适于吴兴姚公。姚承钧之妻徐氏，可能与此名门徐氏有关。

《姚承钧墓志》长 60 厘米，宽 60 厘米，行楷书 36 行，满行 36 字。撰文者为韦焕，书丹者为芮德雄，刻字人为王廷浩。志文以骈体写成，辞藻华丽，记载了南唐内门承旨姚承钧及其先祖的官职、生平和葬地，为研究南唐朝廷政令、职官制度、科举用人制度、书法风格演变等方面提供了新的材料。书法以楷行书夹行草书写成，秀劲圆转，刻工也非常精良。

注解

烈祖高皇帝：指南唐第一位皇帝李昪。

戎仵：应为“戎伍”。

纂成：应为“缵承”。

静海军：唐末五代时的行政区，包括泰州、南通、东台一带。

于戏：即“呜呼”。

南唐《谢公夫人王氏墓志》

南唐《谢公夫人王氏墓志》

录文

唐故太子洗马会稽谢公夫人太原县太君王氏墓志铭并序/　　　　　　　　　　　　乡贡进士廖衢述/呜呼夫人钟淑茂之气挺肃雍之德而年不及中寿命将沾一邑遽弃/孝养奄忽殂落可哀也哉/夫人其先太原人因官迁籍今为临川人也祖讳　父讳诚皆抱器忘/名安贞下位　　夫人即诚之长女年二十归于/先府君王谢连理有自来矣昔/先府君侍　　庭闱睦亲族　　夫人竭其诚敬奉之周旋副笄/助祭垂四十载未尝不夙兴夜寐洁粢丰盛故乡党称其孝焉亲戚慕/其义焉去岁　　先府君之寝疾捐馆/夫人伤悼齐体加于常等抚爱诸孤愈于曩日无几何冬至率诸妇宗/妇致时祀之奠严尊祖之礼倏遘沉疠苦于风痃虽金石之药迭进祷/祀之恳继至曾不少痊损焉春秋六十有六以辛未岁冬十二月六日/终于都城之私第自始疾至于终才一旬矣及金泥钿轴之及门即殁/世之七日也凡中外之赴吊者皆惋愤夫声信乎其能为人也以明年/正月九日迁窆于凤台乡　　　　　　先府君茔之东偏礼/也有子四人伯曰光袭早卒仲曰光符内法物库使叔曰光弼季曰光/业皆未仕女三人长适王氏次适廖氏次适李氏初法物奉/命而西　　夫人方康强及　　夫人委化而去法物始回复其/年之内而　　二亲继丧此又甚可悲也法物常谓余曰夫风树之/感古人所同隙驷之光逝者何及所恨尝药之际不在侍疾之列属纩/之时不闻启手之语终身之痛胡可胜耶欲报之恩昊天罔极吁出身/事　　　　主自孝移忠可也异日立功名揭碑板庶慰其明灵/焉卜地告吉先远有期以衢忝辱诸亲备靓/懿实惧彼高岸俾刊贞石此孝子之事亲终矣铭曰/　　帝城之南凤台东　　　崇岗茂陇连閟宫/　　　孝子顺孙兮哀以送终　　千秋万祀兮居于此中/

简析

王氏生于晚唐天祐二年（905），20岁时嫁给了谢公，谢公在南唐担任过太子洗马一职，史书未载其姓名事迹。

开宝三年（970），王氏的丈夫谢公因病去世，她伤心过度，又因患上“风痃”之疾，于次年也去世了，享年六十六岁。夫妇二人去世时间相隔不足一年。

王氏嫁给谢公后，养育了四男三女，次子谢光符在南唐担任内法物库使，即主管宗庙车驾仪仗的官员，其工作当与制定南唐朝廷礼仪规章的张思恭有交集。

就在谢公及王氏相继去世的这一年中，其担任法物使的次子谢光符却不在身边，墓志中仅简单地交代了四个字“奉命而西”，他奉朝廷的命令西行去干什么呢？查史书，开宝三年，北宋开始布置对割据于两广地区南汉国的统一战争计划，并于开宝四年（971）一举灭掉南汉，完成对南唐的战略合围，南唐的灭亡已经进入倒计时。谢光符的西行究竟是奉命联络南汉共同抗拒北宋，还是在湖南一带进行战略部署以防北宋突然攻入？

已经不得而知。

《谢公夫人王氏墓志》长 60 厘米，宽 60 厘米，楷书 27 行，满行 27 字。墓志的撰文者是廖衢，墓志中提到王氏的次女嫁给了廖氏，从撰文者廖衢对王氏的丈夫谢公称为“先府君”，并说自己“忝辱诸亲”来看，廖衢和廖氏是同一人。

墓志中没有使用北宋开宝的年号纪年，只使用“辛未”干支纪年，反映了南唐人民对中原强势王朝以武力威胁强制要求遵奉正朔的反感。

注解

属纩：指疾病临危，快要死的时候。

委化：指去世。

金泥钿轴：指下葬所用的器物。

沐英墓志

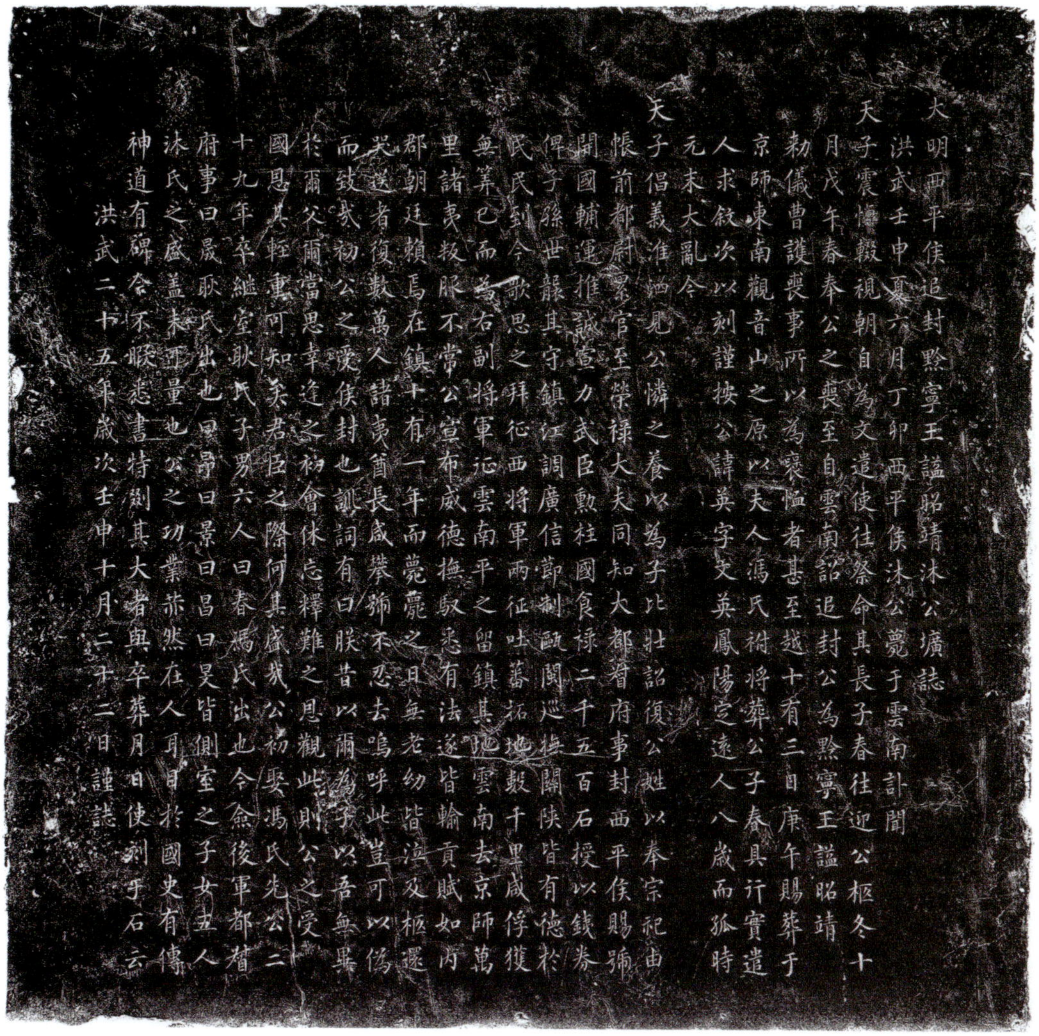
大明西平侯追封黔寧王謚昭靖沐公壙誌
洪武壬申夏六月丁卯西平侯沐公薨于雲南訃聞
天子震悼輟視朝自為文遣使往祭命其長子春往迎公柩冬十
月戊午春奉公之喪至自雲南詔追封公為黔寧王謚昭靖
勅儀曹護喪事所以為褒恤者甚至越十有三日庚午賜葬于
京師東南觀音山之原以夫人馮氏祔將葬公子春具行實遣
人求敘次以刻諸按公諱英字文英鳳陽定遠人八歲而孤時
元末大亂今
天子倡義淮甸見公憐之養以為子比壯詔復公姓以奉宗祀由
帳前都尉累官至榮祿大夫同知大都督府事封西平侯賜號
開國輔運推誠宣力武臣勳柱國食祿二千五百石授以鐵券
俾子孫世襲其守鎮江調廣信節制甌閩巡撫關陝皆有德於
民民到今歌思之拜征西將軍兩征吐蕃拓地數千里威俘獲
無筭已而為右副將軍征雲南平之留鎮其地雲南去京師萬
里諸夷叛服不常公宣布威德撫馭悉有法遂皆輸貢賦如內
郡朝廷賴焉在鎮十有一年而薨薨之日無老幼皆涕泣及柩還
哭送者復數萬人諸夷酋長感攀號不忍去嗚呼此豈可以偽
而致哉初公之受侯封也詔詞有曰朕昔以爾為子以吾無異
於爾父爾當思幸逢之初會休忘釋難之恩觀此則公之受
國恩其輕重可知矣君臣之際何其盛哉公初娶馮氏先公二
十九年卒繼室耿氏子男六人曰春馮氏出也今僉後軍都督
府事曰晟耿氏出也曰昂曰景曰昌曰昊皆側室之子女五人
沐氏之盛蓋未可量也公之功業赫然在人耳目於國史有傳
神道有碑今不暇悉書特劉其大者與卒葬月日使刻于石云
洪武二十五年歲次壬申十月二十二日謹誌

明《沐英墓志》

沐氏家族自沐英始，十二世十六人世袭镇守云南。世袭西平侯、黔国公等爵，实授云南总兵官，挂征南将军印，与明朝国运相终始，在历史上产生了很大影响。自洪武至正统初，即沐英、沐春和沐晟在镇期间，是其开创并走向鼎盛的时期。

沐英死后葬在南京之南，由三山环卫，背靠山脊，面向一片碧绿的湖水。他的历代子孙多封王公，都葬在这里，此地因此被叫作将军山。沐英作为明朝开国元勋，死后被追封为黔宁王，葬于南京将军山。围绕沐英墓地，还葬有自明洪武年至明末沐英家族后代其他重要成员多人，沐家在将军山形成了一个规模宏大的墓葬群。经过考古发掘，目前已出土沐氏家族墓志多件。

录文

大明西平侯追封黔寧王諡昭靖沐公壙誌 / 洪武壬申夏六月丁卯西平侯沐公薨于雲南訃聞 / 天子震悼輟視朝自為文遣使往祭命其長子春往迎公柩冬十 / 月戍午春奉公之喪至自雲南詔追封公為黔寧王諡昭靖 / 勑儀曹護喪事所以為褒恤者甚至越十有三日庚午賜葬于 / 京師東南觀音山之原以夫人馮氏祔將葬公子春具行實遣 / 人求敘次以刻謹按公諱英字文英鳳陽定遠人八歲而孤時 / 元末大乱今 / 天子倡義淮泗見公憐之養以為子比壯詔復公姓以奉宗祀由 / 帳前都尉累官至榮祿大夫同知大都督府事封西平侯賜号 / 開國輔運推誠宣力武臣勳柱國食祿二千五百石授以铁券 / 俾子孫世襲其守鎮江調廣信莭制甌閩巡撫关陝皆有德於 / 民民到今歌思之拜征西將軍兩征吐蕃拓地數千里咸俘獲 / 無筭已而為右副將軍征雲南平之留鎮其地雲南去京師萬 / 里諸夷叛服不常公宣布威德撫馭悉有法遂皆輸貢賦如内 / 郡朝廷賴焉在鎮十有一年而薨薨之日無老幼皆泣及柩還 / 哭送者復數萬人諸夷酋長咸攀号不忍去嗚呼此豈可以僞 / 而致哉初公之受候封也訓詞有曰朕昔以爾為子以吾无異 / 於爾父爾當思幸逢之初會休忘釋難之恩觀此則公之受 / 國恩其輕重可知矣君臣之際何其盛哉公初娶馮氏先公二 / 十九年卒繼室耿氏子男六人曰春馮氏出也今僉後軍都督 / 府事曰晟耿氏出也曰昂曰景曰旻皆側室之子女五人 / 沐氏之盛盖未可量也公之功業赫然在人耳目於國史有传 / 神道有碑今不暇悉書特劖其大者與卒葬月日使刻于石云 / 洪武二十五年歲次壬申十月二十二日謹誌

简析

沐英，安徽定远人，自幼父母双亡，被明太祖朱元璋收为养子，视如己出。及长，从太祖征伐，克忠职守，以功封西平侯。洪武十六年（1383）奉诏留镇云南为屏藩，使明太祖朱元璋无西南之忧，深得当地少数民族的敬服。

洪武二十五年（1392），沐英在云南去世。明太祖闻讣痛心不已，亲自撰写了祭文，追赠为黔宁王，谥昭靖，并命其长子沐春将沐英灵柩从云南运回京师南京，赐葬京师东南观音山之原，即今南京江宁区将军山南麓。配享太庙，塑像祀于功臣庙。

墓志中记载了沐英被封西平侯时，明太祖对他的一段训词："朕昔以尔为子，以吾无异于尔父，尔当思幸逢之初会，休忘释难之恩。"可见沐英在明初的显赫地位，不仅因为他的才智超群、战功卓著，也因为他和明太祖非同寻常的私人关系，正是这种情同父子的关系，使得沐英没有像蓝玉、胡惟庸、李善长等人一样因功忘乎所以，而是兢兢业业、不骄不躁，从而成为少数没有受到谴责、诛灭，得到善终的开国功臣。

《沐英墓志》现藏南京博物院。志石长 78.3 厘米，宽 77.5 厘米，志盖阴刻篆书"大明开国辅运推诚宣力武臣柱国西平侯追封黔宁王谥昭靖沐公之墓"29 字，志文楷书阴刻，共 25 行，满行 25 字。墓志中没有记载沐英的生年和岁数，也没有撰文书丹者的姓名，朴实简约，是典型的明初墓志风格。

明《杨母宋氏墓志铭》

明《杨母宋氏墓志铭》

录文

赐进士出身南京工部主事莆田吴昭撰文 /　　征仕郎翰林院中书舍人浙江罗麟书丹 /　　征仕郎翰林院中书舍人东吴杨杞篆盖 / 孺人宋氏讳锦金陵宋景春之女嫁为同里杨仲伦之妻二家 / 皆右族乡里称为德义孺人为处子时举家以为贤父母最爱 / 务欲择贤婿佥举仲伦而景春以孺人归焉及归杨氏事舅姑 / 以孝处姻族以和主中馈必诚必敬抚臧获而尤施以仁饥寒 / 困苦者抚之施之有等不以沽名妄费其财物且于姻亲尤加 / 恤焉仲伦豪而素喜宾客孺人婉顺皆如其意子成童时朝暮 / 率之攻书及长皆具勤俭克成其家呜呼此特孺人述于状者 / 其贤如是其子鑑涕泣言孺人之所存平生清苦勤俭衣食仅 / □□□务□□而奉祭祀严内外秩然有条理虽终而一事不 / 苟焉□□□人之罕及也成化辛丑三月廿二日以疾卒距其 / 生宣德壬子九月初六日戌时享年五十子一即鑑娶徐氏孙 / 男一曰年保孙女一曰龙女皆童稚赖孺人之抚养也以是年 / 四月初五曰奉葬于长泰北乡之原而墓未有铭乃持京庠生 / 许克容状来请铭予因乡曲往还之多闻孺人之德善著于家 / 而仪于族姻久矣可无铭以铭之焉铭曰 /　　无非无仪　女德之嘉　孝敬勤俭 /　　女德之华　既宜于室　又宜于家 /　　孺人克尔　勒石于遐

金陵杨茂林勒石

简析

宋锦生于明宣德七年（1432），南京宋景春之女，杨仲伦之妻。宋锦孝敬公婆，相夫教子，和睦姻亲，持家勤俭，一生平实无大波折，于明成化十七年（1481）去世，享年五十岁。育有一子，名曰杨锰。宋锦去世后，安葬在南京城南郊的长泰北乡。

明代长泰北乡又称太北乡，包括今天的牛首山地区，北接安德乡与凤西乡，南接长泰南乡和建邺乡，是明代南京的主要墓葬区。

《杨母宋氏墓志铭》长 53 厘米，宽 53 厘米，楷书 23 行，满行 24 字。墓志的拟行状者为许克容，撰文者为吴昭，书丹者为罗麟，篆盖者为杨杞，刻字者为杨茂林，楷书方正秀劲。

明《丁文昭墓志》

明《丁文昭墓志》

录文

□□□□□□□

□ □ □ □ □ 政 济 南 陶元素 撰/ □□□□□□□户部广东司主事新安康汝芳 书/ □□□□□征 仕 郎兵科给事中大同刘昭 篆/□□□□□丁氏初浙江湖州府乌程人洪武间徙实/京师遂占籍于/京师之上元以正统十三年七月五日卒于正寝卜以卒之十二月/初八日葬合其妻闻氏之兆于江宁县长泰北乡牛首山之阳其/孤永华介余妻兄许孟和衰経造门奉事状拜且泣曰不幸先人/奄至大故葬日薄惟窀穸之铭非执事是托不可幸毋靳焉余于/文昭相知颇久今而止此铭其可辞耶文昭早失所怙惟母氏在/堂晨夕侍养能致甘腰母心甚安之兄弟三人怡怡相处未始有/间言其持己甚严而处人则务宽厚凡出入起居必檃括其所为/期不矛盾于绳墨乃已于人多所惠济至隐其所急则虽辍所用/以周之曾不少吝舆论以是多之晚年颇爱黄老之术自号道源/居士尽以家事付诸子孙惟日焚香宴坐而已世事一毫不以介/虑也偶得疾趣治后事训子姓以勤俭忠厚溘然而逝得年七十/有八祖 妣 氏考志明妣施氏娶闻氏先二十一年卒子/男二人长曰永昌娶马氏次曰永华即求铭者娶薛氏女二人戚/信周琰其婿也孙男三人英雄俊有若文昭者奚可使之无闻也/耶铭曰/有积累于身无怨恶于人虽溷乎俗实超乎伦不苟于同不矫于/异肆□后第以绳以继牛首之阳宰木苍苍我揭铭章有永其藏/大明正统十三年岁次戊辰十二月己丑初八日 安葬

简析

《丁文昭墓志》长 60 厘米，宽 60 厘米，楷书 24 行，满行 25 字。

丁文昭生于明洪武三年（1370），祖籍浙江湖州，因家境殷实，明洪武中其家被强制迁徙到京师南京，落户上元县。他早年丧父，兄弟三人与寡母相依为命。他孝顺母亲，和睦兄弟，待人宽厚，舍己之需，济人之急。晚年他把家事交给儿孙打理，自己沉醉于黄老道术。正统十三年（1448）七月，他染病卒于家中，享年七十八岁。

丁文昭去世后，子孙将其安葬在南京城南郊长泰北乡的牛首山南，由此可以证实牛首山地区的一部分在明代是长泰北乡的行政区域。

明《童铭墓志》

明《童铭墓志》

录文

故处士童公墓志铭/赐进士奉议大夫资治尹南京太常寺少卿四明郑□□□□□□□/赐进士朝请大夫资治少尹南京国子祭酒慈溪陈敬□□□□□□□/嘉义大夫北京太常寺卿兼经筵侍书广平程南云□□□□□□□/处士讳铭字道铭姓童氏世为云间华亭人曾祖成甫祖福考富□□/□处士生而淳朴谨厚读书好礼重於义而薄於财守己安分不求□/□□与友人唐仲祥共赀本贸易仲祥家颇寒母没丧不能举处士罄/其财与之以襄大事略无吝惜意有一邻女适上海士人舅姑御之甚/严处士为商到彼其女见而诉其苦楚欲密随归处士怒其不义遂不/复见焉遇饥寒者赒恤之患难者拯援之洪武初以闾右徙实/京师占籍应天之上元侨寓乾道桥闾里间见其耿介公直举为邑耆/老凡户婚斗殴之事处士是是而非非悉听其剖决咸悦服而去故上/官亦□□之正统丁卯十一月二十五日以疾终于正寝生於至正庚/寅九月二十七日享年九十有八娶沈氏先五十三年卒继娶姜氏亦/卒子男二人长曰谅次曰文由应天府学生登永乐乙未进士第初授/江西道监察御史后改浙江台州府临海县知县再调四川成都县通/判载升广西布政司理问所至卓卓有声女三人皆适士族孙男四人/长曰敬次曰镛次曰锐次曰锳镛今补弟子员於应天学理问既闻讣/即日解官归家守制今卜於景泰元年正月初八日奉柩葬于江宁之/建业乡牛首山下周村之阳从吉兆也理问自述处士行实来征铭予/与理问为同年友则视处士犹季父也谊不可辞遂摭其概序而铭之/铭曰/□门令族　徙实京师　性资谨厚　卓然有仪　赒遗恤贫/不吝其赀　为邑耆老　剖决无私　善教阙子　出仕明时/□□中外　声闻四驰　吁嗟处士　寿享期颐　身备五福/□□□□　子贵孙贤　积庆在斯　欲究其实　鉴我铭词

金陵李敬镌石

简析

童铭，原籍上海华亭，明洪武初因家境殷实被强制迁至南京。由于为人正直，他被推选为乡曹，凡邻里有纷争，皆请他出面调解。

童铭生于元至正十年（1350），卒于明正统十二年（1447），其次子童文官至广西布政司理问。由于未获得朝廷的推恩，童铭没有因其子贵而获得赠官，故墓志仍称他为处士。

童铭的墓地在南京城南建业乡牛首山，由此可证明牛首山地区在明代分属于建业乡和长泰北乡。

《童铭墓志》长 50 厘米，宽 50 厘米，厚 6 厘米，楷书 27 行，满行 28 字。墓志由郑雍言撰文，陈敬宗书丹，程南云篆盖。程南云（生卒未详），字青轩，号远斋，广平（今河北广平县）人。永乐年间以能书征，预修《永乐大典》，累官至太常卿。史载：“南云工诗文，善画竹梅，尤精篆隶，为时所尚。”

郑和等下西洋太监墓

郑和墓

牛首山一带风水殊胜，六朝以来即为南京重要的葬地。宣德八年（1433），明代著名航海家郑和卒于谷里，归葬牛首山南麓谷里乡周昉村东。嗣后，以郑和墓为中心，在牛首山附近有较多的太监葬在周围，形成一处较大范围的太监墓葬地。在牛首山周边山丘上，先后发现有罗智、杨庆、洪保等太监的墓葬和买地券。

郑和墓

郑和，本姓马，小字三保，云南昆阳（今云南昆明晋宁区）人，信奉伊斯兰教。明初被俘入宫，得赐燕王朱棣，后因功升任内官监太监。永乐三年（1405），郑和受成祖命出使海外。1405 至 1433 年的 28 年间，他先后 7 次率船队远航，跨太平洋、印度洋，足迹遍历 30 多个国家和地区，为发展我国与亚洲各国乃至非洲东部各国的友好关系作出了不可磨灭的贡献。

郑和墓

清代以来，郑和墓在牛首山麓的说法屡见于文献记载。据郑氏家谱以及清《同治上江两县志》等记载，宣德八年（1433），郑和卒后赐葬南郊牛首山，墓旁原有红豆树。郑和墓多年来一直未找到，今墓为1981年文物工作者调查推定。墓葬坐东朝西，俗称“马回回墓”。原有圆形坟丘，高近3米。南京郑和后裔明清以来一直在此扫墓，又据当地群众反映，墓为“下西洋总兵”墓，墓前曾有神道石刻、墓碑及享殿，均于早年被毁。1985年，为纪念郑和航海580周年，国家拨款修复了郑和墓。新修的郑和墓按照伊斯兰教葬仪习俗、风貌，建成马蹄形墓园，采用扬州宋代穆斯林普哈丁墓形式，仿刻石椁墓盖，上刻瑞云、番草、莲瓣纹和阿拉伯文，后墙上镌刻“郑和之墓”4个隶书大字。墓前有28级台阶，象征着郑和航海28年。台阶中有4处平台，象征着他访问近40个国家。每个平台有7级台阶，象征着他七下西洋。墓道两旁列植松柏，墓道南侧建有仿明式建筑的陈列室及飞檐翘角的碑亭各一座。2005年，在郑和下西洋600周年之际，有关部门又对墓园环境进行了全面整修，有关纪念建筑修葺一新。1982年8月，郑和墓被列为南京市文物保护单位；2002年10月，郑和墓被列为江苏省文物保护单位。

郑和墓作为中国对外交往的重要物证，长期以来，众多专家学者、政要来此祭拜，缅怀郑和七下西洋、交通海外的历史功绩。

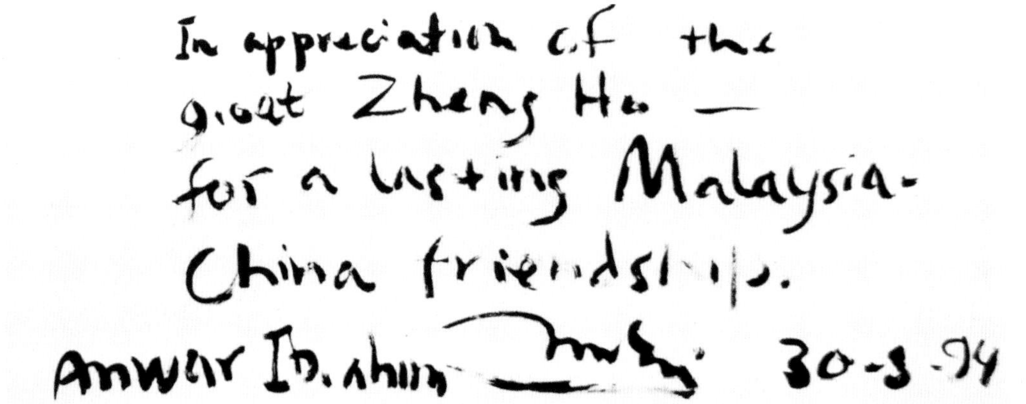

1994年8月30日，原马来西亚副总理安瓦尔·伊卜拉希姆拜谒郑和墓，并题字：“向伟大的郑和致意——为了持久的马中友谊。”

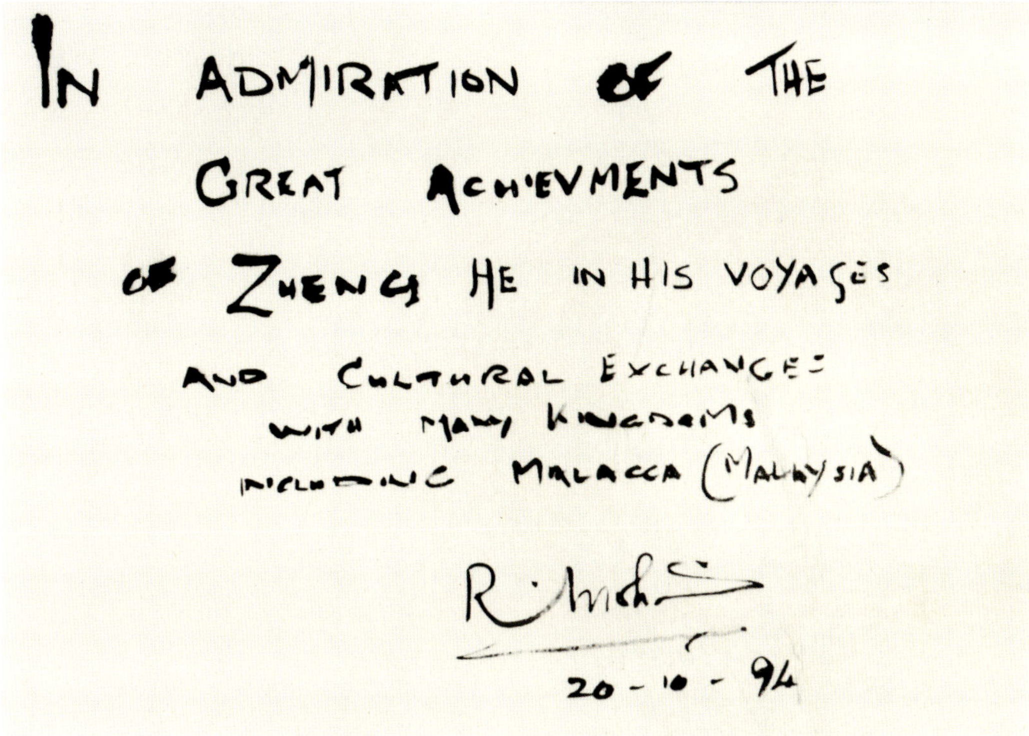

1994 年 10 月 20 日，马来西亚前经济顾问墩・莫哈尔拜谒郑和墓，并题字：“向郑和致敬——感谢他在对包括马来西亚在内的许多国家的航行及文化交流中所取得的伟大成就。”

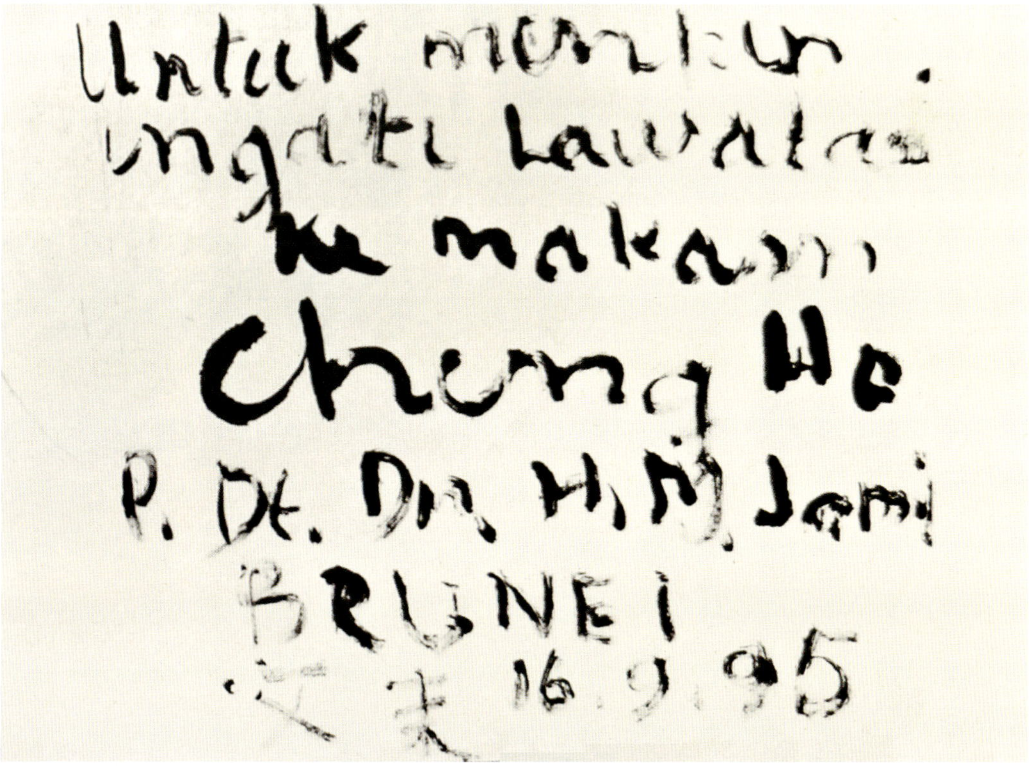

1995 年 9 月 16 日，文莱国历史中心主任贾米尔拜谒郑和墓，并题字：“向郑和致意。”

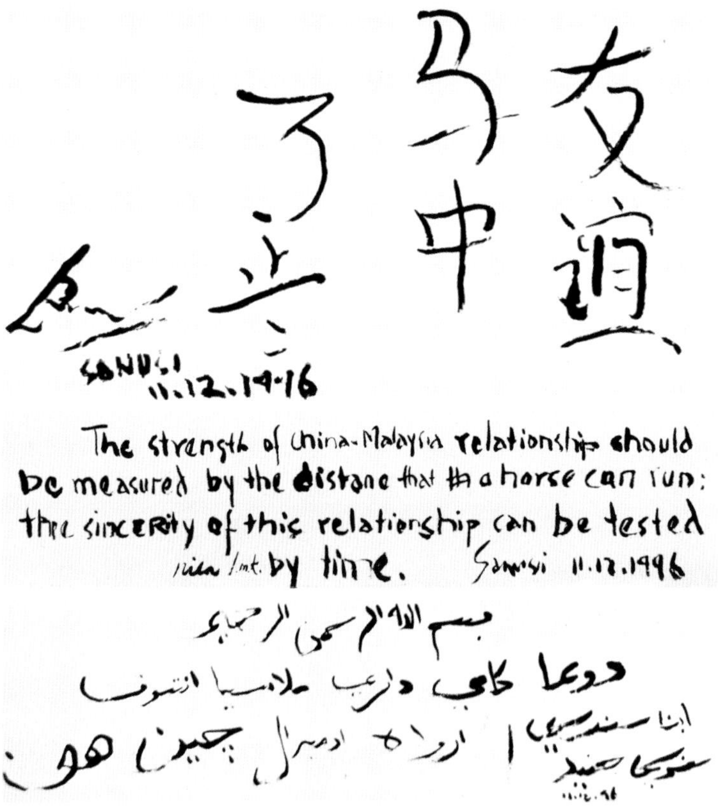

1996 年 12 月 11 日，马来西亚吉打州州长沙努西朱聂拜谒郑和墓，并题字：“马中友谊万岁。”“马中关系的力量像奔腾的骏马——是经得起时间考验的真挚关系。”“在真主的安排下马来西亚代表团为郑和祝福。”

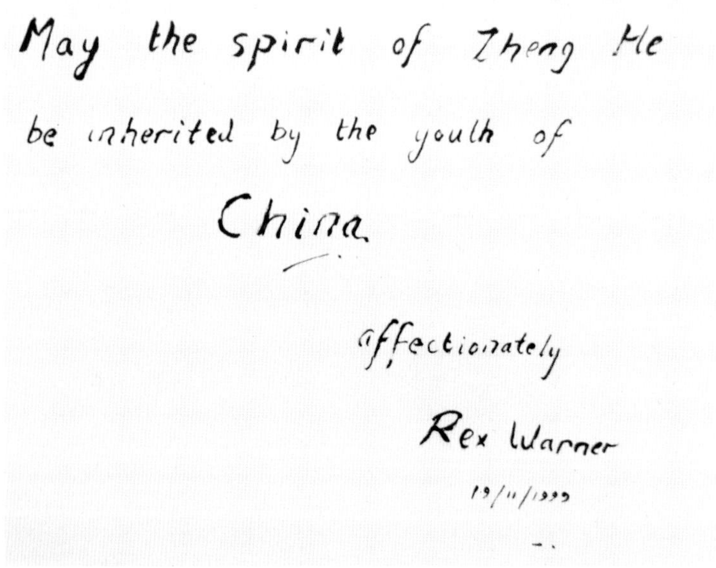

1999 年 11 月 19 日，英国探险家雷克斯·沃纳拜谒郑和墓，并题字：“愿中国青年继承郑和精神。”

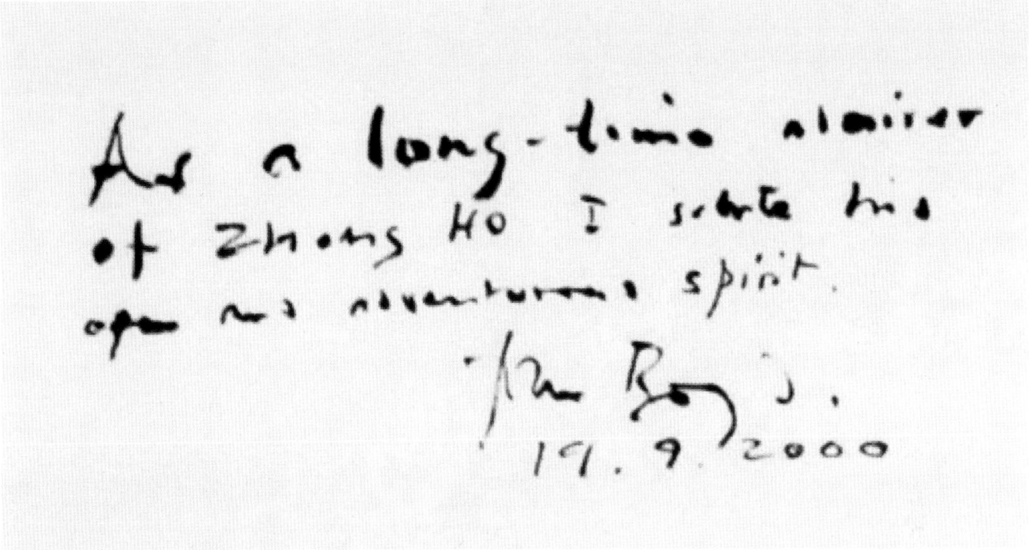
As a long-time admirer
of Zheng Ho I salute his
open and adventurous spirit.
19.9.2000

2000 年 9 月 19 日，英国剑桥大学丘吉尔学院圣迈克尔及圣乔治勋位高级爵士约翰·博伊德拜谒郑和墓，并题字：“郑和长期远航的功勋，我敬佩他的冒险精神。”

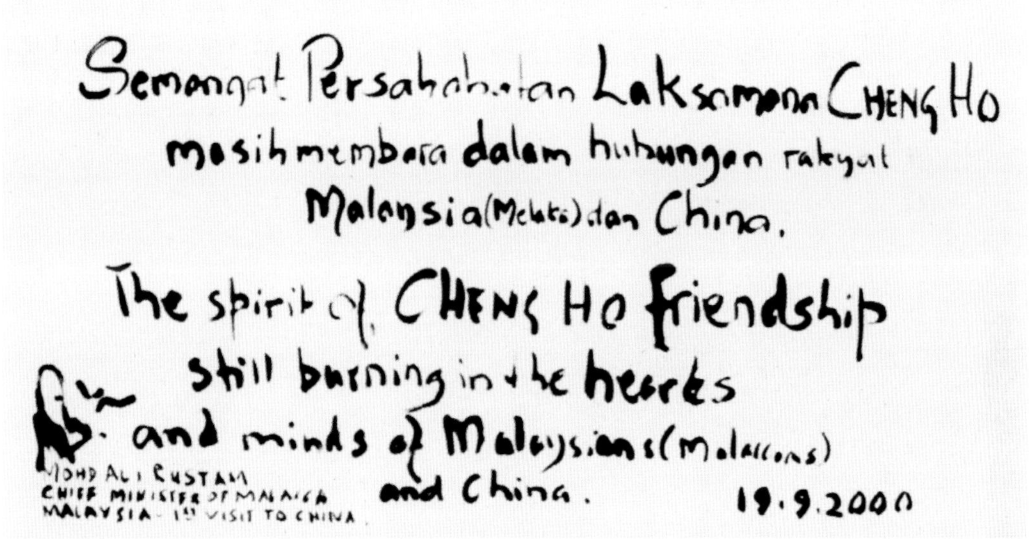
Semangat Persahabatan Laksamana CHENG HO
masih membara dalam hubungan rakyat
Malaysia (Melaka) dan China.
The spirit of CHENG HO friendship
still burning in the hearts
and minds of Malaysians (Malaccans)
and China.
MOHD ALI RUSTAM
CHIEF MINISTER OF MALACCA
MALAYSIA - 1st VISIT TO CHINA
19.9.2000

2000 年 9 月 19 日，马来西亚马六甲州首席部长穆罕默德·阿里·儒斯曼拜谒郑和墓，并题字：“郑和友谊的精神在马中人民心中永放光芒。”

明《罗智墓志铭》

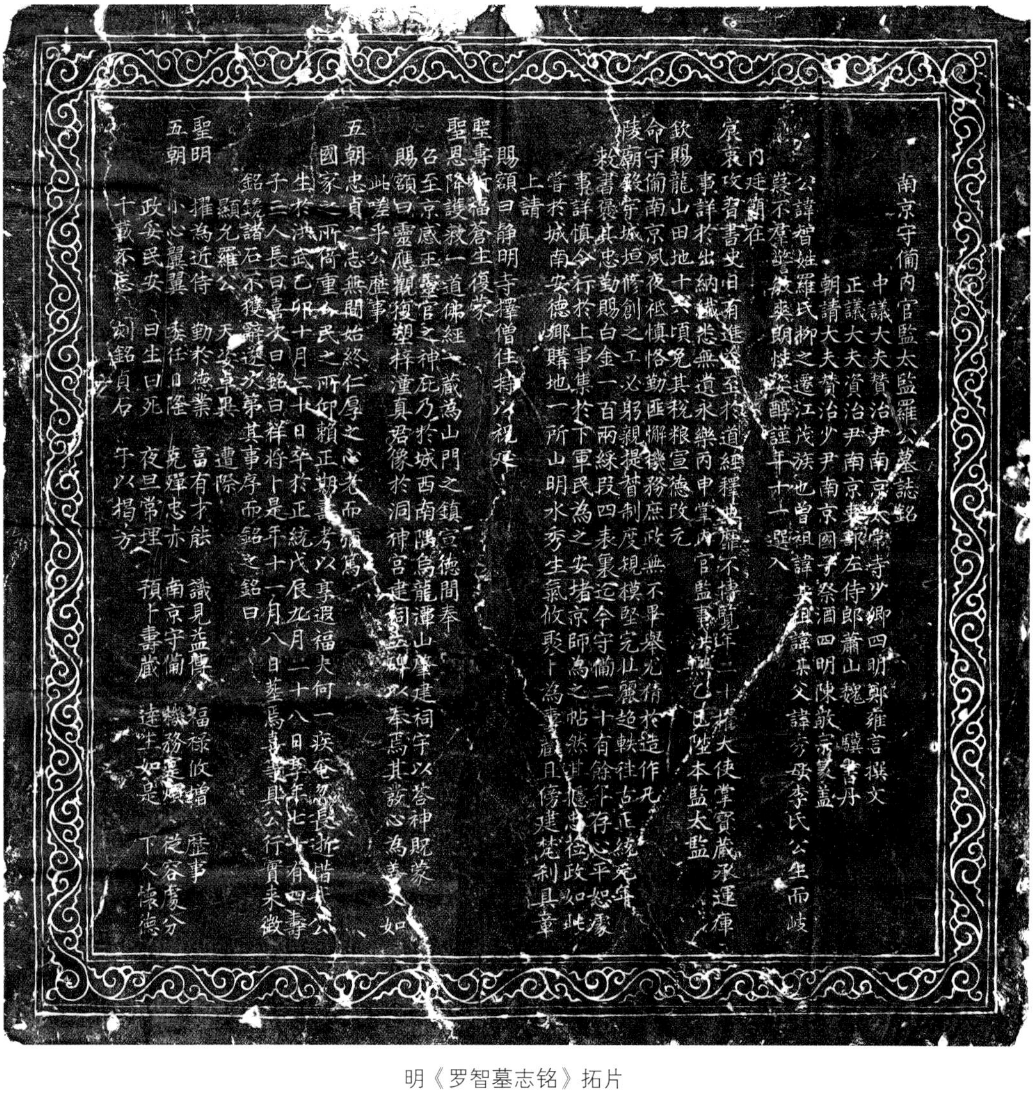

明《罗智墓志铭》拓片

录文

南京守备内官监太监罗公墓志铭 /

中议大夫赞治尹南京太常寺少卿四明郑雍言撰文 /

正议大夫资治尹南京吏部左侍郎萧山魏骥书丹 /

朝请大夫赞治少尹南京国子祭酒四明陈敬宗篆盖 /

公讳智，姓罗氏，柳之迁江茂族也。曾祖讳□，祖讳□，父讳秀，母李氏。公生而岐 / 嶷不群，警敏爽朗，性姿醇谨。年十一，选入 / 内庭，简在 / 宸衷，攻习书史，日有进益。至于道经释典，靡不博览。年二十擢大使，掌宝藏承运库 / 事，详于出纳，纤悉无遗。永乐丙申，掌内官监事。洪熙乙巳，升本监太监，/ 钦赐龙山田地十六顷，免其税粮。宣德改元，/ 命守备南京，夙夜祗慎，恪勤匪懈，机务庶政，无不毕举尤精于造作，凡 / 陵庙、殿宇、城垣修创之工，必躬亲提督。制度规模，坚完壮丽，超轶往古。正统元年 / 敕书褒其忠勤，赐白金一百两，彩段四表裹，迄今守备二十有余年，存心平恕，处事详慎，令行在上，事集于下。军民为之安堵，京师为之帖然，其摅忠莅政如此：/ 尝于城南安德乡购地一所，山明水秀，生气悠聚，卜为寿藏，且傍建梵刹，具章 / 上请，/ 赐额曰静明寺。择僧住持，以祝延 / 圣寿，祈福苍生复蒙 / 圣恩，降护敕一道，佛经一藏，为山门之镇宣德间奉 / 召至京，感王灵官之神庇，乃于城西南隅乌龙潭山肇建祠宇，以□神□，蒙 / 赐额曰“灵应观”，复塑梓潼真君像于洞神宫，建祠立碑以奉焉，其发心为善又如 / 此，嗟乎！公历事 / 五朝，忠贞之志无间始终，仁厚之心老而弥笃。/ 国家之所倚重，人民之所仰赖。正期寿考，以享遐福，夫何一疾，奄忽长逝，惜哉公 / 生于洪武乙卯十一月二十日，卒于正统戊辰九月二十八日，享年七十有四寿。/ 子三人：长曰喜，次曰铭，曰祥。将□是年十一月八日葬焉，喜等具公行实来征 / 铭镵诸石，不获辞，遂次第其事，序而铭之。铭曰：/ 显允罗公，天姿卓异，遭际 / 圣明，擢为近侍，勤于德业，富有才能。识见益博，福禄悠增。历事 / 五朝，小心翼翼。委任日隆，克殚忠赤。南京守备，机务寔烦。从容处分，/ 政妥民安。曰生曰死，夜旦常理，预卜寿藏，达生如是。下人怀德，/ 千载不忘。刻铭贞石，于以揭芳。/

简析

罗智为广西柳州迁江人，父罗秀，母李氏。生于洪武八年（1375），卒于正统十三年（1448），享年七十四岁。有养子罗喜、罗铭、罗祥三人。罗智于洪武二十七年（1394）擢大使，永乐十四年（1416）掌内官监事，洪熙元年（1425）升内官监太监，曾参与南京大报恩寺竣工后的处置。宣德元年（1426）为南京守备太监，作为郑和下西洋舟师的后勤补给，为确保第七次下西洋任务的完成提供了充分保障。

罗智笃奉佛道二教。生前即择地建造静明寺作为坟寺，奉嗣香火，并在南京乌龙潭建灵应观，复塑梓潼真君像于洞神宫。

墓志边长63厘米，厚14厘米，楷书33行，满行32字。撰文者为郑雍言，书丹者为魏骥，篆盖者为陈敬宗。

明《杨庆墓志铭》

明《杨庆墓志铭》志盖

明《杨庆墓志铭》

录文

大明故都知监太监杨公墓志铭 / 文林郎监察御史陈芸撰文 / 征仕郎中书舍人姜濬书丹 / 征仕郎中书舍人刘素篆盖 / 都知监太监杨公庆，宣德五年三月二十四日奉 / 敕差来镇守南京，其年四月十九日到，遂病，不能视事。以七月二十 / 二日终于三山里第，寿年六十有四。卜以八月二十八日葬于 / 城南窑头山之原。前期中书舍人姜孟珪率其养子杨仁等拜 / 而求铭。辞不获，乃按状而为之铭。铭曰：/ 杨氏之先，派出南滇。历世显贵，簪绂蝉联。父曰寿奴，万户姚安。/ 母曰赵氏，德容克完。是生我公，际会云 / 龙。发始垂髫，入侍 / 皇宫。出入内庭，谨密志诚。/ 圣情欣悦，/ 赐以“庆”名。只奉 / 天戈，克平内难。厥功居多，/恩升太监。扈/驾北征，再镇永平。胡人远遁，赫有声名。/上念其劳，复怜其旧。重惟南京，/命公镇守。/宠锡既隆，公心实喜。胡为南来，一病弗起。吏民失望，部属感伤。公卿/奔吊，车马盈廊。生既显荣，官为中贵。寿过六旬，死复何愧。吉日/令辰，将以窀穸。窑山之原，是公玄宅。我本无文，忝曾荆识。中书/属我，命题墓石。文虽不工，事则确实。用勒坚珉，以昭无极。/从仕郎中书舍人胡廷铉仲子彦闾镌。/

简析

杨庆墓志铭、志盖均长 54.4 厘米，宽 54.8 厘米，厚 7.8 厘米。志盖文 4 行 13 字，阴刻篆书“大明故都知监太监杨公墓志铭”。志文楷书阴刻 25 行，满行 26 字。

2005 年 10 月出土于江宁区将军山东麓正德学院内。杨庆墓为前后室券顶砖室结构，砖室总长 6 米，宽 2.2 米，高 2.3 米，后室左、右、后壁各设一拱形壁龛，后室底部中央有砖砌棺床，墓底铺地砖。墓葬虽未被盗掘，但出土文物不多，仅出土陶缸、韩瓶、铜钱等少量文物。据载，永乐年间杨庆曾出使西洋。此外，他还以南京守备太监的身份，直接参与了宣德五年（1430）郑和第七次下西洋的筹备活动。同年，杨庆卒于南都三山里第，葬于城南窑头山。

明《洪保寿藏铭》

明《洪保寿藏铭》志盖

明《洪保寿藏铭》志石

录文

大明都知监太监洪公寿藏铭 / 赐同进士出身、修职郎、行人司行人、广右周凤撰 / 征仕郎、中书舍人、姑苏姜孟圭篆额 / 赐进士出身、前翰林院庶吉士、吴门殷㝢书丹 / 寿藏铭者、太监洪公存日而作也。公名保，字志道，乃自叹曰："人生在世如驹过隙，与其身后之有为，/ 孰若生前之早计也？" 于是置地一所于京南建业乡牛首山之原，祖堂禅寺之左，鸠工砌圹，上下周 / 完，命前进士殷君㝢述状请铭于余。余固辞弗获。按状，公世居云南大理之太和。祖讳长莲，娶杨氏。/ 考讳赐，妣何氏。公生俊伟，以龆年来京师。洪武己卯，从侍 / 飞龙于潜邸。爱其聪敏慎密，俾常随左右。永乐纪元，授内承运库副使，蒙 / 赐前名充副使，统领军士，乘大福等号五千料巨舶，赍捧 / 诏敕使西洋各番国，抚谕远人。永乐丙戌，复统领官军铁骑，陆行使西域临藏、管觉、必力工瓦、拉撒、乌斯/藏等国。至宣德庚戌，升本监太监，充正使使海外。航海七度西洋，由占城至爪哇，过满剌加、苏门答/剌、锡兰山及柯枝、古里，直抵西域之忽鲁谟斯、阿丹等国。及闻海外有国曰天方，在数万余里，中国/之人古未尝到，公返旆中途，乃遣军校谕之。至则远人骇其猝至，以亲属随公奉/□□效贡。公所至诸国，莫不鼓舞感动。公为人外柔内刚，恬静寡欲，尤能宣布/圣命，以德威肃清海道，镇伏诸番。虽国王酋长、雕题椨服之人，闻公之来，莫不归拜麾下，以麒麟、狮、象，与/夫藏山隐海之灵物、沉沙栖陆之奇宝同贡/天朝，稽颡称臣焉。/公生于庚戌十月二十五日戌时。弟一人，曰接。侄二人，长曰子荣，次曰子诚。从孙二/人，金刚、福安。吁公春秋六十有五，康强无恙，尚能乘槎泛海，竭忠报效。所得/恩赐内帑财物，不专己用，捐舍宝钞五百千贯，修造祖堂寺轮藏一座，又建东峰庵一所，度剃十二僧。好善/不倦，奉使公勤，知其有国，而不知其有身。预为此圹者，使住世弟、男知所奉祀焉，遂铭曰：猗欤/皇明，统御万国。服之以威，怀之以德。极地穷天，罔不臣妾。寔维奉宣，殚厥心力。/我公桓桓，合为首功。风飘海舶，远迩必通。所至披靡，孰有不从。群星共北，众流趋东。/维公之力，博望寔同。牛首之下，祖堂其友。水秀山明，鬼神呵守。万古千秋，藏斯不朽！/宣德九年岁次甲寅孟冬六日立，四明胡彦闾镌。/

简析

洪保，字志道，云南大理府太和县人，生于洪武三年（1370）十月二十五日戌时。祖洪长莲，娶杨氏。父洪赐，母何氏。弟名接，侄名子荣、子诚，从孙金刚、福安二人。洪武十五年（1382），洪保以韶年被虏阉至宫，从侍于燕王朱棣。燕王爱其聪敏慎密，令其常随左右。永乐元年（1403）洪保被授内承运库副使，并蒙成祖朱棣赐名。

洪保以副使身份统领军士，乘“大福”等号五千料巨舶，奉诏出使西洋诸国，抚谕远人，此后多次随郑和一起出使西洋。宣德九年（1434），洪保于南郊建业乡祖堂寺之左购地预建墓葬，捐舍宝钞五百千贯，修造祖堂寺轮藏一座，又建东峰庵一所，度僧十二人，并请周凤等刻立寿藏铭。东峰庵后改名宁海寺，为洪保坟寺。

《洪保寿藏铭》志盖、志石边长 57 厘米，厚 7 厘米。志盖篆书 3 行，行 4 字；志石楷书 25 行，满行 40 字。《洪保寿藏铭》撰文者周凤，平乐（今广西平乐）人，永乐十九年（1421）进士，天顺七年（1463）二月擢为兵部主事，后“仕至广东参政，学行俱优，时人目为昭州凤”。为洪保撰述行状并寿藏铭书丹的殷昂，《明清进士录》有其小传，题作“殷序”。字序宾，自号西郊居士，无锡人，永乐二年（1404）进士。篆盖者姜孟圭，事迹无考。墓志由胡彦闾（生卒未详）镌，为中书舍人胡廷铉（生卒未详）仲子。其父书法冠绝一时，胡彦闾受家学影响，其镌刻水准应非同一般。

明《王景弘买地券》

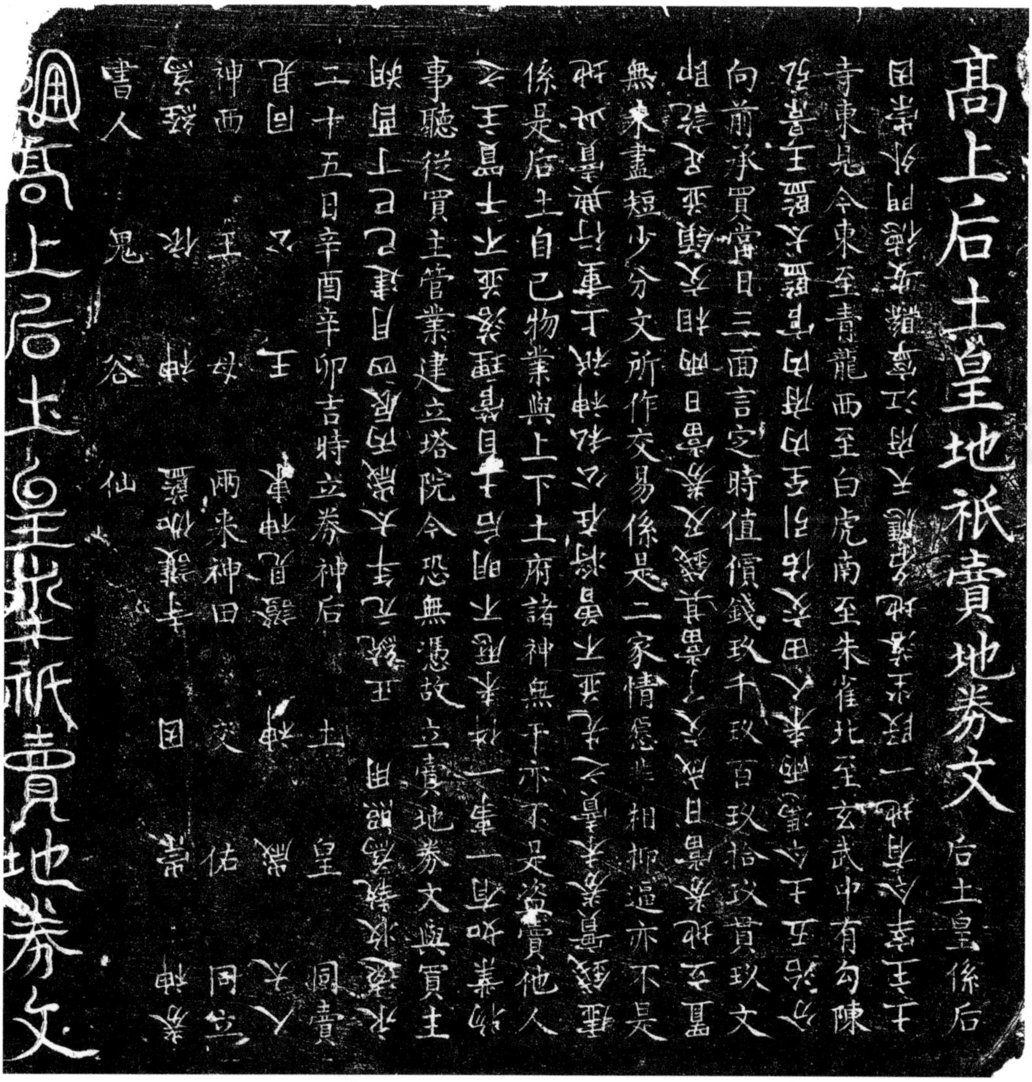

明《王景弘买地券》

录文

高上后土皇地祇卖地券文 / 后土皇系后 / 土主宰，今有地一段，坐落地名应天府江宁县安德门外崇因 / 寺东。见今东至青龙、西至白虎、南至朱雀、北至玄武、中有勾陈，/ 分治五土。今凭两来人田交佑引至内府内官监太监王景弘 / 向前承买，当日三面言定，时值价钱玖千玖百玖拾玖贯玖文，/ 置立地券，当日成交了当。其钱及券当日两相交领并足讫，即 / 无未尽短少分文。所作交易系是二家情愿，非相抑逼，亦不是 / 虚钱实券，未卖之先并不曾将在公私神祇上重行典卖。此地 / 系是后土自己物业，与上下土府诸神无干，亦不是盗卖他人 / 物业。如有一事一行来历不明，后土自管理落，并不干买主之 / 事，听从买主管业建立塔院。今恐无凭，故立卖地券文与买主，/ 永远收执为照用。正统元年太岁丙辰四月建巳巳丁酉朔 / 二十五日辛酉辛卯吉时。立券神后土皇、同卖 / 人太岁神、证见神东王公、同见 / 神西王母、两来神田交佑、同立 / 券神崇因寺护伽蓝神。依经为 / 书人鬼谷仙。

□高上后土皇地祇卖地券文（□为一道符）

简析

《王景弘买地券》为青石质地，近方形，长 41 厘米，宽 40.8 厘米，厚 6 厘米。券文头尾分别以楷、篆两种大号字体题刻“高上后土皇地祇卖地券文”之名称，中间正文为楷体、字号缩小，以一行正写，一行倒写的回文形式，以反映买卖双方对坐、对书的场景。券文 18 行，满行 24 字。它在三个方面弥补了史料的不足，对于深化王景弘的研究具有重要价值。第一，地券的出土，确认了王景弘卒后葬于南京，其墓葬坟寺当为崇因寺所属小刹。第二，地券为研究王景弘生卒年提供了极为重要的线索。券文中提到的“两来神田交佑”，乃是酉年生人的“本命元辰”，他在很大程度上掌管着该生辰之人来生的命运。王景弘通过他向后土买地，由此我们不难推测，王景弘很可能是酉年生人，属鸡，田交佑是他的“本命元辰”，王景弘的生年极可能是洪武二年（1369）。券尾 “正统元年四月二十五日”的纪年，可看作王景弘开始为自己预制寿藏的日子。王景弘最后一次出现于《实录》是在正统二年（1437）十月癸未条中，由此可推测王景弘应于正统二年末告老或逝世。在无其他新出史料的情况下，正统二年应是王景弘卒年最为可信的推测，其时王景弘应为 68 岁。第三，为明确王景弘所属太监衙门提供了确切信息。以往所见各种史料，或点出王景弘的宦官身份，如“内官”“中官”；或强调他的职权级别，如“正使太监”“守备太监”；或指明他所在及管辖的区域，如“南京太监”“南京守备太监”等。在官私史籍中最常用的显然是“太监”一词，因为这一称谓兼顾了内官的身份与职级。然而不管上述哪一条记载、哪一种称谓，都忽略了王景弘隶属何监这个基本信息。地券明确王景弘同样为“内官监太监”，对于理解《明史》记载的王景弘乃郑和之“侪”具有重要意义。

明《郑强墓志》

明《郑强墓志》志盖

录文

明故南京守备司礼监太监郑公墓志铭

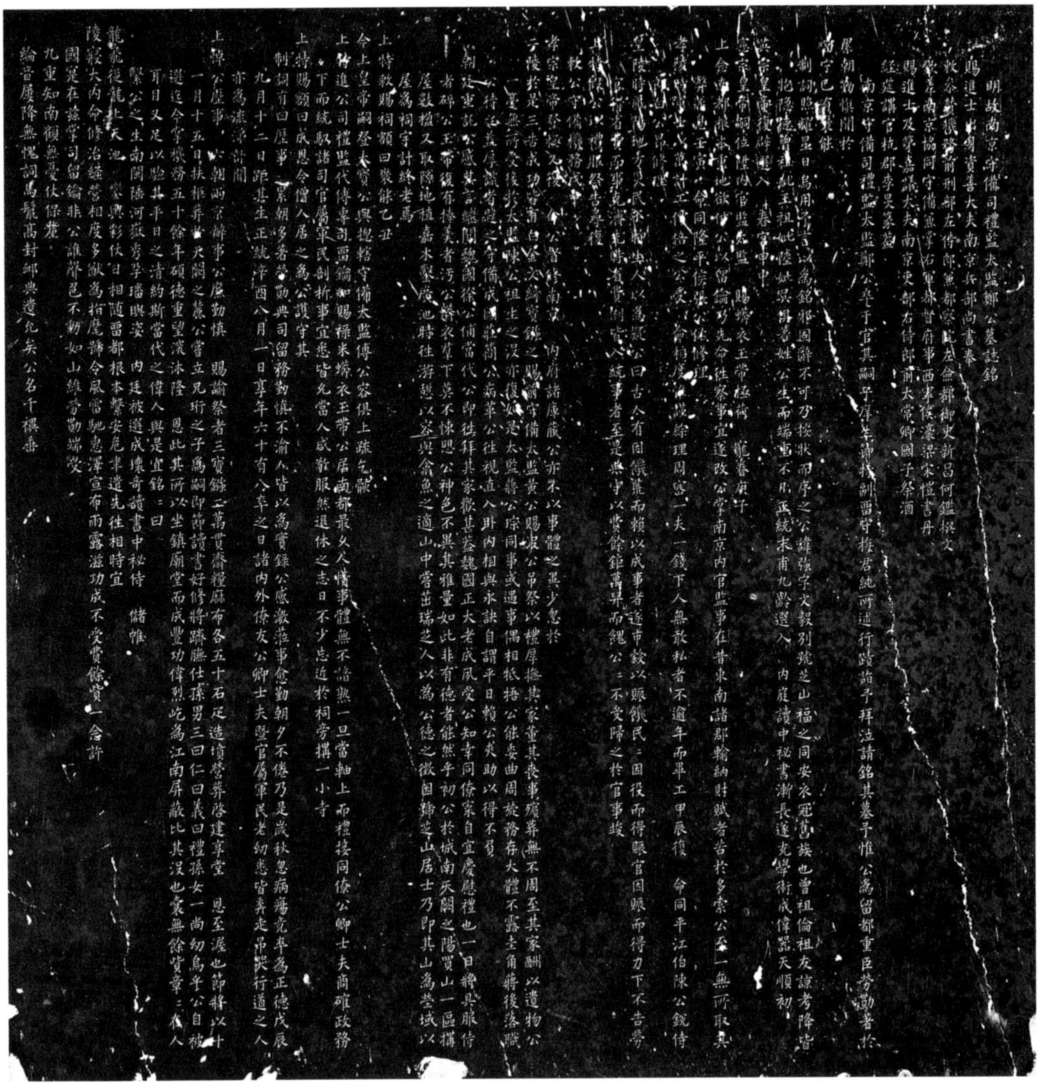

明《郑强墓志》

录文

明故南京守备司礼监太监郑公墓志铭 / 赐进士出身资善大夫南京兵部尚书奉 / 敕参赞机务前刑部左侍郎兼都察院左佥都御史新昌何鑑撰文 / 钦差南京协同守备兼掌右军都督府事西宁侯濠梁宋恺书丹 / 赐进士及第嘉议大夫南京吏部右侍郎前太常卿国子祭酒 / 经筵讲官杭郡李旻篆盖 / 南京守备司礼监太监郑公卒于官，其嗣子庠生节持副留守梅君纯所述行迹诣予，拜泣请铭其墓予惟公为留都重臣，劳绩著于 / 累朝，勤慎闻于 / 当宁，已有褒能 / 制词，照耀星日，乌用予言以为铭邪！固辞，不可，乃按状而序之。公讳强，字文毅，别号芝山，福之同安衣冠旧族也。曾祖伦，祖友谅，考降，皆 / 抱隐德曾祖妣王，祖妣陆，妣吴，俱著姓。公生而端重不凡，正统末甫九 / 龄，选入内庭读中秘书，渐长遂充学术成伟器。天顺初，/英宗皇帝复辟，选入春宫。甲申，/宪宗皇帝嗣位，升内官监太监，赐蟒衣玉带，极荷宠眷。庚子，/上念南都根本重地，欲付公以留钥，乃先命往察事宜，遂改公掌南京内官监事。在昔东南诸郡输纳财赋者，苦于多索，公至一无所取，其/弊遂息。壬寅，命同隆平侯张公佑修理/孝陵。时军士以万计，工价倍之。公受命相度，惟谨综理周密，一夫一钱下人无敢私者，不逾年而毕工。甲辰，复命同平江伯陈公锐、侍/郎白公昂修理/皇陵。时凤阳地方灾，民不聊生，人以为疑。公曰：古人有因饥荒而赖以成事者，遂市谷以赈饥民。民因役而得赈，官因赈而得力，下不告劳，/官得省费，而事克济。先时省费，例皆入统事者，至是典守以费馀钜万，舁而馈公，公不受归之于官。事竣，/上特假公以礼服祭告，寻复/敕公守备机务。戊申，/孝宗皇帝登极，又复命公督修南京内府诸库藏，公亦不以事体之异，少忽于/二陵，于是三告成功，皆有白金、文绮，宝镪之赐。前守备太监黄公赐没，公吊祭以礼，厚抚其家，董其丧事，殡葬无不周。至其家酬以遗物。公/一毫无所受。后于太监陈公祖生之没亦复如是。太监蒋公琮同事，或遇事偶相抵捂，公能委曲周旋，务存大体，不露圭角。蒋后落职，/公待之益厚，识者韪之。守备成国庄简公病革，公往视，直人卧内，相与永诀，自谓平日赖公夹助，以得不负/朝廷重托，公感其言。继闻魏国徐公俌当代，公即往拜其家欢甚。盖魏国正大老成，夙受公知，幸同僚寀，自宜庆慰礼也。一日将具服侍，/者碎公玉带，复有捧羹者污公蟒衣，群下莫不悚惧。公神色不异，其雅量如此，非有德者能然乎！初，公于城南天阙之阳买山一区，构/屋数楹，又取隙地植嘉木、凿广池，时往游憩，以容与禽鱼之适。山中尝茁瑞芝，人以为公德之徵因号芝山居士。乃即其山为茔域，以/屋为祠宇，计终老焉。/上特敕赐祠额曰褒能。乙丑，/今上皇帝嗣登大宝，公与总辖守备太监傅公容俱上疏乞骸，/上特进公司礼监，代傅专司留钥，加赐禄米、蟒衣、玉带。公居南都最久，人情事体无不谙熟，一旦当轴，上而礼接同僚、公卿、士夫，商榷政务，/下而统驭诸司官属、军民剖析事宜，悉皆允当，人咸敬服。然退休之志日不少忘。近于祠旁构一小寺，/上特赐额曰“成恩”，令僧人居之，为公护守，其/制词有曰历事累朝，多著劳绩，典司留务，勤慎不渝，人皆以为实录。公感激莅事愈勤，朝夕不倦，乃是岁秋忽病疡竟卒，为正德戊辰/九月十二日，距其生正统辛酉八月一日，享年六十有八。卒之日，诸内外僚友、公卿士夫、暨官属军民老幼，悉皆奔走吊哭，行道之人/亦为流涕。讣闻，/上悼公历事六朝、两京办事、公廉勤慎、赐谕祭者三，宝镪二万贯，斋粮麻布各五十石，疋造坟营葬，启建享堂，恩至渥也。节将以十/一月十五日扶柩葬于天阙之麓。公尝立兄珩之子为嗣，即节，读书好修，将跻膴仕。孙男三，曰仁，曰义，曰礼。孙女一，尚幼。乌呼！公自被/选迄今，掌机务五十余年，硕德重望，深沐隆恩，此其所以坐镇庙堂而成丰功伟烈，屹为江南屏蔽。比其没也，囊无余赀，章章在人/耳目，又足以验其平日之清约，斯当代之伟人与：是宜铭，铭曰：/ 系公之生南闽陲，河岳秀孕璠玙姿，内廷被选成环奇，读书中秘侍储帷。/ 龙飞从龙上天池，銮舆彩仗日相随。留都根本系安危，聿遣先往相时宜。/ 陵寝大内命修治，经营相度多猷为。指麾号令风雷驰，惠泽宣布雨露滋。功成不受费余赀，一念许 / 国寔在兹。掌司留钥非公谁，声色不动如山维。劳绩端受 / 九重知，南顾无忧仗保厘。/ 纶音屡降无愧词，马鬣高封恤典遗。允矣公名千禩垂！

简析

志主郑强，生于正统六年（1441），福建同安（今属福建厦门）人，9 岁时进入北京皇宫净身为太监，在宫中受到了良好的教育。

天顺初年，复辟成功的英宗皇帝把年满 16 岁的郑强派到东宫侍奉尚为太子的宪宗皇帝，与郑强年纪相仿的太子与郑强建立了牢固的友谊。随着太子的继位，郑强的仕途也一路高升。

成化十六年（1480），郑强被委派到南京，掌管南京内官监事务。在此期间，他修缮了明皇陵和明孝陵等一些皇家建筑。

郑强与历史上一些骄横不法的太监不同，他所到之处“一毫无所受”，非常廉洁自律。他办事识大体，度量很大，驭下以宽，尤其对一些年老的太监多有关照，甚至替他们料理后事，故而深得南京军民官吏的敬重。晚年，郑强过继了哥哥的儿子作为自己的子嗣，并在牛首山替自己选了一块墓地，旁边建了一所小庙，明武宗给庙题名“成恩寺”。

正德三年（1508），郑强因病在南京去世，享年六十八岁。

《郑强墓志》志盖、志石长 89.5 厘米，宽 89.7 厘米，厚 14.5 厘米 。志盖篆书 4 行，行 4 字；志石 47 行，满行 53 字。墓志拟行状者为梅纯，撰文者为何鉴，书丹者为宋恺，篆盖者为李旻。梅纯，字一之，驸马都尉梅殷之玄孙。成化十三年（1477）丁酉科举人，成化十七年（1481）中进士，授知定远县。后忤上官，补荫孝陵卫指挥使，正德元年（1506）署中都留守司副留守，正德二年（1507）自陈愿回原卫以便奉祀，复为孝陵卫指挥使。为人狷介，著有《损斋备忘录》二卷、《续百川学海》一百卷。梅纯与郑节有同学之谊，其撰述郑强行状，亦当为应郑节之请。何鉴，《明史》有传，字世光，浙江新昌人，成化五年（1469）进士。历官宜兴知县，四川左、右布政使，右副都御史，刑部侍郎，都察院左佥都御史。正德二年（1507）拜南京兵部尚书参赞机务，正德六年（1511）为刑部尚书。宋恺，濠州（今属安徽凤阳）人，西宁侯宋晟裔孙，成化十一年（1475）二月袭西宁侯爵位，正德二年（1507）任南京协同守备兼领右军都督府事，并行奉祀孝陵礼。李旻，浙江杭州人，字子阳，号东崖，成化庚子乡试、甲辰廷试俱为第一。弘治改元充经筵讲官，正德元年（1506）以太常卿掌国子祭酒事，正德二年（1507）任南京吏部右侍郎。上述诸人，因都有在南京任职的经历，与郑强属同僚，极一时之选。李旻作为成化状元，其篆盖对于研究本人书法亦为不可多得的珍品。

清《咸阳世家碑》

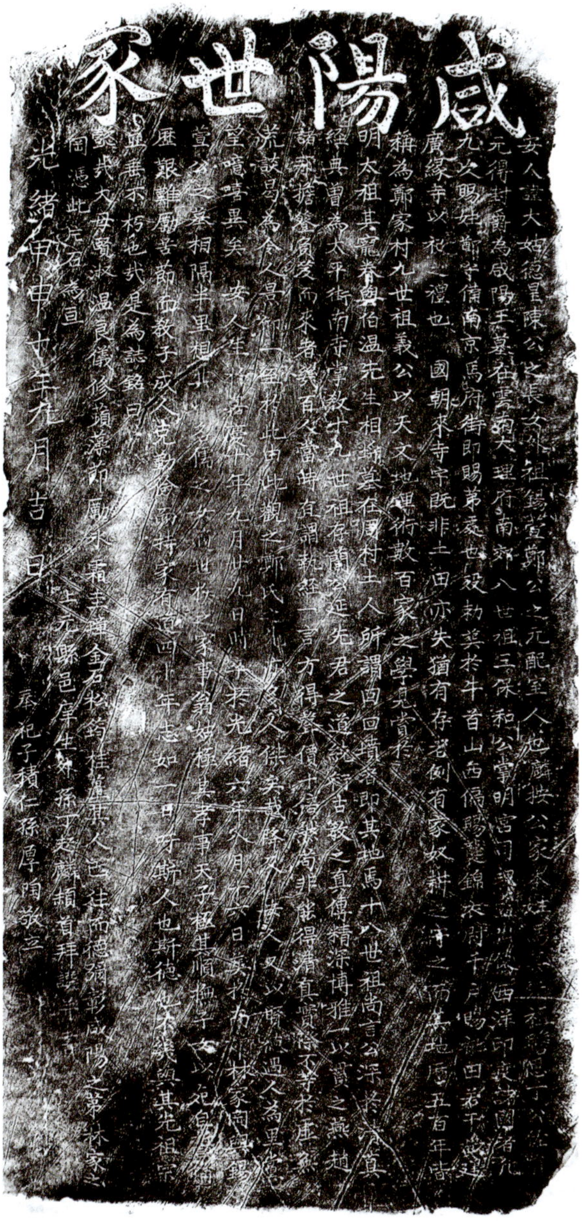

清《咸阳世家碑》拓片

录文

安人讳大姑德星陈公之长女，外祖锡萱，郑公之元配室人也。麟按公家本姓马，其先祖瞻思丁公佐有 / 元得封爵为咸阳王，墓在云南大理府南郊。八世祖三保和公掌明宫司理监，出使西洋印度诸国者凡九 / 次，赐姓郑。守备南京马府街即赐第处也。殁敕葬于牛首山西偏，赐袭锦衣尉千户，赐祀田若干亩，/ 建广缘寺以祀之礼也。国朝来寺宇，既非土田亦失犹有存者例有家奴耕之守之而其地历五百年，皆称为郑家村。九世祖义公，以天文地理术数百家之学，见赏于 / 明太祖，其宠眷与伯温先生相埒，墓在周村。土人所谓回回坟者即其地焉。十八世祖尚言公深于清真 / 经典，曾为太平街南寺掌教，十九世祖存蘭，公延先君之道统衍古教之真傳精粹博雅一以贯之，燕赵 / 诸郡，担笠负岌而来者几百人，当时直谓执经一言，方得声价十倍然。苟非能得清真实际不等于虚无 / 荒谈曷为今人景仰，一至于此由此观之，郑氏之先亦多人杰矣哉！降及安人，又以贤德遇人为里党 / 望噫嘻异矣。安人生于嘉庆十年九月二十九日时，卒于光绪六年八月十六日，葬于南郊林家冈与锡 / 萱公之墓相隔半里，想其以名儒之女，适世族之家，事翁姑极其孝，事天子极其顺，抚子女以死自誓。逾 / 历艰难励苦，节而教子成人，克勤俭而持家有道，四十年志如一日，吁斯人也，斯德也，不几与其先祖宗 / 并无不朽也哉，是为志。铭曰：/ 懿哉大母，贤淑温良，仪修蘋藻节励冰霜圭璋金石松筠桂姜，其人已往而德弥彰，咸阳之第，林家之 / 冈，凭此片石为亘，上元县邑痒生外孙丁起麟顿首拜撰并书 / 光绪甲申十年九月吉日，奉祀子积仁孙厚陶敬立。

简析

2014 年，郑和墓园文物保护管理所通过征集得到清代光绪年间《咸阳世家碑》。碑呈圆首长方形，长 105 厘米，宽 48 厘米，厚 12 厘米。上端横书“咸阳世家”四个大字，正文 16 行，共计 559 字。

《咸阳世家碑》发现于南京牛首山西面，墓志铭中对郑和出生赐姓、赐府邸、赐葬牛首山、赐祀天以及管理祀田人的身份、奉命下西洋次数、郑和后裔的辈分等内容进行了全面记载。为坟寺广缘寺遗址位置提供了直接依据，同时确定了郑和的归葬之地在南京牛首山西偏。碑文内容与南京郑和后裔有着直接关联，其中关于辈分的记载可作为南京郑和后裔辈分的最新参考依据，是郑和课题研究不可多得的重要材料。

下篇　研究部分

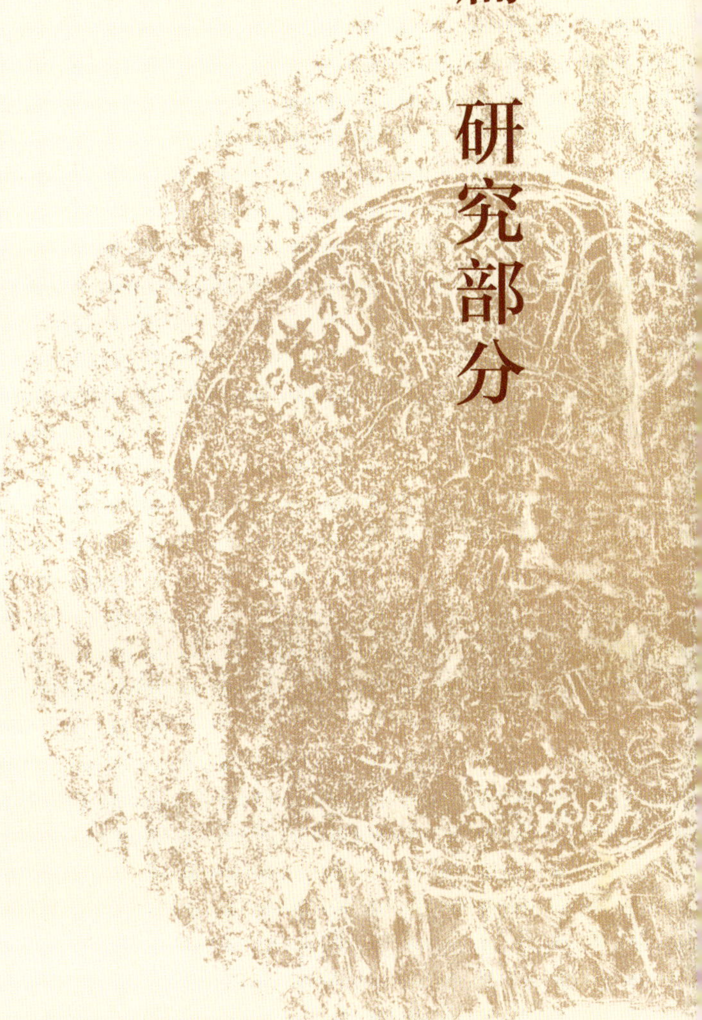

云南沐氏与花岩寺
——从南京花岩寺钟铭的发现谈起

邵　磊　刘文庆

花岩寺，位于南京南郊祖堂山献花岩，有明一朝，为从隶于南京大报恩寺的中刹。寺庙“盖覆盘踞，甚得构山之宜”[①]。历来观游至此者，以其备具幽寂显敞之妙，题咏颇盛。唯花岩寺初创及与之相涉的史事，史籍记载则未称详备。2002年2月，南京江宁区文物工作者将早年被弃置于区文教局院内的一口旧钟移至江宁区博物馆，后由于牛首山景点开发之需，此钟又被移至牛首山弘觉寺塔左近建亭展示。据钟铭，知此钟旧为花岩寺所有，钟铭所载施主题名及其他内容，对花岩寺创制的考察颇有补证。今以花岩寺钟铭为主线，并结合文献材料，对花岩寺的创制及相关诸事略作考察。

一、花岩寺钟与钟铭

花岩寺钟为铜质，由钟钮与钟体合铸而成，通高126厘米，口径83厘米，壁厚2.8—6厘米。钟钮系以失蜡法铸出，作圆雕双龙交错蟠附的蒲牢形，背脊卷曲拱起作桥形，上托火焰宝珠一颗，四足撑立，铸作精工细致，表面光洁莹润。传说龙生九子皆不成龙，蒲牢为第六子，以牛头、鹿角、虾眼、鹰爪、狮身合为一体，形象凶猛，似龙非龙。因蒲牢生性好鸣，置于钟上寓意钟声洪亮。钟体系以块范拼合铸出，表面环铸凸起的图案和铭文，自上而下分为钟肩、钟腹、钟口三部分。钟肩饰覆莲一周，共12瓣，瓣内饰云气纹。钟腹饰双线勾勒的矩形方格，方格规制相同，上下各四，以两粗三细的弦纹带分隔，相邻方格间设长条形牌位。八瓣波状口，口沿饰宽带纹，表面光素，且未见凸起于表面，供撞钟承击的圆墩形钟月。又，钟顶内外通透，当为浇口遗存。由此可知，花岩寺铜钟钟体的浇注系统为钟口在下、浇口在钟顶上的顶注式浇注系统。钟顶内部围绕浇口有四个近乎圆形的不规则状凸块，在与凸块相应的钟外表面可见到蒲牢足跟部与钟顶结合不严密的痕迹。是为钟体与蒲牢钮铸成，然后再嵌

①语出《献花岩志·志官宇第五》，《南京文献》本。

入钟体范上，为使蒲牢钮与钟体便于定位合范并提高结合强度，在内芯上顶留四个凹槽，浇注铜液后钟钮与钟体铸接一体，因而在钟顶内部形成四个凸块。

钟腹上下八格内满布铭文，铭文均独立成段，合为一篇，依次分别为：

第一格：“南赡部州献花岩古刹禅寺在牛首山之东南，系唐法融禅师修行处所有，太子太傅黔国公家臣何礼进学、何闪仲辉发心重新建造梵刹一所。本寺缺少洪钟一口，有僧玄让、德明发心在于上新河募缘铸造已完。今将官贵、本寺住持人等开具于后，任特道兴。信官何闪、何铭、何礼、李庆、汪宝、昌用、道宣、玄月。”又，在此格左侧的双线界栏内，别有“何成、然□、张安”三个补刻的阴文题铭。

第二格：“南京西城兵马指挥王双，副指挥申甫、何洪、王迪、张霖、义官李□，劝缘檀越杨□微。”此格内左侧有上下饰以仰覆莲的双栏牌位，内铸“前僧录司右觉义□□、灵谷寺住持道融、祖堂幽栖禅寺住持戒勖于洞玄”等题铭。

第三格至第八格内容系上新河南岸、上新河北岸等地为铸钟捐资的施主姓名，史料价值不高，兹不赘述。

拓片一

拓片二

二、花岩寺创制的若干问题

（一）关于花岩寺之创制，据陈沂《献花岩志·序》载：“牛头山去城三十里，石居土之十七，僻奥而郁秀，两峰角立，望之若牛头然，上有浮图佛宫，释氏书云：江表牛头是也。山之南五里，有峰起相埒，自麓至巅皆碧石被藓，藤树杂揉，与石相生。崖之半一石窟，曰‘献花岩’，释氏书谓唐释师法融居此。雪中有奇花，又有鸟衔花之异，岩因石名，而山亦以岩显，故金陵称丛林必曰牛首、献花岩、祖堂，而地实相连。旧刹惟牛头幽栖寺，即今弘觉寺。此岩惟僧庵耳。皇明成化间，山东僧古道师至岩下，坚坐不动数年，黔国之宰何公饭僧于祖堂之山，北望云气被彩，涉岗而北，气自岩出。何公愕然，步至岩，见古道危坐，问之不答，而貌又古，益怪异之，是年即捐金为佛宫，别治堂与之居，请敕赐寺额曰花岩。古道化去，弟子再传者曰德达，善弘教，受词部札子，领之逾年。寻山之踪，穷水之源；芟辟灌莽，夷衍埼砠；因高为台，缘曲为梯；悬虚以为楼阁，挹旷以为轩槛。凡幽潜秘匿之所，始毕张大。榜之于木，刊之于石。

何公之志，至此益广，由是献花岩之名，大盛于牛头山。”可知，花岩寺乃黔国公之宰何某于明成化年间捐金施建而成。

按，有明一朝得封黔国公爵者共有二人，其一为生前封西平侯，卒赠黔宁王的沐英之子沐晟，其二为吴复。沐晟生前于永乐六年（1408）七月即被明成祖“进封为显忠辅运推诚宣力武臣、荣禄大夫、右柱国、黔国公，食禄三千石，子孙世世承袭，镇守云南”。②吴复，字伯起，安徽合肥人，先以功得封安陆侯，洪武二十六年（1393）十月卒于云南军制，次年明太祖追赠为黔国公。③依明朝之制，吴复子孙只得袭授其生前爵位，即安陆侯。《献花岩志》所载“黔国之宰何公”捐金建花岩寺乃“皇明成化间”事，故此黔国（公），自当为沐氏家族之嗣黔国公爵者无疑。又，景泰元年（1450）十月，云南总兵官、黔国公沐斌去世，其子沐琮年幼，明代宗、英宗先后诏命沐琮从兄沐璘、沐瓒领镇云南，以待沐琮成年。④成化元年（1465）八月，明宪宗诏命沐琮袭黔国公爵。⑤弘治九年（1496）九月，沐琮病逊。⑥其领镇云南终成化一朝，庶可知，《献花岩志》所载捐建花岩寺之何公，为黔国公沐琮之宰无疑。据《说文》：“宰，罪人在屋下执事者。从宀从辛。辛，罪也。”意为充当家奴的罪人。引申为官称，如《论语·公冶长》：“求也，千室之邑，百乘之家，可使之为宰也。”意为卿大夫家臣，故《献花岩志》中的“黔国之宰”，与钟铭中的“黔国家臣”意实相同。

花岩寺的捐建者，《献花岩志》仅记为“黔国之宰何公”而已，语焉不详。今据钟铭，始知为黔国家臣何礼、何闪。花岩寺初落成，未及铸造寺钟，何礼、何闪遂又与信官何铭、何成、李庆、汪宝及花岩寺众于南京城西上新河两岸募缘铸造铜钟一口。

（二）捐建花岩寺之举，虽以黔国家臣何礼、何闪经手始成，但恐仍系代黔国世家发心所结的善缘，而非黔国家臣的个人行为。一方面，花岩寺在有明一朝南京寺庙中列居中刹地位，且其占有公田 286.79 亩⑦，数目之大，在《金陵梵刹志》明确记载的 38 座中刹中也是名列前茅的。以区区家臣之力，恐难致有如此规模。再者，花岩寺旧藏佛齿与佛骨，“（佛）齿长三寸，径寸之七分，而棱色微碧。齿端有纹如梵书，复有窍，含子如粟，颇异。僧以金刻龙首函之……（佛骨）如拇指大，数片，色白质坚，类寒水石……贮之金函”。⑧按，佛齿、佛骨作为释迦牟尼的象征，在佛教信徒中具有相当崇高的地位。嘉靖后期，时任南京礼部祠祭主事的陆光祖得浙僧进献“佛牙”，

②《皇明功臣封爵考》卷四《黔国公》，南京图书馆藏万历刻本。
③《明名臣琬谈录》卷三刘三吾《安陆侯黔国威毅吴公神道碑铭》，文海出版社，1970 年。
④参见《明英宗实录》卷一九八《废帝郕戾王附录》第十六及《明孝宗实录》卷一一七“弘治九年九月庚辰”，江苏国学图书馆影印本，下同。
⑤《明宪宗实录》卷二十。
⑥《明宪宗实录》卷一一七“弘治九年九月庚辰”。
⑦《金陵梵刹志》卷五十《各寺租额条例》，《中国佛寺志》本，下同。
⑧《献花岩志·志异蓄第七》。

惊叹不已，以天界寺为“留都丛林之胜”，于是“捐赀，命工雕紫檀小浮屠一具贮之，外加文龛崇护，卜吉斋沐，导以幡幢鼓乐，躬自送于寺之毗卢阁中安奉”。[9]万历年间，僧人达观住石经山，得函贮佛舍利，李太后闻之，“命近侍致斋供，赐紫伽黎，大供舍利三日，重藏石窟”。[10]上述两例由僧侣进献的佛牙、舍利，皆真赝难定，却赢得当朝权贵的礼遇，这在一定程度上也反映出佛牙、佛骨在汉地流传之珍惜。花岩寺珍藏之佛齿、佛骨，时人亦以为“江表夸稀见”[11]，传“皆自滇南受诸西域之僧”。[12]要之，有明一朝，黔国沐氏权倾滇土，且世代信奉佛教[13]，因而由沐氏直接或间接地接收西域僧人馈赠的佛齿、佛骨，理固宜然。倘花岩寺竟为沐氏异姓家臣私捐，则沐氏宗族断难将此珍罕的秘传佛教信物慨然相赠。再有，花岩寺建成后，曾“请敕赐寺额曰‘花岩’”[14]，此亦非常之举措，在一定程度上反映出明廷与黔国世家非比寻常的亲善关系，若其施主身份仅为黔国家臣之流，博取如此殊荣则几乎是不可想象的。综此三点而言，证花岩寺实应为黔国世家捐建之私寺，当无疑问。

要之，明初定都南京，太祖、成祖皆崇信佛教，因而动用国家力量，在南京修建了一批寺院，有力地带动了南京寺院的恢复。上有所好，下必效焉，留居京师的官宦

⑨《金陵梵刹志》卷十六姚汝循《天界寺佛牙碑略》。
⑩（明）释福征：《憨山大师年谱疏》卷上，河北省佛协虚云印经功德藏1994年版。
⑪《献花岩志·附献花岩诗》。
⑫《献花岩志·志异蓄第七》。
⑬黔国沐氏世代崇信佛教，史籍虽无明文记载，但由沐氏家族主要人物的行迹则不难窥知一二。黔国沐氏家族的创建者黔宁王沐英，在领镇云南期间，曾新建昆明城东的青门寺，并重建蒙北府定边县东的普福寺（清乾隆《云南通志》卷十五《祠祀（附寺观）》）。沐英之子、定远王沐晟夫妇合葬墓随葬压印“世世闻经”与“生生见佛”内容的金冥钱共17枚，此墓随葬金发插中，别有一长10.6厘米、重7钱、顶端圆形者，内饰一阳文“佛”字，凡此皆可见墓主人对佛教的崇信（南京市文物保管委员会《南京江宁县明沐晟墓清理简报》，《考古》1960年第9期）。于正统五年（1440）三月袭授黔国公的沐璘，曾亲至大理无为寺，从其所作《游无为寺》诗句“白石磷磷积翠峦，林花深处有茅庵。煮茶迎客烟生灶，劚笋出山云满篮。香爇龙涎清沴气，壁悬尘尾罢禅谈。野禽不断人来往，惊触崖花上碧潭”（清乾隆《云南通志》卷二九之十四《七言诗·游无为寺》）来看，沐璘入无为寺后，寺僧的态度固然可能和沐璘的身份有关，但恐怕更可能是沐璘心仪释教，平素对佛寺多所关照的结果。成化元年（1465）八月袭授黔国公爵的沐琮亦曾奉敕建昆明城东金马山之归化寺（清乾隆《云南通志》卷十五《祠祀》）。隆庆五年（1571）袭黔国公爵、万历二十三年（1595）免爵、万历三十七年（1609）复爵的沐昌祚，常游历佛寺梵刹，“所至梵院，皆有题额”（《皇明开国臣传》卷二《黔宁沐昭靖王》），并于万历年间“铸金像玉皇”，本拟送云南鸡足山供奉，后改于姚安府元和山建飞来寺供奉（清乾隆《云南通志》卷十五《祠祀》）。万历二十三年（1595）袭授黔国公的沐睿卒后，墓中亦随葬有多种与佛教相关的文物，其一为以锤揲工艺制成的金葫芦，外壁饰覆莲、法轮等佛教造型题材的装饰；其二为玉片雕成的立体“佛”字，下承仰、覆莲座；其三为白玉菩萨像，作合掌相，趺坐于莲台上（南京市博物馆《江苏南京市明黔国公沐昌祚、沐睿墓》，《考古》1999年第10期）。由此可见，沐睿也应是一位佛教信徒。末代黔国公沐天波在远避蒙自土酋沙定洲暴乱之际，其妾夏氏亦曾“削发为佛弟子”（《南疆逸史》卷五〇《沐天波传》）。据上述记载，可知云南沐氏自其开创者沐英始，至末代黔国公沐天波终，其家族主要人物多崇信佛教。
⑭《献花岩志·引言》。

也以前所未有的热情加入虔诚的檀越行列中，捐建了大量私寺。[15]黔国沐氏家臣捐建花岩寺，应正是这一大社会文化背景下的产物。

除此而外，黔国沐氏捐建花岩寺，恐还与献花岩地近沐氏南都祖茔有关。洪武二十五年（1392）六月，西平侯沐英去世，同年十月，赐葬于南京江宁县与献花岩毗邻的长泰北乡观音山之原[16]。此后，领镇云南的沐氏历代族长卒后率多还葬于此，此地遂成为黔国世家最为重要的族葬地。是故，沐氏于献花岩捐建花岩寺一所，不仅是为生者祈福，恐亦兼有为沐氏先人亡灵超度之意。值得一提的是，据《献花岩志·序》载，在捐建花岩寺之前，黔国家臣何氏曾施助祖堂寺，以祖堂寺与献花岩地缘相毗，或可证花岩寺作为黔国世家私寺所担负的主要职能，早先多经由祖堂寺完成。

（三）关于花岩寺的创制年代，史籍虽无明载，但综合《献花岩志》与花岩寺钟铭的有关内容，仍可作出相应的推断。花岩寺钟第一格钟铭有云："太子太傅黔国公家臣何礼进学、何闪仲辉发心重新建造梵刹一所。"也就是说，何礼、何闪捐建花岩寺当是在黔国公沐琮加授太子太傅衔之后，按，沐琮加授太子太傅衔是在成化十八年（1482）十二月[17]，则花岩寺之创制当不早于此。复据《献花岩志》，花岩寺"规制仅辟一山门，朱其恒，北向。山门内之左右，建楼二，置钟鼓中。石甃数级，上有天王殿四楹。殿之后，有大悲殿，皆不甚崇广，然盖覆盘踞，甚得构山之宜。殿后又历上有亭，置建之碑，大宗伯李公本所撰，文纪岁为成化丙午也"。[18]此云"成化丙午"，即成化二十二年（1486），当系大宗伯李公撰《修建之碑》时的纪年，可见花

---

⑮早在建文四年（1402）四月，中山王徐达第四子、左都督徐增寿，即与僧清古涧具本奏准重建永庆寺，后因徐增寿私通燕王，"数以京师虚实输与燕"（《明史》卷一二五《徐增寿传》），未久为惠帝手斩，重建永庆寺遂未果。永乐年间，仁孝皇后、中山王徐达长女徐氏在驯象门建经厂庵（康熙《江宁府志》卷三一《寺观志》）。永乐后期迁都后，明朝政治中心北移，但由于南京已然形成的佛教氛围，加之士大夫禅悦之风的兴起，留居南都的官贵捐建寺庙之举大有愈演愈烈之势。正统年间，三山寺年久圮坏，驸马都尉赵辉、工部尚书周忱、太仆寺少卿邓浩"皆发信心及劝募"（《金陵梵刹志》卷二十三昙昕《三山讲寺实录》）。成化年间，清凉寺"殿宇脱落漫漶"，宣城伯卫颖同主僧德广"捐赀重建"（《金陵梵刹志》卷十九钱溥《重建清凉寺碑略》）。正德年间，魏国公徐鹏举在中城凤凰台岗下为僧觉恒私建积庆庵，嘉靖初诏毁私刹，因以"古瓦官寺"匾其额，乃得以保全（陈作霖《凤麓小志》卷一《志地》）。万历年间，徐鹏举之子、袭授魏国公爵的徐邦瑞"复用三天竺故事，割其余禄以供常住"，住持悟迎念魏国公"世世为天子肺腑，其履端、履长、万寿之祝，多不过三，且与百辟共事，亡以专"，遂每日代为僰，瓦官寺由此而为魏国公家私寺。实际上，瓦官寺不仅寺住持僧悟迎等代魏国公家祝僰之所，魏国公家族成员自己也在寺中行礼，为当朝皇帝及徐氏家族祈福，虽至清代而不衰。史称"瓦官寺"为"徐氏家庙"，"每逢六月六日，影堂设衮冕、桓圭，祖孙合食，虽易代不敢废也。"清人陈作霖言其"幼时犹及见之"（陈作霖《凤麓小志》卷一《考古刹》第二）。由上述所引材料可知，终明一世，以私力捐建寺庵实为留居南都的旧勋新贵劝缘礼佛的重要手段。

⑯《明太祖实录》卷二一八。又见《皇明文衡》卷七十三《皇明开国辅运推诚宣力武臣荣禄大夫柱国西平侯追封黔宁王谥昭靖沐公神道碑》。

⑰《明宪宗实录》卷二三五。

⑱《献花岩志·志宫宇第五》。

岩寺至迟于此际已然建成。庶知，花岩寺的创制当在成化十八年（1482）十二月至成化二十二年（1486）之间。

（四）黔国世家信佛教者甚众，唯沐琮领镇云南之际始得以在南都捐建中刹规制的佛寺一所并不是偶然的，究其原委，或与成化一朝佛教政策的宽松及云南沐氏在南都势力的积聚有关。

尽管明太祖大力宣扬佛教“暗理王纲，于国有补无亏”，[19]但列朝兴亡的经验与教训又使他深刻认识到，佛教势力只有被遏制在一定限度内，不使过度膨胀，方能更好地为其统治服务。为此，洪武年间制定了一系列相关制度、法令，经永乐年间补充和完善，遂形成了明王朝以整顿、限制为主，又适当加以保护、提倡的佛教政策。纵观有明一朝的佛教活动，大体是在明初制定的佛教政策框架内存在、发展的，唯明朝中叶对佛教整顿和限制的政策未能得到贯彻，而以成化朝尤甚。成化年间，宪宗佞佛无度，频繁鬻卖僧牒以备军饷筹措及赈灾济荒之需，佛教势力因而急剧膨胀，几乎到了失控的地步。据弘治九年（1496）五月，南京礼部给事中屈伸疏云：“谓天下僧道额数，不过三万有余。自成化二年以来，三次开度，已逾三十五万。正数之外，增至十倍。”工科给事中柴昇亦疏称：“祖宗朝僧、道各有额数，迩年增至三十七万有余。”[20]除了近乎疯狂地度僧外，宪宗还大量传升僧人为僧官，最多时，僧录司禅师兼左善世等僧官达一百二十员，是额定人员的十倍。[21]

由于大量度僧，宪宗对民间私创或重建寺庙亦多不遗余力地予以支持，至“成化十七年（1481）以前，京城内外敕赐寺观至六百三十九所，后复增建，以至西山等处相望不绝，自古佛寺之多，未有过于此时者”。[22]沐氏家族领镇云南近三百年，几与明王朝相始终，史载“沐氏自黔宁王开国以来，凡二王、一候、一伯、九国公、四都督，富极贵溢，诸勋莫此焉”。[23]个中缘由，固然与明朝最高统治者念及明太祖与沐英特殊的亲情关系，又兼重视云南沐氏在确保西南边陲安定繁荣方面具有不可替代的作用有关，但沐英后裔谨遵其“事上必勤慎小心，处同僚谦和为本”的遗训，在纷乱险恶的政治漩涡中善于自保，同样是不容忽视的因素。因此，云南沐氏尽管崇信佛教而兼有财力，但出于维护其家族利益的考虑，尚不敢违反皇朝限制佛教发展的诏令而在家族势力范围之外大事铺张地捐建寺庙，以免授人以柄，而唯有在宪宗成化年间大力培植佛教势力的社会背景下，始于南都捐建花岩寺一所。

⑲语出《明太祖御制文集补·释道论》，《洪武全书》本，黄山书社1995年版。
⑳《明孝宗实录》卷一一三。
㉑《明孝宗实录》卷四。
㉒《明孝宗实录》卷二六〇。
㉓《南疆逸史》卷五十《沐天波传》，北京琉璃厂半松居士铅印本。

又，黔国世家世守云南，却得以远在南都捐建中刹规模的花岩寺，甚至花岩寺落成后劝缘募造铜钟一口，竟也有劳南京西城兵马指挥王双与副指挥申甫、何洪、张霖等军官以及前僧录司右觉义、灵谷寺住持、祖堂幽栖寺住持等高僧大德共襄其盛。凡此种种，亦是值得关注的。

据黔国公沐斌夫人徐氏景泰三年（1452）四月奏疏："本家南京旧有阍者四十五人，俱故黔宁王、定远王、定边伯等所收'夷人'，令妾孀居抚养幼男（沐）琮。"㉔可证沐氏虽于洪武十六年（1383）领镇云南㉕，但在南都仍然保有一份不薄的家业，甚至云南沐氏族人一旦引发种种事端或遭弹劾后每亦多以南京为归宿。㉖在此基础上，沐英季子沐昕与明成祖第五女常宁公主的结合尤令人瞩目。史载，永乐元年（1403）六月，成祖诏"以沐昕为驸马都尉尚常宁公主"。七月，成祖又"命户部岁给驸马都尉沐昕禄米二千石"。㉗沐昕历事永乐、洪熙、宣德、正统、景泰五朝，其间两度执掌南京后军都督府，握有相当的兵权，并曾掌祭南京太庙，专司孝陵四时祭祀行礼事。㉘正统九年（1444）八月，沐昕奉命署宗人府事，负责处理皇室内部事务㉙。要之，沐昕官居南都，且身受皇室宠恩如此，亦可想见黔国沐氏彼时在南都政界势力。正是以沐昕为代表的沐氏成员在南都的经营，为成化年间沐氏在南都施建花岩寺从各方面提供了有力的保障，因此，花岩寺占有公田数目之大，乃至寺钟铸造也引来南京西城兵马司官员与高僧大德的襄助，就都不难理解了。

总体来看，黔国世家在第四代族长沐琮镇云南时于南都建花岩寺并非偶然，实乃沐氏家族的宗教信仰与明朝士大夫的崇佛风尚、成化年间的社会背景与佛教政策以及沐氏在南都势力的积聚等多种因素合力促成。

（本文原刊《南方文物》2004年总第50期）

㉔《明英宗实录》卷二一五《废帝郕戾王附录》。

㉕洪武十六年（1383）三月初一日，明太祖以云南平，正式诏令征南将军颍川侯傅友德、左副将军永昌侯蓝玉班师，同时谕令西平侯沐英留镇云南，标志着云南沐氏家族正式建立。详见《明太祖实录》卷一五三。

㉖据《明世宗实录》卷五〇六载，嘉靖四十一年（1562），黔国公沐朝弼奏疏道，"故兄朝辅之丧，已归葬南京，二侄融、巩又相继殁，今寡嫂陈氏留居府第，郁郁不乐"，请求朝廷允许将陈氏"送还南京，以便祭扫"。据《明神宗实录》卷七，未久，沐朝弼又出尔反尔，拒不将陈氏遣往南京，反以占夺兄长产业、不遵礼法而于隆庆六年（1572）十一月被发于南京为民。又据《明神宗实录》卷二〇〇载，黔国公沐琮卒后，总管沐府家政的沐琮夫人王氏因"性贪而狠"又兼"任用非人"，而为云南巡抚右副都御史李士实疏劾，王氏被迫逃回南京。同书卷二三九亦载，沐朝弼子沐昌祚领镇云南后，因跋扈骄横种种恶行，亦曾为兵科署科事给事中王德完劾奏："宜仿肃皇帝逮治沐朝弼故事，令昌祚安置南京。"

㉗《明太宗实录》卷二一。

㉘参见《明太宗实录》卷二三二和《明英宗实录》卷八〇。

㉙《明英宗实录》卷一二〇。

试析郑和、报恩寺与牛首山弘觉寺的关联

刘文庆　吴之洪

在牛首山南麓，有明朝大航海家郑和的墓冢。

明朝出使海外的官员，其“封舟”上都有两具棺木，以备正使太监、副使太监万一遇难，可放入这具采取水银防腐措施的棺木中，运回朝廷复命。郑和于宣德八年（1433）五月在印度古里病殁，宝船船队星夜兼程，用了不到两个月就返回南都（南京）。不久，宣德皇帝赐葬郑和于牛首山。可见，牛首山郑和墓是一座郑和真身坟墓，而不是衣冠冢。①

郑和为何葬于牛首山？郑和的历史定位仅是太监、航海家？

一、郑和下西洋的最大功绩

1403年1月，永乐皇帝在奉天殿受朝贺，大宴文武群臣及四夷朝使，宣布建立永乐王朝。5月，即命福建都司造海船137艘；8月，又命京卫、浙江、湖广、江西、苏州等府卫造海运船200艘，在永乐皇帝宠臣姚广孝等的极力保荐下，永乐皇帝决定起用内官监太监马和为正使太监，筹备下西洋事宜。1404年正月初 ·，御书“郑”字，赐予马和为姓，此后，马和即叫郑和。同时命郑和在龙江关以南的长江沿岸建立宝船厂，并将秦淮河出江口附近的龙江船厂划归宝船厂，当年又造海船50艘。1405年6月下诏遣郑和出使西洋。

一下西洋期间，郑和抵达锡兰山（今称斯里兰卡），朝觐了佛牙宫。1407年9月回到京城，将此情况汇报永乐皇帝，永乐皇帝旋即令郑和立即率队逆风启程，1407年9月便再下西洋。1408年元月抵达锡兰山国，向佛牙宫布施了大量金银宝器，并和国

①马光汝：《郑和研究》2007年第1期。

王阿烈苦奈儿协商，准备恭迎佛牙舍利到中国供奉。郑和还专门写了《布施锡兰山佛寺碑》记述此事。郑和试图恭迎佛牙的举动引起阿烈苦奈儿的警惕，他严词拒绝，甚至准备拘留郑和一行。郑和船队于 1409 年 8 月回京复命。

据明嘉兴藏本《大唐西域记》记载："今之锡兰山，即古之僧伽罗国也。王宫侧有佛牙精舍，饰以众宝，晖光赫奕，累世相承，敬礼不衰。今国王阿烈苦奈儿，锁里人也，崇祀外道，不敬神法，暴虐凶悖，亵慢佛牙。" 4 个月后的 1409 年 12 月，郑和庞大的船队第三次下西洋，抵达锡兰山后，率 4000 精兵进入首都，代表明王朝，指责阿烈苦奈儿"亵慢佛牙"等行为，欲将佛牙请回明王朝保护。阿烈苦奈儿坚决不肯，软禁了郑和及其随行，并派 6 万兵马，袭击郑和船队。郑和觉察之，号令船队官兵，里应外合，攻下首都，抓捕了阿烈苦奈儿，将佛牙请回宝船，扬帆归来。朱棣大喜，赦阿烈苦奈儿死罪，留居宫中，另委王族后裔为锡兰王，次年在锡兰山国新建两层佛牙寺，安定锡兰局势。同时，命郑和暂停再下西洋之举。

在锡兰山、印度乃至所有佛教国家，谁拥有佛牙舍利，谁就有资格当国王，这是一种宗法定制。当明朝国内还有方孝孺这样的传统宗法制度捍卫者质疑朱棣是否有资格担任中国皇帝之时，当前朝皇帝建文下落不明，而其余党纷纷表示要恢复正统之时，朱棣获得了佛界至尊的锡兰佛牙，此举正好从佛统的角度宣告，永乐皇帝才是真命天子。为了感谢佛祖之恩，也为了表达对佛牙的尊重，永乐皇帝利用菩提伽耶圣地金刚宝座塔的建筑图纸，下令"倾全国之力"，准依宫廷规制，由洪武年间天禧寺重建的负责人、工部侍郎黄立恭和恭迎佛牙来朝的大功臣、内官监太监郑和共担重任，营建大报恩寺。这在永乐皇帝看来，是当时稳定朝政的首要政务。②

二、郑和与大报恩寺的建设

大报恩寺建造时间长达十六年，郑和从工程开始到最后结束都参与其中。依史书所言，早在洪武年间，工部侍郎黄立恭已奏请朱元璋对天禧寺佛塔、佛殿、僧房等进行修缮和增建，工程进行了三年，共花费黄金达两万五千两。永乐五年（1407）仁孝皇后崩逝，朱棣就在该寺举行超度法会。永乐六年（1408）僧本性因泄私愤纵火烧毁寺、塔，于是永乐十年（1412）才有大报恩寺之兴建。这次重建活动仍是由工部侍郎黄立恭等负责，但是，按明代制度，国家营建之事，也会有内府内官监参与。③郑和至少在永乐三年（1405）已任内官监太监，明代内官监太监所属有总理、佥书、典簿、掌司、监工等，并管辖十作"曰木作、石作、瓦作、搭材作、土作、东行、西行、油漆作、

②鲍永安主编：《中国从这里走向世界》，中国文联出版社 2005 年 7 月第 1 版。
③《郑和研究资料选编》，第 30 页。

婚礼作、火药作”等，“凡国家营建之事，董其役”。[4]因此，永乐十年（1412）开始由国家主持的大报恩寺营建活动，郑和作为内官监太监，自然会参与此事。明代王士性《广志绎》卷二中还直接写“先是三宝太监郑和西洋回，剩金钱百余万，乃敕侍郎黄立恭建之”，似乎大报恩寺工程启动时使用的还是郑和下西洋归来后所剩资金，这更加证明郑和与大报恩寺兴建工程具有直接的关系。

1424年3月，由郑和督造的天禧寺被明成祖御赐题名为“大报恩寺”，琉璃塔被御赐题名为“第一塔”。7月，明成祖亲征漠北时驾崩；8月，太子朱高炽即帝位（仁宗），改年号为洪熙，下令停止下西洋的各项活动；9月，始设南京守备，襄城伯李隆任此职。1425年2月，令郑和领下属官军驻守南京。5月，仁宗驾崩，皇太子朱瞻基即位（宣宗），年号宣德，1426年为宣德元年，命郑和为南京守备（掌节制南京诸卫所，及南京留守、防护事务的官职）。

宣德三年（1428）二月，大报恩寺的佛殿、宝塔大约已经完工，但局部工程还在拖延，所以，当年三月十一日，明宣宗朱瞻基已很有意见，即“敕太监郑和等：南京大报恩寺自永乐十年十月十三日兴工，至今十六年之上，尚未完备，盖是那监工内外官员人等将军夫人匠役使占用，虚费粮赏，以致迁延年久，今特敕尔等即将未完处用心提督，俱限今年八月以里，都要完成，迟误了时，那监工的都不饶”。这是皇帝给郑和等人下的一道死命令，限定大报恩寺工程必须要在宣德三年（1428）八月底之前全部结束，同时这也表明明宣宗对郑和的高度信任。就在同一天，宣宗还下了另一道敕令，对大报恩寺完工之后的仪式活动及管理等作出指示，“敕太监尚义、郑和、王景弘、唐观、罗智等，南京大报恩寺完成了，启建告成大斋七昼夜，燃点长明塔灯，特敕尔等提调修斋，合用物件，着内府该衙门、该库关支物件造办，打发供应物料及赏赐僧人，就于天财库支钞，着礼部等衙门买用，灯塔用香油，着供用库按月送用。”由此观之，1428年6月，郑和督造的大报恩寺主体建筑落成，郑和应该还参与主持了大报恩寺及琉璃塔最后的落成典礼。

文献记载，朱棣是在孙吴建初寺、南梁长干寺、宋天禧寺、元慈恩旌忠寺的旧址上兴建的“第一塔”，耗费白银248.5万两，就连郑和下西洋所剩百余万两白银也用于造塔工程。大报恩寺建造历时十六年，其后期，作为监工官的郑和，奉旨领建此项大工程，想必瘞藏西洋舶来宝物不在少数，佛牙舍利作为至高无上的佛宝入藏地宫应不难理解。

1430年6月，宣德皇帝再遣郑和作七下西洋准备。第七次下西洋，是从1431年12月到1433年7月。船队回国途中，郑和在印度古里病故，终年62岁。宣宗赐南京守备、正使太监郑和葬于南京牛首山南麓。

④ 刘若愚：《明宫史·木集》。

三、从明朝内官的葬制看厚葬郑和

郑和为何归葬牛首山？作为一名政府官员，郑和的安葬规格和安葬选址，必须符合朝廷规制。但是，赐郑和归葬牛首山弘觉寺南麓之事，从官制角度分析，是“超规格”的，实为“厚葬”。

去世以前，郑和的最高官职是南京守备，他的墓葬规格，也应符合南京守备的身份。据《明会典》载：“凡天下要害地方，皆设官统兵镇戍。其总一方者，曰镇守；守一路者，曰分守；独守一堡一城者，曰守备。”这样的守备官，全国有近200名，其职司仅是独守一城一堡而已。如距南京较近的仪征守备，就驻扎在仪征江口，专管江北备倭捕盗事务。南京守备与上述守一堡一城的守备，并非同一范畴，因永乐迁都以后，南京仍为根本重地，守备兼领中军都督府事，掌南都一切留守防护之事，其中，外守备与协同守备例以行伍出身的公、侯、伯爵出任，与内守备（由内臣出任，即守备太监）共同护卫留都。南京守备的设立，始于永乐二十二年（1424）九月，初无内、外之分。洪熙元年（1425）六月，宣宗继位，遂正式任命南京守备，并分解为内守备与外守备，其中襄城伯李隆任外守备，内守备即守备太监，为郑和、王景弘二人。

明朝宦官最为相信因果报应之说，崇佛之风极盛，死后营葬的坟墓必在佛寺左近，或在卜为寿藏的吉域之侧创建梵刹。但不同身份的官员，只能在符合自己身份级别的佛寺附近安葬，不能逾越朝廷的规制。郑和希望百年以后归葬的佛寺是碧峰寺，这是因为碧峰寺在明朝佛寺中规制较高，属于中刹。南京守备、司礼监太监郑强卜葬之永宁寺，南京守备、内官监太监余俊卜葬之祝禧寺，宣德改元起就守备南京的内官太监罗智卜葬之静明寺，皆属中刹。这说明，郑和生前欲以碧峰寺为终老之地，是与其品貌地位相符合的。

但是，郑和却被宣德皇帝赐葬于“次大刹”弘觉寺南麓的牛首山，是何缘故？

1959年，在南京南郊江宁县谷里公社牛首山南麓的周昉村发现了被认为是郑和的墓葬，据文物工作者事后回忆，此郑和墓被发现时，地面文物已经荡然无存，但仍可看出墓园的规制。墓葬高约3米，位于一小土山上，共有三座封土堆，居中封土呈长方形，高约3米，南北两侧各有一封土，距中间封土各约150米，当地群众称为“马回回坟”。此三座封土前原有神道石刻和享殿建筑、牌坊、华表等。享殿建筑早年已被毁，墓前方50余米处尚存一巨大石碑座，半陷土中，于1982年被毁。碑座前原有一座单拱小桥，现已不见痕迹。从当地群众提供的关于桥的形制判断，与附近的罗智、郑强等明代太监墓前的桥式相同。郑氏坟田三四十亩即位于墓前，墓西有一村落，名郑家村，村民们的先辈据传即是郑和家族墓的守坟户。

综合地方文献载录、实地调查以及郑和后人的口碑传说，对郑和墓的规制，大致可得出如下一些认识。首先是墓葬方位。近数十年来，南京近郊发现了十余座明代宦官墓，这些宦官墓几乎是无一例外地分布于牛首山以北、以东的南京南郊雨花台区及其西南与江宁县交界的区域范围内，尚未发现葬于牛首山以南者。如宣德改元作南京守备、地位与郑和相当的内官监太监罗智的墓，就位于牛首山东北麓的雨花台区铁心桥杨家坟；级别稍低的如内官监太监兼掌库事杨云，亦葬于牛首山稍北的雨花台区铁心桥镇尹西村。当时，留居南都的宦官皆卜南郊牛首山一带为寿藏，可证该地实为明代宦官的一处公共墓地，郑和作为中官的一员，也不大可能脱离这一近于制度性的聚葬规律而别营葬所。所以他自己选定的归宿之处在碧峰寺，仍然位于牛首山之北。

其次是墓葬规制。根据当地民众的口碑资料，大致可以复原牛首山南麓郑和墓的神道组合情况，即：以横跨自然河流的单拱小桥为起点，依次为牌坊、神道碑、华表、石兽（包括马、羊、虎）、石人、享殿，最后是封土。应该说，这是符合明代工部奉敕营圹的程式的。从神道碑座距封土约50余米的距离来看，郑和墓神道长度约有70米，存在逾礼越制之嫌。按明代制度，太监品秩最高为四品，据洪武年间所定坟茔之制："功臣殁后封王，茔地周围一百步，坟高二丈，四周坟墙高一丈、文武各一，虎、羊、马、石望柱各二……一品、二品，石人二、文武各一，虎、羊、马、望柱各二。三品、四品无石人，五品无石虎，六品以下无。"也就是说，如果百姓口碑资料属实，郑和墓至少已达到了二品官员的品秩。

四、郑和墓与弘觉寺

宣德皇帝赐葬郑和于牛首山。"赐"字具有褒奖、恩惠的意思。四品官员享受二品大员的待遇，这是郑和本人不敢想象的逾越墓葬营制的现象。我们以为，宣德皇帝赐葬郑和于牛首山弘觉寺南，且取其墓道正对弘觉寺塔尖，正是宣德皇帝秉承其祖永乐皇帝的旨意，表彰郑和恭请佛牙之丰功伟绩。有人认为是表彰郑和七下西洋之奇功，其实不然，因为在洪熙年间，郑和就因六下西洋耗费国力而受到谴责，宣宗皇帝因为特别崇敬明成祖才效法下西洋之举，并非用此举证明郑和的功绩。事实上，论及"奇功"，最为显赫的当是郑和为永乐王朝从斯里兰卡请回佛牙，并督造大报恩寺供奉。

牛首山曾被看作拱卫金陵帝王之州的"天阙"，从南朝梁武帝直至明代，近千间寺庙殿宇遍布山间，至今仍有始建于唐代的弘觉寺塔耸立山巅。几年前，牛首山上发现了两块残碑，残碑现身处就是郑和在最后一次下西洋前，为自己的后事而捐资建造的兜率殿遗址。一块残碑的碑文是一个叫续宽的住持僧撰写的，他讲述了自己花了十余年，苦心重建一座被火灾焚毁的寺庙的事情。由于是残碑，只知道重建寺庙中有两座殿宇建在绝壁之上，分别叫观音阁和兜率殿。另一块碑则写着寺院住持僧必须遵守的清规戒律。

对照明代的《金陵梵刹志·牛首山志》发现，图中弘觉寺塔侧后悬崖上有一个建筑标明为观音阁，其下不远亦有庙宇一间。这和院中《续宽碑》记载的观音阁和兜率殿方位完全一致。而明代以后这两个建筑就再无记载。因此可以肯定这块残碑是明代古碑，而悬崖上的那一块碑文中说，住持僧必须将凭证交到应天府，应天府恰恰是明代南京的称呼。因而可以推断，此碑同样也为明代所刻。

从《非幻庵香火圣像记》中可以清楚地看出，郑和生前与牛首山住持牧庵谦公感情笃深，郑和前往牛首山看望他时，游览了兜率崖并愕然有感。于是就出资伐木取材在此处盖起一座兜率殿。宣德年间，郑和已是快60岁的老人了，他捐建兜率殿是否表明，他有意在百年之后，归根牛首山弘觉寺？其实不然。

史料记载，明代太监“最信因果，好佛者众，其坟必僧寺也”。郑和也是明朝太监，甚至他本人正是一名佛教徒，法名“福善”。从《非幻庵香火圣像记》中可以看出，郑和生前曾表示，七下西洋回来后，他要定居碧峰寺安度晚年，直到永远。“逮候西洋回还，俱送碧峰退居供奉，以为永远香火，旦夕梵修，及有暧来，送尔安寝，不至纤毫有失，及擅移他处。”说得多么恳切、真诚！这是因为郑和只是一位四品太监，但限于级别，他安排后事，也只能根据明朝制度，把自己的余生托付给符合自己身份的碧峰寺。

碧峰寺位于中华门外能仁里，南至天界寺，东北距聚宝门两里，东距大报恩寺亦只有两里，1946年毁寺建校，遗址原建有碧峰寺小学，现为南京雨花台区实验小学所在。该寺本为晋代尼寺，宋元嘉时，因西域尼铁索罗登至建康，故号铁索罗寺。齐时仍称铁索罗寺，梁以后或称翠灵寺，或称妙果寺，宋曰瑞相院。明洪武初重建，以居碧峰禅师。郑和自信仰佛教以来，碧峰寺是他经常走动从事一些佛事活动的地方。郑和因此与碧峰寺的非幻禅师结为挚友，曾邀请他共下西洋。非幻禅师在随郑和到海外访问时，很注意将海外诸国的佛教艺术介绍到国内，曾从海外带回一套沉香罗汉塑像，后陈列于碧峰寺非幻庵中。郑和在第七次下西洋前夕，曾自己出钱铸成12尊金铜像，雕妆罗汉18位，并古铜炉瓶等，置于家中，准备从海外回来后再送碧峰寺供养。所有这些，都说明郑和与碧峰寺有很深的渊源。

本文的初步结论是：按照明代官制，郑和本人曾选择碧峰寺作为自己最后的归属，但因其建有恭请佛牙和督建大报恩寺之奇功，被宣宗皇帝赐厚葬于牛首山南麓。

另外，从郑和捐建兜率殿到郑和被赐葬牛首山，冥冥之中似乎有一种神秘力量在感召：牛首山弘觉寺才是郑和的必然归属。

［本文原刊《南京师大学报》（社会科学版）2009年教育与教学研究专辑］

《洪保寿藏铭》综考

王志高

2010年6月，南京祖堂山社会福利院在施工过程中发现明代都知监太监洪保墓。由于洪保是郑和下西洋使团的主要领导成员之一，而《洪保寿藏铭》又涉及郑和下西洋重要史料，故洪保墓发现以来受到媒体、学术界尤其是郑和下西洋研究者的极大关注。为便于讨论，我们先将《洪保寿藏铭》录文并标点如下：

大明都知监太监洪公寿藏铭

赐同进士出身、修职郎、行人司行人、广右周凤撰

征仕郎、中书舍人、姑苏姜孟圭篆额

赐进士出身、前翰林院庶吉士、吴门殷𬊤书丹

寿藏铭者，太监洪公存日而作也。公名保，字志道，乃自叹曰："人生在世，如驹过隙，与其身后之有为，孰若生前之早计也？"于是，置地一所于京南建业乡牛首山之原、祖堂禅寺之左，鸠工砌圹，上下周完，命前进士殷君𬊤述状请铭于余。余固辞弗获。

按状，公世居云南大理之太和。祖讳长莲，娶杨氏。考讳赐，妣何氏。公生俊伟，以龆年来京师。洪武己卯，从侍飞龙于潜邸。爱其聪敏慎密，俾常随左右。永乐纪元，授内承运库副使，蒙赐前名。充副使，统领军士，乘大福等号五千料巨舶，赍捧诏敕使西洋各番国，抚谕远人。永乐丙戌，复统领官军铁骑，陆行使西域临藏、管觉、必力工瓦、拉撒、乌斯藏等国。至宣德庚戌，升本监太监，充正使使海外。航海七度西洋，由占城至爪哇，过满剌加、苏门答剌、锡兰山及柯枝、古里，直抵西域之忽鲁谟斯、阿丹等国。及闻海外有国曰天方，在数万余里，中国之人古未尝到，公返旆中途，乃遣军校谕之。至则远人骇其猝至，以亲属随公奉□□效贡。公所至诸国，莫不鼓舞感动。公为人外柔内刚，恬静寡欲，尤能宣布恩命，以德威肃

清海道，镇伏诸番。虽国王酋长、雕题桥服之人，闻公之来，莫不归拜麾下，以麒麟、狮、象，与夫藏山隐海之灵物、沉沙栖陆之奇宝同贡天朝，稽颡称臣焉。

公生于庚戌十月二十五日戌时。弟一人，曰接。侄二人，长曰子荣，次曰子诚。从孙二人，金刚、福安。吁！公春秋六十有五，康强无恙，尚能乘槎泛海，竭忠报效。所得恩赐内帑财物，不专己用，捐舍宝钞五百千贯，修造祖堂寺轮藏一座，又建东峰庵一所，度剃十二僧。好善不倦，奉使公勤，知其有国，而不知其有身。预为此圹者，使侄世弟、男知所奉祀焉，遂铭曰：

猗欤皇明，统御万国。服之以威，怀之以德。极地穷天，罔不臣妾。寔维奉宣，殚厥心力。我公桓桓，合为首功。风飖海舶，远迩必通。所至披靡，孰有不从。群星共北，众流趋东。维公之力，博望寔同。牛首之下，祖堂其友。水秀山明，鬼神呵守。万古千秋，藏斯不朽！

宣德九年岁次甲寅孟冬六日立，四明胡彦闾镌。

南京是郑和下西洋活动的始发地与大本营，数十年来先后发现与之关系密切的明代南京守备内官监太监罗智[①]、南京守备都知监太监杨庆[②]、后军都督府都督佥事汪浩[③]等多人墓志，不过这些墓志中关于郑和下西洋之记载却皆付之阙如，引为憾事。《洪保寿藏铭》是南京地区地下出土的铭文内容直接涉及郑和下西洋历史事件的第一方明代碑志，被认为是太仓卫副千户周闻墓志之后郑和下西洋史料的又一次重要补充。为报学界厚望，笔者试据《洪保寿藏铭》，并检阅相关文献资料，先就洪保家世生平、奉使西域和西洋事迹、所在坟寺诸问题作一粗浅探讨。因学力有限，行文匆促，与洪保相关资料又散见于浩如烟海的史籍之中，故本文疏误在所难免，更系统深入的研究则有待来者。

一、关于洪保家世生平

据寿藏铭，洪保，字志道，云南大理府太和县人，生于洪武三年（1370）十月

①参见周裕兴《由南京地区出土墓志看明代宦官制度》，刊《明清论丛》（第一辑），紫禁城出版社，1999 年；邵磊《南京出土部分明代宦官墓志考释》，刊《学耕文获集——南京市博物馆论文选》，江苏人民出版社，2008 年。二文对 1949 年以来南京地区发现的南京守备内官监太监罗智、南京内官监太监杨云、南京守备司礼监太监怀忠、南京内官监左少监杨忠、南京守备内官监太监余俊、南京守备司礼监太监潘真 6 方墓志进行了比较全面的分析考察。下文凡参引此二文处不另注。

②邵磊：《明代宦官杨庆墓的考古发掘与初步认识》，《东南文化》2010 年第 2 期。

③王宏、王光明：《明汪浩墓志杂考》，刊《南京文物考古新发现——南京历史文化新探贰》，江苏人民出版社，2006 年。据《明太宗实录》卷七十一、卷一百五十五、卷一百六十二记载，在郑和第二次下西洋前夕的永乐五年（1407）九月，汪浩受命改造海运船二百四十九艘，以备郑和出使西洋诸国。永乐十二年（1414）九月，汪浩又以后军都督佥事之职专治舟舰。次年三月，他再次受命督造海船。

二十五日戌时。祖洪长莲，娶杨氏。父洪赐，母何氏。有一弟名接，有二侄，名子荣、子诚[④]，有从孙金刚、福安二人。以上诸人事迹均不可考。按：太和为大理府倚城县，属今云南大理，洪武十五年（1382）三月置，东南距云南布政司所治之昆明城八百九十里。[⑤]洪氏虽为大理白族著姓，但洪保并无显赫家世，其父、祖皆未有历官，故可能只是一介布衣出身。洪保入宫之年，寿藏铭仅称“以龆年来京师”。龆年一般指八岁左右男童换齿之龄，但其时云南尚为蒙元梁王把匝剌瓦尔密掌控，大理则是段氏天下。直到洪武十五年（1382）二月，傅友德、蓝玉、沐英率领明朝大军攻克大理，云南方全境悉平。推想就是此际，洪保以“生俊伟”之貌而与杨庆、郑和一道被虏阉至宫。这一年洪保十三岁。他们三人既有同乡之谊，又年龄相仿（其中杨庆年长郑和 3 岁，洪保年长郑和 1 岁），且同时供侍廷掖，后来作为同僚共创轰轰烈烈的下西洋伟业，其间或有某种内在的关联。

洪保追随燕王朱棣之年，寿藏铭明确记在洪武己卯年（1399），这和史料所载“及燕师逼江北，内臣多逃入其军，漏朝廷虚实”[⑥]颇不相同，也与一般研究者认为的郑和、杨庆早年被分配至燕王府供役的情况有别[⑦]。洪保何以投奔燕王，我们可以作些分析。史载明惠帝朱允炆“仁弱少断”，但治理内廷极严，中官颇有微词。自即位之初采纳齐泰、黄子澄之议削藩后，他与燕王之间的斗争可谓风起云涌。建文元年（1399）六月，燕王诈病被告发，王府旗校于谅、周铎又因暗结死士图谋不轨被杀。惠帝下诏切责燕王，并“遣中贵逮燕府官属”。七月，燕王与僧道衍密谋，以“护卫指挥张玉、朱能等伏兵殿西庑，伪缚所逮有名官属，示中贵，令召（北平布政使张）昺、（都指挥使谢）贵即燕府授之。昺、贵不疑，遽入。伏起，遇害”。张玉等乘势夺九门，迅速控制了

④洪保虽有二侄，但寿藏铭中未有以侄为嗣的记载，这和郑和、杨庆、杨云、杨忠、郑强等其他中官明确立兄弟之子为嗣或蓄养子的情况颇不相同。罗懋登《三宝太监西洋记通俗演义》第五十四回《王明砍番阵总兵　天师战金毛道长》云：南京龙江左卫巡逻王明计取番府天书、取下西洋第一功后，大小将官无不喝彩。“马公公道：‘王明我儿，你是取西洋的头一功。咱要你在咱门下做一个干儿子，你意下何如？’王明道：‘好便好，只是老公公的尊姓，姓得有些不秀气，不敢奉承。’马公公道：‘你怕人骂你做马日的么？假如那个骂驴日的不过，假如那个骂骡子日的不过。’侯公公道：‘你在咱门下做个干儿子罢。’王明道：‘老公公的尊姓，声音有些不好，不敢奉承。’侯公公道：‘你怕人骂你做山猴子日的么？’洪公公道：‘你在咱门下做个干儿子罢。’王明道：‘不敢奉承。’洪公公道：‘你怎么不肯？又是咱的姓，姓得有些不好么？’王明道：‘非干姓事。只是公公无子，教我一个单丝不线，孤掌难鸣。’王公公道：‘王明，咱和你同是一姓，你在咱门下做个干儿子罢。’王明道：‘也不敢奉承。’王公公道：‘你怎么又不肯？敢又是咱没有儿子？有七个儿子，咱有七个儿，数到你是第八。’王明道：‘干儿子好做，只是王八难当！’”《三宝太监西洋记通俗演义》虽归小说流，但许多背景资料都有所据，“洪保无子”这一细节从其寿藏铭看也必有所本。第 692—693 页，上海古籍出版社，1985 年。
⑤《明史》卷四十六《地理志七・云南》，中华书局，1974 年，第 1183、1184 页。
⑥《明史》卷三百四《宦官传一》，第 7766 页。
⑦其实，杨庆、郑和随侍燕王之年，无论杨庆墓志，抑或迄今发现的郑和史料，都未有明确记载。今从《洪保寿藏铭》的发现看，这个问题有再作推敲之必要。

北平。[⑧] 在这场惊心动魄的殊死斗争中，中官的配合无疑起着关键的作用，洪保或许就在此批受遣并倒戈的中官之列。随后，燕王正式高举“清君侧”大旗，开始长达四年的夺位之战。洪保在靖难之役中的表现，寿藏铭虽仅称燕王“爱其聪敏慎密，俾常随左右”，但从永乐元年（1403）朱棣登极后洪保即授内承运库副使，且蒙获赐名之殊荣分析，他当系是役中的功臣。

据寿藏铭，宣德庚戌（1430），洪保升都知监太监，但具体时月不详。《西洋番国志》卷首录有一通发给南京守备太监杨庆等事关郑和下西洋物资供给的敕书，内称“右少监洪保”，末题“宣德五年（1430）五月四日”[⑨]，而在次年正月《娄东刘家港天妃宫石刻通番事迹记》碑文中已改称“副使太监朱良、周满、洪保、杨真”[⑩]，可见洪保由都知监右少监升任本监太监的时间应该是在宣德五年（1430）六月至十二月之间。按：明代内官制度，内承运库属内府十库之一，贮缎匹、金银、宝玉、齿角、羽毛等，兼属户部，设大使一人，正五品，左、右副使各一人，从五品。而都知监始置于洪武三十年（1397），“旧掌各监行移、关知、勘合之事，后惟随驾前导警跸”，设太监一人，正四品，左、右少监各一人，从四品，左、右监丞各一人，正五品，典簿一人，正六品。[⑪] 洪保由从五品的内承运库副使到从四品的都知监右少监之间似乎还有缺环，这个缺环可能就是正五品的内承运库大使，但目前的资料还不足以证明洪保曾经担任此职。

从永乐元年（1403）到宣德八年（1433）的三十年时间内，洪保主要活动皆围绕奉差西域、西洋展开，这一部分事迹我们将集中于后文第二节中讨论。其间洪保的其他活动，我们所知只有宣德五年（1430）一项。这年五月二十九日，司礼监太监王振于端拱门宣读圣旨：因洪保奏请南京金川门外路东、西有空闲菜地二处，请拨与静海寺、天妃宫常住僧、道栽种，敕令南京守备杨庆等文书到日遵旨划拨土地，其中天妃宫七十五亩，静海寺一百三十亩八分，一段六十四亩五分。[⑫] 其时已是郑和最后一次下

---

⑧（清）查继佐：《罪惟录》卷二《惠帝纪》，第 59 页，浙江古籍出版社，1986 年。《明太宗实录》卷二亦记其事：建文元年（1399）七月，燕王与张玉、朱能等谋起义事，“上曰：‘谢贵、张昺防守既严，猝亦难擒，须以计致之可也。今奸臣遣内官来逮护卫官属，悉依所坐名收之，就令差来内官召贵、昺，付所逮者。贵、昺必来，则缚之。一夫之力耳。’乃匿壮士端礼门内，遣人召贵、昺。贵、昺不来。久，乃互卫从甚众至王门。门者呵止其卫从，惟贵、昺得入，至端礼门，壮士出擒之。其从者又未知，移时，贵、昺不出，稍稍散去。玉等率勇士尽捕贵等所伏兵，将士皆踊跃，奋一当百。时围王城军及列阵于市者，惟听贵、昺指挥。及闻与贵、昺被擒，皆散走。是夜，玉等攻九门。黎明，已克其八。”第 14—15 页，中研院历史语言研究所 1962 年校印本。

⑨（明）巩珍：《西洋番国志》，《中外交通史籍丛刊》本，向达校注，中华书局，2000 年。

⑩（明）钱谷：《吴都文粹续集》卷二八《道观》，转自郑鹤声、郑一钧编《郑和下西洋资料汇编》（增编本），第 18 页，海洋出版社，2005 年。

⑪《明史》卷七十四《职志官三》，第 1819 页；卷七十九《食货志三》，第 1926 页。

⑫（明）葛寅亮：《金陵玄观志》卷十三《龙江天妃宫》，民国二十六年（1937）四月陶风楼影印本；（明）葛寅亮《金陵梵刹志》卷二《钦录集》，民国廿五年（1936）十月金山江天寺影印天启七年（1627）刊本。

西洋的前夕，洪保在南京的公干想亦与此次通番有关。

宣德九年（1434）十月，洪保在京师南郊建业乡祖堂寺之左（东）置地预建墓圹，并镌琢寿藏铭。从购地、营冢到延请相关人员刻勒铭石，显然都需要一定的时间，那么，洪保预为寿藏想法的产生应该是在宣德八年（1433）下西洋归国后不久。洪保为何此时形成这样的生死观？他自己的解释是："人生在世，如驹过隙，与其身后之有为，孰若生前之早计也？"可是，当时他身体尚属"康强无恙"，所以年龄问题（时年65岁）当然不是主要因素。然如果我们联系到此次下西洋的异常艰辛以及主帅郑和中途捐躯的特殊背景，洪保提前"鸠工砌圹"也就不值得奇怪了。

《洪保寿藏铭》撰文者周凤，以往仅知为平乐（今广西平乐）人，永乐十九年（1421）进士，天顺七年（1463）二月擢为兵部主事，后"仕至广东参政，学行俱优，时人目为昭州凤"。⑬现据寿藏铭题名，周凤还曾授修职郎、行人司行人之职，可补史阙。史载明代所设之行人司，有司正一人，正七品，左、右司副各一人，从七品，行人三十七人，正八品，均以进士充任，"职专捧节、奉使之事"。⑭明初奉使外番者，从史料记载看，既有大量中官，也不乏专职的行人。周凤担任行人期间，究竟有没有奉使外邦已不可考，但有长期下西洋经历的洪保延请周凤为其寿藏铭撰文，不能不使人联想两人不仅熟识，甚至有共同出洋的可能，希望今后能够发现这方面具有说服力的直接证据。为洪保撰述行状并寿藏铭书丹的殷䢶，《明清进士录》有其人小传，不过题作"殷序"，字序宾，自号"西郊居士"，无锡人，永乐二年（1404）进士。⑮《明实录》亦作"殷序"，大概系因其名"䢶"过于冷僻，故改行同音的"序"。宣德八年（1433），时任云南布政司左布政使的殷序曾遭人诬告被罢官为民。《洪保寿藏铭》题名中殷序仅署"前翰林院庶吉士"，可见正在罢官期间。至于洪保"命"殷序述状并书丹的因缘，因史料所限，已难考其详。或许洪保曾经利用其特殊身份在殷序复官的过程中有所帮助也未可知，这从殷序不久即蒙宣宗皇帝特宥官复原职可以透出端倪。⑯《洪保寿藏铭》篆额者为姜孟圭，镌石者为胡彦闻，因为二人亦曾为杨庆墓志撰述行状和刻石，前此已有学者对二人简历进行考述，兹不赘述。⑰

---

⑬参见《明英宗实录》卷三百四十九，第7029页。（清）汪森编：《粤西文载》卷六十九《人物传》，《四库全书》本。

⑭《明史》卷七十四《职官志三》，第1809页。

⑮潘荣胜主编：《明清进士录》，第25页，中华书局，2006年。

⑯参见《明宣宗实录》卷九十八，第2210页。《明英宗实录》卷十二，第224页；卷二十，第396页。殷序其人生平事迹，检索《明实录》及《四库全书》，还能发现不少记载，但均无关本文讨论主旨，为篇幅计不予引述。

⑰邵磊：《明代宦官杨庆墓的考古发掘与初步认识》，《东南文化》2010年第2期。由于杨庆墓志题名中称"姜孟珪"，而《四库全书》本《倪文僖集》卷二十二称"姜孟圭"，该文认为墓志所书为是，《倪文僖集》所作为非。现《洪保寿藏铭》亦作"姜孟圭"，可见当时"圭""珪"二字其实相通，不存在是、非之说。

《洪保寿藏铭》刊刻于宣德九年（1434），其墓葬后室虽出有石质买地券，但因受侵蚀而只字不存，故洪保晚年事迹及卒葬情况，出土的寿藏铭皆未涉及，所幸我们通过检索文献发现了一些蛛丝马迹。

其一，明王直《抑庵文集》卷十录有《户部右侍郎吴公墓志铭》，铭云：吴玺，字信玉，宣德五年（1430）升行在户部右侍郎。“正统己未（1439）徙内库，敕都知监太监洪保、魏国公徐显宗与公理其事。库物以巨万计，二公重臣，多惮烦，一惟公是赖。公亦以身任之，纤芥弗遗，人尤服其能”。[18]铭文中，王直虽有抬扬墓主、贬损洪、徐二公之嫌，但基本事实想未捏造。又据《明英宗实录》卷五十八记载，正统四年（1439）八月丙申日，“以新造天财、甲、乙、丙、丁等库成，欲盘移库藏，命魏国公徐显宗、行在户部右侍郎吴玺总理其事”。[19]可证确有其事，只是《明英宗实录》中漏掉了共同理事的洪保。

其二，《皇明诏令》卷十一保留一通正统六年（1441）正月十二日太皇太后的谕令，全文如下：“太皇太后谕太监洪保：皇帝婚期在迩，皇后必择贤德，已令礼部榜谕北京、直隶等处大小官员、民庶之家选求。特遣尔往北京，直隶保定、真定、河间、永平、大名、顺德、广平七府，山西，陕西，同都布政司、卫、府正官用心体访，所属去处良善有德之家女子年十三至十五、人物丰伟、头面端方、眉目清秀、耳鼻周正、牙齿齐整、发鬓明润、身无疤废、性资纯美、言动中礼，其父母贤行、素有家法、人物敦厚、家无重过者，所司以礼应付，廪给车船，令其父母亲送赴京。此系国家重事，以尔恭谨老成特遣。尔须十分谨慎，敬守礼法，务存大体，以副委任之意。所至之处，须凭都司、布政司、府、卫正官体访，的实开报，不相应者不必起送。毋得生事，逼迫扰人，仍戒饰两司及府、卫，不相应者不许一概搅扰，违者不恕。故谕。”[20]而根据《明英宗实录》的记载，这次择选皇后，规模较为庞大，外臣由行在礼部尚书胡濙负责，所涉区域有北京、直隶、南京、凤阳、淮安、徐州、河南、山东、山西、陕西诸地。洪保以七十二岁高龄统领于北方片区为正统皇帝选后之重任，可见深受太皇太后张氏之信任。[21]这是目前

---

⑱（明）王直：《抑庵文集》卷十，《四库全书》本。（明）李时勉《古廉文集》卷十所录《户部右侍郎吴公墓碑》有与之近同记载：“正统己未徙库物入内帑，敕太监洪公、魏国徐公与公董其事。二公性不任烦剧，惟总大纲，纤悉一以付公。公经理调度，秩有条记，人不老而事易集，二公深重之。”《四库全书》本。

⑲《明英宗实录》卷五十八，第1118页。

⑳《皇明诏令》卷十一，《续修四库全书》史部第457册，第227页，上海古籍出版社，2002年。此则史料承龚巨平先生告知。铭记于此，以表谢忱。

㉑《明英宗实录》卷七十五载：正统六年（1441）春正月乙卯日，“太皇太后敕谕行在礼部尚书胡濙等曰：皇帝婚期在迩，皇后之位必在得贤。盖以上配宸严，祗奉宗庙，表正六宫，母仪天下，而隆国家万世之本也。尔礼部出榜谕北京、直隶、南京、凤阳、淮安、徐州、河南、山东、山西、陕西，于大小官员、民庶有德之家，用诚简求，务择其父母克修仁义、家法齐肃，女子年十三至十五、容貌端洁、性资纯美、言动恭和、咸中礼度者，有司以礼令其父母亲送赴京，吾将亲阅焉。”第1461—1462页。

已获史料所载洪保明确参与的最后政治活动。

此外，今北京西郊翠微山南麓法海禅寺内，尚存一口正统十二年（1447）四月铸造的大铜钟，该钟钟腰下所列的长篇助缘僧众名录中有“洪保”一名。从名录中包含大量信教内官看，此“洪保”是都知监太监洪保的可能性确实很大。不过，即使是洪保，也不能肯定正统十二年（1447）他仍健在。因为同一名录中还有“杨庆”一名，而据出土的杨庆墓志，杨庆早已于宣德五年（1430）七月病亡。又，在该寺《法海禅寺记》碑阴的正统八年（1443）助缘僧众题名中，亦见早已圆寂多年的藏僧大慈法王。[22] 故此名录只能作为洪保曾经参与法海寺铜钟铸造集资助缘活动的物证。

令人遗憾的是，《洪保寿藏铭》未如南京内官监太监杨云那样在其末端补刻卒葬年月，但如本文所考，至少在正统六年（1441）洪保仍然活跃在政坛，甚至他可能还参加了此后不久的一次下西洋活动。我们有理由怀疑他一直生活到正统末年，他是有明一代享年最久的大珰之一，至于具体亡故时间尚待进一步考证。

二、关于洪保奉使西域、西洋事迹

在寿藏铭中，洪保引为自豪者唯有奉使西域和西洋二事，它们占据了铭文的最核心内容，而铭辞更几乎通篇为洪保宣威海外功绩之颂赞。这两件大事尤其是下西洋在洪保心目中之地位可见一斑。

关于奉使西域事，寿藏铭云：“永乐丙戌（1406），复统领官军铁骑，陆行使西域临藏、管觉、必力工瓦、拉撒、乌斯藏等国。”按：临藏或称灵藏，在今四川甘孜藏族自治州邓柯一带，一说在道孚一带；管觉或称馆觉，在今西藏昌都地区贡觉县；必力工瓦在今拉萨之东墨竹工卡县境；拉撒或即今西藏拉萨，其国名未见于《明实录》及《明史》记载；乌斯藏或称乌思藏，在今西藏中部地区。史载明成祖一直非常热衷于通过对西藏僧俗首领的授官封号，以及由此建立的朝贡关系来体现朝廷对西藏的统治主权。早在永乐元年（1403）二月，明成祖即遣司礼监少监侯显前往乌思藏迎请尚师哈立麻。《明太宗实录》记载永乐四年（1406）对藏区的遣使仅有两次：一为三月壬辰，“遣使赍诏封乌思藏巴里藏卜为灌顶国师阐化王，赐螭纽王印、诰命，仍赐白金五百两、绮衣三袭、锦绮五十匹、彩绢百匹、茶二百斤。其所隶头目，并必力工瓦国师大板的达律师锁南藏卜，颁赐彩币、衣服有差”；[23] 一为三月壬寅，“遣使命灵藏着思巴儿监藏为灵藏灌顶国师，授札思木头目撒力加监藏为朵甘卫行都司都指挥使，切禄、奔薛儿加俱为都指挥同知。各赐诰命、袭衣、锦绮”。[24] 这两次遣使仅相隔十天，

㉒ 北京市石景山区文物管理所编：《北京法海寺》，第 49、66 页，2001 年印刷。
㉓《明太宗实录》卷五十二，第 775—776 页。
㉔《明太宗实录》卷五十二，第 780—781 页。

且为同一方向，或属任务相继的同一次遣使也未可知，惜使臣姓名已经失载。今从寿藏铭中“统领官军铁骑”一语看，洪保似乎是这次奉使西域的正使，堪补《明太宗实录》记载之阙。

据寿藏铭，洪保“航海七度西洋”，但具体所载只有两次，一次是永乐元年（1403），一次是宣德五年（1430）。他能够多次获选奉使海外，固然与他杰出的外交才能以及“外柔内刚，恬静寡欲”的个性有关，也可能与他早年负责内承运库，职掌供御金银、缎匹等物这一经历有关，而他在历次下西洋中的分工之一或许就是管理宝船上的库藏事宜[25]。

关于永乐元年（1403）下西洋，寿藏铭载：“永乐纪元……（洪保）充副使，统领军士，乘大福等号五千料巨舶，赍捧诏敕使西洋各番国，抚谕远人。”从铭文看，这次下西洋洪保只是“副使”身份，那么正使可能是谁？《明太宗实录》及《明史》等文献有载，朱棣即位后的洪武三十五年（1402）至永乐元年（1403），遣使海外诸番活动甚多，仅就西洋国家而言，举其要者有洪武三十五年（1402）九月、永乐元年（1403）二月、四月、六月、八月、九月庚寅、九月己亥、十月、闰十一月等至少10次以上，承担任务的中官有马彬、尹庆、李兴等，外臣有杨渤、杨春、夏止善、吕让、丘智、闻良辅、宁善、王哲、成务、蒋宾兴、尹绶、王枢等，出遣国家有安南、占城、暹罗、真腊、爪哇、西洋琐里、苏门答剌、柯枝等。[26]在这些纷繁的外交活动中，究竟洪保参加的是哪一次？文献资料茫无援据，需要引起重视的是永乐元年（1403）十月中官尹庆的出访。史载这次奉使西洋不仅规模较大，出访国家数量众多，所知有苏门答剌、满剌加、古里、柯枝、爪哇五国，而且时间跨度较长，直到永乐三年（1405）九月使团方回京师，并有苏门答剌、满剌加、古里三国遣使随尹庆朝贡。[27]寿藏铭载洪保以副使身份“统领军士，乘大福等号五千料巨舶”，“赍捧诏敕使西洋各番国”，而且至永乐四年（1406）方有下一次奉使西域的任务。因此，无论从使团规模，还是时间节点上，都与前述尹庆奉使西洋颇有契合之处，那么尹庆就有可能是此次洪保使团的正使。

然而当我们把视线转向郑和时，还会发现另外一种可能。一般认为郑和于永乐三年（1405）第一次奉命下西洋，但也有史料证明早在永乐元年（1403）郑和即曾出使暹罗等国。《敕封天后志》卷下云：“永乐元年（1403），差太监郑和等往暹罗国，至广州大星洋，遭风将覆，舟人请祷于神。和祝曰：‘和奉使出使外邦，忽风涛危险。

㉕（明）罗懋登：《三宝太监西洋记通俗演义》中也有洪保，不过是以洪公公的面貌出现，基本上是个正面形象。

㉖参见郑鹤声、郑一钧编《郑和下西洋资料汇编》（增编本），第617、627—629页。

㉗参见《明太宗实录》卷二十四，第440页；卷四十六，第711—712页。《明史》卷三百二十四《外国传五》，第8403页；卷三百二十五《外国传六》，第8416页；卷三百二十六《外国传七》，第8440页。

身固不足惜，恐无以报天子。且数百人之命，悬于呼吸，望神妃救之。’俄闻喧然鼓吹声，一阵香风飘飘来，宛见神立于桅端，风恬浪静。归朝复命，奏上，奉旨遣官整理祠庙。”[28]我们又在《陈竹山先生文集》中发现一条永乐元年（1403）内官下番的重要线索，是书内篇卷二《历官事迹》载，时任广东等处承宣布政使司左参议的陈诚，因朱棣登位改元由广东赴京朝贺，“永乐元年（1403）正月，留京。先为内官下番回至广东，遭风破船，三司官不曾封堵获罪。正月廿五日谪居北京兴州种田”。[29]同为永乐元年（1403）内官下番，又同在一片海域遇风涛之险，不能不使人怀疑它们原本就是一宗事件。考虑到此后下西洋洪保多与郑和同行的记录，我们进而认为寿藏铭所载的这次下西洋的正使太监也有可能就是郑和[30]。另外一则旁证材料亦可证明这一推断。南京城北狮子山下之天妃宫，过去一般认为建成于永乐十四年（1416）。然据《明太宗实录》卷七十一所载，永乐五年（1407）九月“壬子，太监郑和使西洋诸国还”，“戊午，新建龙江天妃庙成，遣太常寺少卿朱焯祭告。时太监郑和使古里、满剌加诸番国还，言神多感应，故有是命”。[31]细读这段记载，我们会发现永乐五年（1407）九月郑和下西洋回京时龙江天妃庙已建成，明成祖只是根据郑和所奏派太常寺少卿朱焯祭告而已。依照常识，天妃庙的起建需要一定的时间，假定它的开建在永乐三年（1405）前后，那么它有可能就是前引《敕封天后志》所称郑和永乐元年（1403）那次下西洋归朝复命后“奉旨遣官整理”的天妃祠庙之一。

必须指出，寿藏铭中此次下西洋所涉船号及巨舶体量的记载尤其重要。关于下西洋船号，以往所知仅祝允明《前闻记》“下西洋”条记，宣德五年（1430）下西洋“船号如清和、惠康、长宁、安济、清远之类，又有数序一、二等号。船名大八橹、二八橹之类”。[32]现据《洪保寿藏铭》，下西洋宝船又有“大福”之船号，可补史阙。

郑和下西洋之宝船，或称大舶、巨舶、巨舰、巨艅、海舶、宝舡、宝石船、宝舟、龙船、海船等。关于其体量，顾起元《客座赘语》、马欢《瀛涯胜览》、谈迁《国榷》、罗懋登《三宝太监西洋记通俗演义》及《明史·郑和传》《郑和家谱》等文献都有记载，所记大号宝船长四十四丈四尺（一说四十四丈），阔一十八丈，中号宝船长三十七丈，阔十五丈。[33]这些记载多为明代人乃至下西洋亲历者所记，本来没有疑问。但因1937年南京发现的静海寺残碑记载：“永乐三年（1405），（下西洋）将领官军乘驾二千

㉘ 转引自郑鹤声、郑一钧编《郑和下西洋资料汇编》（增编本），第20页。
㉙（明）陈诚：《陈竹山先生文集》，《四库全书存目丛书》集部第26册，第356页，齐鲁书社，1997年。
㉚ 今人所习称的郑和七下西洋是根据太仓、长乐的两块记事碑统计。前人已考永乐二十二年（1424）正月郑和旧港之行在上述“七下西洋”之外。如果本文所考属实，则郑和下西洋先后有九次之多。
㉛《明太宗实录》卷七十一，第987、994页。
㉜（明）祝允明：《前闻记》，转引自郑鹤声、郑一钧编《郑和下西洋资料汇编》（增编本），第598页。
㉝ 参见郑鹤声、郑一钧编《郑和下西洋资料汇编》（增编本），第86、87页。

料海船，并八橹船……永乐七年（1409），将领官军乘驾一千五百料海船，并八橹船。”[34]少数专家据此对史籍所载的郑和宝船尺度大小持有疑义，认为从造船技术层面观察，在600年前的明初不可能有如此巨型的木帆船，郑和七下西洋的主要船型只是二千料、一千五百料[35]宝船，甚至是更小的海船；或认为大号宝船虽然存在，但只是供明成祖检阅的摆设，并没有真正出海。其实，静海寺残碑所云二千料及一千五百料海船只是一般将领官军乘坐的战船或坐船，不可误判为郑和使团主要领导成员驾乘的大号和中号宝船。南宋吴自牧《梦粱录》卷十二“江海船舰”条云：“浙江乃通江渡海之津道，且如海商之舰，大小不等，大者五千料，可载五六百人；中等二千料至一千料，亦可载二三百人；余者谓之‘钻风’，大、小八橹或六橹，每船可载百余人。”[36]早在南宋时期，浙江就已有五千料海船，明初拥有五千料宝船实属正常。现在《洪保寿藏铭》直接揭示下西洋船队中确有“五千料巨舶”，由于寿藏铭作于洪保生前，无疑得到他的过目与首肯，其记载的准确性不容置疑。

宣德五年（1430）下西洋事在寿藏铭中着墨较多。寿藏铭云：“至宣德庚戌（1430），充正使使海外。及闻海外有国曰天方，在数万余里，中国之人古未尝到，公返旆中途，乃遣军校谕之。至则远人骇其猝至，以亲属随公奉□□效贡。公所至诸国，莫不鼓舞感动。公为人外柔内刚，恬静寡欲，尤能宣布恩命，以德威肃清海道，镇伏诸番。虽国王酋长、雕题椇服之人，闻公之来，莫不归拜麾下，以麒麟、狮、象，与夫藏山隐海之灵物、沉沙栖陆之奇宝同贡天朝，稽颡称臣焉。”其具体航线是“由占城至爪哇，过满剌加、苏门答剌、锡兰山及柯枝、古里，直抵西域之忽鲁谟斯、阿丹等国”。

洪保的这次出使屡见于文献记载。《西洋番国志》卷首所录一通宣德五年（1430）五月四日敕书云：“敕：南京守备太监杨庆、罗智、唐观保、大使袁诚。今命太监郑和等往西洋忽鲁谟斯等国公干，大小舡六十一只，该关领原交南京入库各衙门一应正钱粮，并赏赐番王头目人等彩币等物，及原阿丹等六国进贡方物、给赐价钞、买到纻丝等件，并原下西洋官员买到瓷器、铁锅人情物价，及随舡合用军火器、纸扎、油烛、柴炭，并内官、内使年例酒、油烛等物。敕至，尔等即照数放支与太监郑和、王景弘、李兴、朱良、杨真、右少监洪保等，关领前去应用，不得稽缓。故敕。”而在宣德六年（1431）正月郑和等于太仓刘家港天妃宫所立通番事迹碑、十一月郑和等于长乐南山寺刊刻天妃之神灵应碑二碑题名中，洪保大名均见主持立碑的郑和使团主要领导成员之列。祝允明《前闻记》还具体记录了此次下西洋船队从宣德五年（1430）闰十二

㉞ 参见郑鹤声、郑一钧编《郑和下西洋资料汇编》（增编本），第88页。
㉟ “料”是我国宋、元、明时期流行的用来表示舟船容量的单位。一种观点认为“料”是一种重量单位，一料约等于一石；一种观点认为“料”是一种容积单位，可从船舶的长、宽、深计算出来。
㊱（南宋）吴自牧：《梦粱录》，第170页，山东友谊出版社，2001年。

月六日从南京龙湾开舡，到宣德八年（1433）七月六日返京的详细航线、里程与日期。其航线与寿藏铭所记基本吻合，唯不见柯枝、阿丹二国[37]。

遣人出访天方（今沙特阿拉伯伊斯兰教圣地麦加）是洪保此次下西洋活动的亮点，故寿藏铭对此津津乐道。马欢《瀛涯胜览》及巩珍《西洋番国志》“天方国”条均记此事，两者大体相同，兹引前者：“宣德五年（1430），蒙圣廷命差内官太监郑和等往各番国开读赏赐，分䑸到古里国，太监洪等见本国差人往天方国，就选差通事人等七人，赍带麝香、瓷器等物，附本国船只到彼。往回一年，买到各色奇货异宝、麒麟、狮子、驼鸡等物，并画《天堂图》真本回京。其天方国王亦差使人将方物跟同原去通事七人，贡献于朝廷。”[38]与寿藏铭比较，两者既有差异，也互有补充。如寿藏铭云所遣为军校，《瀛涯胜览》云所遣为“通事人等七人”；又据寿藏铭，天方国使人似乎是随洪保入贡，而据《瀛涯胜览》似乎是随通事人等七人来朝。据祝允明《前闻记》，这次下西洋船队系于宣德七年（1432）十一月十八日到达古里国，二十二日开船，至次年三月十一日再到古里。[39]需要澄清的是，以往有论者认为此次下西洋郑和或洪保曾亲去天方国朝觐。实际上，前引《瀛涯胜览》“天方国”条已表明洪保仅差通事人等七人往其国，现《洪保寿藏铭》又明确记载他只是于“返旆中途，乃遣军校谕之”。可见，郑和、洪保此次下西洋均未亲去天方朝觐。

耐人寻味者还有，宣德六年（1431）正月、十一月，郑和等分别于太仓刘家港天妃宫刊立通番事迹碑、于长乐南山寺刊立天妃之神灵应碑，在二碑题名中，仅郑和、王景弘二人标为正使，洪保皆列为副使，寿藏铭中明确称此次下西洋洪保“充正使使海外”。这种抵牾不外两种可能：一种可能是，在宣德六年（1431）十一月刊立长乐南山寺天妃神灵应碑时，洪保身份尚是副使太监。此后不久，明宣宗为出番需要敕升其为正使太监；另外一种可能是，两碑题名记载属实，而《洪保寿藏铭》因为事主立名故，有抬高其身份之嫌。不过，寿藏铭从述状、撰文到书丹、刊刻需要经过多人之手，洪保公开在众人眼下虚报职务，这种可能性应该不大。而据祝允明《前闻记》，这年十二月九日船队方出五虎门，距长乐立碑尚有一月时间，洪保确实存在在这一时间段升迁的可能，故笔者个人倾向前一种可能更大，洪保是此次下西洋的正使太监之一。又，

---

[37]（明）祝允明：《前闻记》，转引自郑鹤声、郑一钧编《郑和下西洋资料汇编》（增编本），第597—598页。

[38]（明）马欢：《瀛涯胜览》，明钞本《瀛涯胜览》校注，万明校注，第103—104页，海洋出版社，2005年。（明）巩珍：《西洋番国志》“天方国”条记：“宣德五年（1430），钦奉朝命开诏，遍谕西海诸番，太监洪保分舟宗到古里国。适默伽国有使人来，因择通事等七人同往，去回一年。买到各色奇货异宝及麒麟、狮子、驼鸡等物，并画《天堂图》回京奏之。其国王亦采方物，遣使随七人者进贡中国。”《中外交通史籍丛刊》本，第46页，向达校注，中华书局，2000年。

[39]（明）祝允明：《前闻记》，转引自郑鹤声、郑一钧编《郑和下西洋资料汇编》（增编本），第598页。

马欢《瀛涯胜览》卷首载下西洋人员有“正使太监七员、少监十员、监丞五员、内官内使五十三员”等[40]，《郑和家谱·随使官军员名条》亦记“随敕奉差诸官员名：钦差正使太监七员、副使监丞十员、少监十员、内监五十三员”[41]。然则这次下西洋如果有 3 名以上正使太监从制度上看也无可厚非。

从现有资料看，这次奉使西洋格外险象环生。先是宣德六年（1431）陈千户等下西洋官军二十一人乘船遇风漂流至占城国，为国人拘留。此事虽于正统元年（1436）五月、正统十一年（1446）七月两次得明朝政府强力干预，但直到正统十三年（1448）八月，占城国王仍借口“一一根寻，并无踪迹”而敷衍了事[42]；其后，又有一支船队在卜国（在今缅甸）附近海域遇险。《明英宗实录》卷一百六十九云：正统十三年（1448）八月，“府军卫卒赵旺等自西洋还，献紫檀香、交章叶扇、失敕勒叶纸等物。初，旺等随太监洪保入西洋，舟败，漂至卜国，随其国俗为僧。后颇闻其地近云南八百大甸，得间，遂脱归。始西洋发碇时，舟中三百人，至卜国仅百人。至是十八年，惟旺等三人还。上赐之衣、钞，令为僧于南京报恩寺”。[43]由正统十三年（1448）上溯十八年乃宣德六年（1431）。众所周知，此年下西洋的主帅是郑和，赵旺等脱险多年回国后声言随洪保下西洋，颇疑他们属于洪保分䑸船队的成员，失事时正随洪保分䑸出访的途中。

寿藏铭记录之外，史籍明确记载洪保还有两次下西洋的经历。其一，《明太宗实录》卷一百三十五载，永乐十年（1412）十二月，“暹罗国王昭禄群膺哆罗谛剌遣使坤文琨等奉表贡方物。赐坤文琨等钞币有差，仍命礼部遣中官洪保等往赐其王文绮、罗帛”。[44]其二，巩珍《西洋番国志》书首载有一通永乐十九年（1421）十月十六日敕书，云“敕：内官郑和、孔和卜花、唐观保。今遣内官洪保等送各番国使臣回还，合用赏赐，并带去银两、段匹、铜钱等件。敕至，即照依过去数目关给与之，其官军原关粮赏，买到麝香等物，仍照依人数关给。该用军器等项，并随舡合用油麻等物，令各该库分衙门逐一如原料数目关支。就令太监郑和跟同打发，就拨海舡二只与之装载前去。仍发落各门官仔细点检放出，不许纤毫夹带透漏。故敕。一下西洋去的内官合用盐、酱、茶、酒、油烛等件，照人数依例关支”。[45]因为这通敕书的存在，学术界关于郑和此次下西洋是否成行，以及出洋的一些细节还有不少争议，但洪保受

---

⑩（明）马欢：《瀛涯胜览》，明钞本《瀛涯胜览》校注，万明校注，第 5 页。
⑪《郑和家谱·随使官军员名条》，转引自郑鹤声、郑一钧编《郑和下西洋资料汇编》（增编本），第 60 页。
⑫《明英宗实录》卷十七，第 341—342 页；卷一百四十三，第 2822—2823 页；卷一百六十九，第 3271 页。
⑬《明英宗实录》卷一百六十九，第 3260—3261 页。
⑭《明太宗实录》卷一百三十五，第 1646 页。《明史》卷三百二十四《外国传五·暹罗》亦载其事：“（永乐）十年（1412）命中官洪保等往赐币。”第 8399 页。
⑮（明）巩珍：《西洋番国志》，《中外交通史籍丛刊》本。

遣护送各番国使臣回还则无疑问，并与（于）次年八月还京。

宣德九年（1434）冬，洪保在寿藏铭中感叹：他虽春秋六十有五，但仍“康强无恙，尚能乘槎泛海，竭忠报效”。洪保既有如此强烈的愿望，就不能不使人怀疑此后他仍有下西洋的壮举。事实上，明初奉行积极的外交政策，洪武、永乐、宣德几朝奉使外番的内官、外臣可谓不绝于途。正统以降，像郑和使团那样的大规模的远航已经停止。《明英宗实录》卷二百八十七载，天顺二年（1458）二月，“司礼监太监福安奏：‘永乐、宣德间，屡下西洋，收买黄金、珍珠、宝石诸物。今停止三十余年，府藏虚竭。请遣内官于云南等处出官库银货收买。’上纳从之。”[46]可以为证。但一些小型使团云帆高张异域仍时有所载。正统一朝对西洋之国[47]使节的派遣仅见占城一例，所知有正统六年（1441）七月正使给事中舒瞳、副使行人吴惠的出访，以及正统十二年（1447）七月正使给事中陈宜、副使行人薛干的出访。[48]需要关注的是前者，严从简《殊域周咨录》对此次奉使有比较详细的记载，是年，“冬十二月廿三日，发东莞。次日过乌猪洋，又次日过七洲洋，瞭见铜鼓山。次日至独猪山，瞭见大周山。次日至交趾界，有巨州横绝海中，怪石廉利，风横，舟触之即靡碎，舟人甚恐。须臾风急过之。次日至占城外罗洋校杯墅中。廿九日，王遣头目迎诏，宝船象驾，鼓吹填咽……（七年）五月六日还，至七洲洋，大风，舟几覆。正使舒某忧泣，不知所为。（吴）惠为文以祭祝融与天妃之神。俄而开霁，瞭见广海诸山。十五日，遂收广海，复抵东莞。”[49]无独有偶，《金陵梵刹志》卷四十四《幽栖山祖堂寺》记载：祖堂寺所领之小刹宁海寺系“正统间，中使至西洋诸国。船回，遇海风作，念佛号解脱。奏闻，赐建此寺”。[50]两者发生在相同时间段，皆于出番归航时遇飓风之险，并赖神灵之佑而脱险。这些巧合恐怕不是偶然，最大可能就是它们属于同一次航行。又如后文所考，宁海寺位于洪保墓之前，为洪保坟寺。然则洪保参加此次下西洋的可能性就大大增加，其出使时间为正统六年（1441）七月至次年五月，而奏建宁海寺的佚名“中使”也正是大名鼎鼎的都知监太监洪保。

要之，综合文献和寿藏铭记载，洪保一生至少先后八次出使西洋，其中可以明确的有永乐元年（1403）、永乐十年（1412）、永乐十九年（1421）、宣德五年（1430）4次，

㊻天顺三年（1459）二月、九月，司礼监太监福安又先后两次向明英宗提出类似的建议。参见《明英宗实录》卷三百，第6371页；卷三百七，第6466页。

㊼明清时期所谓东、西洋分界在文莱。文莱以东的南海东部及附近诸岛，含今朝鲜半岛、日本、菲律宾、文莱诸地属东洋，文莱以西的东南亚、印度洋沿岸的南亚、西亚乃至遥远的非洲东岸等地均属西洋。明人张燮所撰《东西洋考》一书中，列入的西洋之国有交阯、占城、暹罗、下港、柬埔寨、大泥、旧港、麻六甲、哑齐、彭亨、柔佛、丁机宜、思吉港、文郎马神、迟闷等，列入的东洋之国有吕宋、苏禄、猫里务、沙瑶、呐哔啴、美洛居、文莱、日本、红毛番等。

㊽参见《明英宗实录》卷八十一，第1618—1619页；卷一百五十六，第3040页。

㊾（明）严从简：《殊域周咨录》卷七《南蛮·占城》，《中外交通史籍丛刊》余思黎点校本，第253—255页，中华书局，2000年。

㊿（明）葛寅亮：《金陵梵刹志》，民国廿五年（1936）十月金山江天寺影印天启七年（1627）刊本。

后两次一般认为是随郑和同行，永乐元年（1403）是否同行暂且存疑，正统六年至七年的一次基本可以推定，其他三次奉使情况目前尚无线索。

需要说明的是，英国皇家海军潜艇编队退休指挥官加文·孟席斯自称潜心研究郑和航海史14年，访问120多个国家、900多所博物馆和图书馆，于2002至2005年先后在英国、美国和中国推出《1421：中国发现世界》（1421：The Year China Discovered The World）一书。在书中，他抛出郑和船队于1421—1423年实现环球航行到达美洲、澳洲及南极的惊人观点，其中第3篇第6章专列“洪保的远航”，认为洪保的船队曾经到达加勒比海后向西航行，经福兰克群岛、巴塔哥尼亚海岸，通过麦哲伦海峡向南航至南极，再沿威德海边缘向东航行，经印度洋的赫德岛、凯尔盖朗岛至澳洲西部，然后经印度洋回中国[51]。由于该书极具煽动人心之效，在全球华人社会影响巨大，学界已据有关洪保等人的史料记载斥为虚构的环球航行[52]。今当事人《洪保寿藏铭》的出土可谓对孟席斯观点的当头一棒。

三、关于洪保坟寺

明代宦官因其特殊的生理缺陷和生活境遇多崇信佛教，且为身后计，不少生前即购地营圹建寺，择僧住持，藉寺僧为其守冢，这几乎已经成为一种社会现象。明末内官刘若愚即说：“中官最信因果，好佛者众，其坟必僧寺也。”[53]当时宦官云集的南、北二京皆然，已经发现的明代南京宦官墓葬就有多例于墓旁创建梵刹，如南京守备内官监太监罗智墓旁建静明寺、南京内官监太监杨云墓旁建普应寺、南京守备内官监太监余俊及南京守备司礼监太监潘真墓旁建祝禧寺、南京内官监左少监杨忠墓旁建德恩寺、南京守备司礼监太监郑强墓旁建成恩寺[54]等，并多由当朝皇帝赐额。

关于洪保的佛教信仰，其寿藏铭和文献记载都有明确线索。寿藏铭云，洪保曾以“所得恩赐内帑财物，不专己用，捐舍宝钞五百千贯，修造祖堂寺轮藏一座”。按：祖堂寺为始建于南朝刘宋时期的古寺，又称幽栖寺，位于洪保墓西侧仅百余米处。据《金陵梵刹志》卷四十四《幽栖山祖堂寺》记载，明代祖堂寺北距聚宝门三十里，属中刹，有金刚殿、天王殿、佛殿、千佛殿、观音殿、华严楼、水陆殿、禅堂、斋堂、厨房茶寮等建筑，寺址二百四十三亩二分，东至天盘岭，西至西峰岭，南至宝

---

[51]（英）加文·孟席斯：《1421：中国发现世界》，京华出版社，2005年。

[52] 朱鉴秋：《虚构的环球航行——评孟席斯〈1421〉的宝船队航线》，《郑和研究与活动简讯》第12期，2003年6月。

[53]（明）刘若愚：《酌中志》卷二十二《见闻琐事杂记》，《明代笔记小说大观》本，第3082页，上海古籍出版社，2005年。

[54] 南京市博物馆考古部资料。有旧志称郑强墓旁有“承恩寺”，今据出土郑强墓志，其坟寺实为“成恩寺”。

盖山顶，北至蜈蜂岭[55]。志中未有洪保捐造之轮藏，颇疑是记载疏漏的缘故。此外，据寿藏铭，宣德九年（1434），洪保还捐“建东峰庵一所，度剃十二僧”。铭文虽未明确东峰庵的具体位置与归属，但从洪保墓在祖堂寺东界天盘岭内，以及祖堂寺西界山岭称“西峰岭”分析，这个东峰庵就在祖堂寺东界天盘岭旁，它是洪保坟寺无可置疑。又据史载，正统元年（1436）九月己未日，“都知监太监洪保请度家人为僧。许之。凡度僧二十四人”。[56]这些被度为僧的许多家人当然不太可能是洪保之弟、侄和从孙一类至亲，他们究竟是些什么人？正统元年（1436）二月，英宗曾敕南京守备太监王景弘等曰：“朕夙夜惓惓，惟体祖宗爱恤百姓之心，一切造作悉皆停罢。今南京内官纷纷来奏，欲取幼小军余及夫役，指以未敷为名，其实意在私用，俱不准理。敕至，尔等宜益警省，凡事俱从俭约，庶副朕爱恤百姓之心。”[57]时值下西洋归国后两年多，洪保或与王景弘等出番官军一起尚在南京，他是否就在“纷纷来奏”的内官之列，我们不得而知，但由此显见当时南都内官私用军余、夫役风气之盛。洪保两次获准度僧三十六人，其中竟含家人二十四人。这既是东峰庵内置养僧人之需要，也是为了守护自己预营的生圹，他们若属洪保私宅中列为家人名下的“幼小军余及夫役”，或类似于南京守备内官监太监余俊墓志中所谓“支属麾下童围”之流就不难理解了。

然而，令人诧异的是此东峰庵却未见于包括《金陵梵刹志》在内的明清南京地方文献。文献中值得注意的是宁海寺。《金陵梵刹志》卷四十四《幽栖山祖堂寺》记载：祖堂寺所领小刹宁海寺，“在郭外南城地，西去所领祖堂寺相望，北去聚宝门三十里。正统间，中使至西洋诸国。船回，遇海风作，念佛号解脱。奏闻，赐建此寺”。寺址五亩，有正佛殿三楹、禅堂三楹、僧院一房。[58]宁海寺与祖堂寺均北距聚宝门三十里[59]，且“西去所领祖堂寺相望”，则应该就在祖堂寺东侧近旁；陈沂有《从牛首缘山过西风岭寻宁海寺》一诗，诗云：“花宫何处是，峰外更高峰。细细云中路，阴阴石上松。

[55]（明）葛寅亮：《金陵梵刹志》，1936年10月金山江天寺影印天启七年（1627）刊本。界址中“西峰岭”一称“西风岭”。
[56]《明英宗实录》卷二十二，第449页。
[57]《明英宗实录》卷十四，第267—268页。
[58]（明）葛寅亮：《金陵梵刹志》，1936年10月金山江天寺影印天启七年（1627）刊本；相同记载还见于天启三年（1623）刊印的施沛《南京都察院志》，是志卷二十二《职掌十五·南城职掌》在祖堂寺之下继云：“宁海寺，敕赐。正统年间，中使至西洋诸国。船回，遇海风作，念佛号解。奏闻，敕赐此寺。在郭外南城地西。”《四库全书存目丛书补编》第73册，第623页，齐鲁书社，2001年；又见于《古今图书集成》卷六百六十一《职方典·江宁府祠庙考二》：“宁海寺，在聚宝门外三十里。明正统间，中使至西洋诸国。船回，遇海风作，念佛号解脱。奏闻，赐建。”
[59]宁海寺距离都城聚宝门的距离，所见史料多记“三十里”，只有《明一统志》卷六《应天府》记载“宁海寺在府南三十五里”，略有差异。

见崖知佛窟，礼塔得禅宗。一任经灰劫，青山未改容。”[60]由诗题显见宁海寺在西风岭（即西峰岭）之东；又《万历江宁县志》卷四《祠宇志·寺观》云：“宁海寺在献花岩南。”陈沂《金陵世纪》卷四亦云：“宁海寺，从献花岩天盘岭南下，至幽栖寺。正统间，渡海内竖所建。”[61]则宁海寺应该就在献花岩南天盘岭与祖堂寺之间。这一区域正是洪保墓及前文所析东峰庵所在。然则宁海寺和东峰庵只能是一寺，两者存在前后延续的关系。换言之，宁海寺亦即洪保之坟寺。宁海寺大约毁废于晚清至民国初年。在洪保墓考古发掘期间，当地寺脚村 84 岁的周达明老人还能为我们指认宁海寺在洪保墓前方的大概范围。而在我们于洪保墓前方开挖的多条探沟中，也出土有一些明清时期佛寺用残碎砖瓦，它们应该属于宁海寺遗址建筑遗存。

前引《金陵世纪》及《金陵梵刹志》均记，宁海寺为正统年间下西洋内官奏建，考虑到两书成文的嘉靖十六年（1537）与万历年间距离正统年间仅百年左右时间，特别是如后所述《金陵世纪》的作者陈沂曾为宁海寺寺碑撰文的实情，这一记载应该信而有征。而据前文第二节所考以及洪保墓在宁海寺后发现的情况，这个内官就是都知监太监洪保。不过，因为此前已有东峰庵，这次奏建可能仅是扩大寺院规模，敕赐“宁海寺”寺额而已。然大概因为宁海寺亦与下西洋的内官有关，至明代晚期竟有学者将此寺混淆为郑和所建。顾起元《客座赘语》卷一“宝船厂”条云：“（郑）和等归建二寺，一曰静海，一曰宁海。”[62]他又有《宁海寺》一诗，诗云：“一迳逶迤出断云，峰悬阳景画氤氲。星查漫纪中涓事，月窟长标太史文。僧磬隔林风不度，佛香沉水草能熏。夤缘翠壁穿双屐，笑语频惊鸟雀群。”在诗题下，他亦自注“为国初三宝太监自西洋回所建”。[63]顾起元学识渊博，著述颇丰，于宁海寺的考证可归为他的疏忽之误。

除佛殿、禅堂、僧院等建筑外，宁海寺内还有一通碑刻，碑为明代中叶南京著名学者陈沂（字鲁南）撰文。前引顾起元《宁海寺》诗中“月窟长标太史文”一句后有小注“壁上有碑，为陈鲁南太史文”，可以为证。20 世纪 30 年代，朱偰在祖堂山寻访古迹，曾于幽栖寺“东下里许”发现有一残碑“隐丛木中，述郑和下西洋及乌斯藏取

[60]（明）陈沂：《拘虚后集》卷一，《丛书集成续编》第 169 册，第 437、438 页，新文丰出版公司，1988 年。此诗又辑录于［明］盛时泰《牛首山志》下卷，《南京稀见文献丛刊》本，第 109 页，南京出版社，2010 年。

[61]（明）陈沂：《金陵世纪》卷四，《南京稀见文献丛刊》本，第 88 页，南京出版社，2009 年。书中“天盘岭”误为“天监岭”。

[62]（明）顾起元：《客座赘语》卷一，第 28 页，《南京稀见文献丛刊》本，南京出版社，2009 年。

[63]（明）顾起元：《懒真草堂集》卷八，《丛书集成续编》第 170 册，第 610 页，新文丰出版公司，1988 年。此诗亦收录于［清］朱绪曾所编《金陵诗征》卷二十五。诗中“中涓”为官名，亦作涓人，原指宫中主清洁洒扫的亲近之臣，后世一般用作宦官之代称。

经事，盖花岩寺碑也”。[64]花岩寺在祖堂山献花岩之阴，与山阳的幽栖寺相隔较远，此碑不可能属花岩寺，朱偰失察明矣。从距幽栖寺“东下里许”的方位推考，残碑正在洪保墓之前，应属宁海寺无疑，或即前考陈沂撰文者也未可知。又此丛木中残碑，朱偰想必摩挲过碑文，否则不会记其大概。然郑和未曾出使乌斯藏，此碑断与郑和无涉，兼有奉使西洋及乌斯藏经历者乃洪保，故可以想象此碑所记应该是洪保事迹及宁海寺肇建原委。

宁海寺虽然规模不大，但四围峰峦环抱，林木茂美，泉壑幽雅，又与弘觉寺、祖堂寺、花岩寺等名刹为邻，兼与中官下西洋有非同寻常之关联，自明代中期以降，已成为南都文人骚客寻古探幽胜地，前引陈沂、顾起元诸诗可以为证。时有高僧大德居之，顾璘有《宁海寺访达公不遇》一诗，诗云：“禅龛寄林杪，信是高僧居。蒲团间陶钵，不置贝叶书。幻火恼维摩，饭蔬长晏如。诛茅辑佛宇，凿地延僧庐。有金尽布地，只衲不留余。入林拾橡子，一室但空虚。侍者守松院，迎余驻柴车。焚香设清供，道念为之舒。朱门厌腥腐，驷马驰双旗。岂不羡荣贵，反侧多忧虞。颓年向短促，薄俗背迂疏。永愿结莲社，优游度桑榆。”[65]诗题中“达公”即紫柏大师，俗姓沈，名真可，字达观，晚号紫柏，世称紫柏尊者，乃明末四大高僧之一，万历年间曾担负创刻方册大藏经的重任，对保存佛教文化及弘扬佛法贡献甚大。高僧紫柏大师留居宁海寺，这是洪保之外宁海寺历史上的又一段佳话。

（本文原刊《郑和研究》2010年第3期，又刊《考古》2012年第5期）

---

[64] 朱偰：《金陵古迹图考》第十二章第八节，237页，中华书局，2006年。
[65]（明）顾璘：《山中集》卷二，《四库全书》本。

明代宦官杨庆墓的考古发掘与初步认识

邵　磊

2005年10月上旬，位于南京江宁经济技术开发区的南京航空航天大学正德学院在校区建教职工宿舍楼时发现一座古代砖室墓，南京市博物馆、江宁区博物馆获悉后随即前往进行调查，并在施工方的协助下于10月25日对已经暴露的古墓葬进行了抢救性发掘。

发掘表明，该墓是明代早期的一座规格较高且形制独特的宦官墓葬，墓中出土文物虽然不多，但由于墓主人杨庆是明代永宣之际较受重用的内官，且与明初郑和下西洋这一中外交通史上的壮举关系密切，故仍具有十分重要的研究价值。

一、墓葬形制

杨庆墓位于南京江宁经济技术开发区南京航空航天大学正德学院西北部、韩府山东麓的一座小山丘上，东距新开辟的将军大道约500米，东北距井头路约60米。其西南约2千米即有明宣德改元后任南京守备的内官监太监罗智施建的静明寺遗址①。

发掘时墓顶距地表约2米，方向为北偏西20度，砖室结构，由封门墙、短通道、前室、过道、后室组成，总长7.03米。由于时间仓促，封门墙外部的墓道部分未及清理。墓葬保存较为完好，未见盗扰痕迹，墓底仅积存有一层较薄的淤土。墓室内壁原本有精心打腻粉刷的一层石灰，但在清理前已有不同程度的脱落，唯有前室壁面保存较好。

封门墙有内外两重，系以长方形砖纵横交错平砌，外重封门墙砌于墓室外口，内重封门墙紧贴外重封门墙嵌砌于门道内口。内重封门墙后的门道形成一短甬道，短甬

①明代宦官多建坟为寺，以住寺僧侣为其守冢之人。据罗智墓志记载，静明寺即宦官罗智在其寿藏傍近预建的坟寺。从以往的考古发现看，静明寺以南、以西都是宦官墓葬分布较为密集的地区。而位于静明寺以东的杨庆墓的发现，则拓展了以往对南京南郊宦官墓葬分布区域的旧有认识。

道后的墓室以隔墙分为前室和后室。前后室均为券顶结构，墓壁及墓顶砌法相同，均以横平砖错缝平砌。其中，前室底部有铺地砖一层，铺地砖多为正方形，只有紧贴右壁铺墁的一列为长方形砖。在前室左侧后部的铺地砖上，被凿出一圆形孔洞，孔洞下面的泥土被掏空，形成一凹陷袋状的圆坑。围绕在圆坑周围的铺地砖上，较为集中地分布有大小不一的红砂陶质的油缸碎片，可推知该圆形凹坑当是为固定油缸的摆放位置所起、类似底座功用的一种设施。

前后室之间的过道两侧的隔墙以横平砖与纵平砖交错砌筑，隔墙之间的铺地砖上，依次嵌有一层台阶和一道门槛，台阶系以与前室铺地砖形制相同的正方形砖铺成。与台阶毗连的门槛以砂岩石料雕琢而成，其横端贴地插入两侧隔墙的底部，与墓壁相连接。

后室底部亦有铺地砖一层，组合情况与前室相近：紧贴左右两壁铺墁长方形砖，主体部分仍为正方形砖，但偶有错置。后室前部紧邻石门槛处的铺地砖上，凿有一方形凹槽。根据凹槽所在的位置，并结合以往的考古发现，可知当是用来插置顶门石以从后部阻塞门扉开启之用。据此可推知，墓室在过道石门槛后，原本安设有门扉厚约5厘米的一扇对开木门。

在后室中央位置，设有主体用正方形砖围砌而成、高出铺地砖9厘米的长方框形棺床，框栏内侧四角，镶饰特制的三角形砖。在外为直角、内作委角、平面呈狭长八边形的砖框里，满填黄土。棺床南端与后壁相连。

后室左、右、后三壁各辟一拱形壁龛，壁龛后部均用砖封塞。两侧壁龛左右对称，距墓底40厘米。后壁壁龛居壁面正中，底部距棺床60厘米。

在后室左右两壁壁龛两侧、距墓底40厘米的壁面上，设有铁索4具，两两相对。铁索的形制较为繁杂，其基本的组合使用情形为：在长度为50.6厘米的双股铁索两端串联直径分别为10.4厘米、8.8厘米的铁环。其中，在大铁环上再扣以环首铁钉楔入墓壁，在小铁环上扣以形制稍小的环首铁钉楔入棺具，从而将棺具悬置于棺床正中的上方。木棺及人骨皆已朽没，发掘现场只见有部分楔入棺具的环首铁钉的钉头部位尚残留少许碎木片，另在棺床及其周围尚见有数十根规格不一的铁棺钉与用于髹饰棺具的朱红色漆皮残片。

墓葬用砖皆为青灰色砖，主要见有长方形、正方形和三角形三种。长方形砖主要用于砌筑墓壁、墓顶、封门墙、隔墙及作为地砖铺墁墓底。正方形砖主要作为地砖铺墁墓室地面及砌筑棺床。三角形砖仅见有四块，用于镶饰棺床内框四角，从断面痕迹观察，这些三角形砖都是利用正方形砖切割而成。

二、出土遗物

杨庆墓虽未遭盗掘，但出土遗物不多，仅见有陶瓶、油缸及与之配套的石座、钱币、铁凿及与葬具有关的部分铁制品、顶门石、石地券、石墓志等，缺乏严格意义上的随葬品。上述出土遗物中，除油缸、石座、石墓志等出土于前室外，余皆出土于后室。下分述之。

陶油缸 1 件。赭色砂质陶，胎质粗疏。出土于前室，出土时已被施工机械触动的墓砖砸碎，经修复复原。方唇，敛口，折肩，鼓腹，下腹内收，平底微凹。口径 54.4 厘米、底径 25.6 厘米、高 64.8 厘米。

陶瓶 1 件。亦可称之为韩瓶。紫泥硬陶，胎质坚硬致密。方唇，子口，卷沿，束颈，斜肩，鼓腹内收，平底，器身满饰凸弦纹，肩部无系，外观略似橄榄形。口径 4.4 厘米、底径 6.4 厘米、高 26.4 厘米。

铁凿 1 件。出土于后室棺床附近，可能是用于加工葬具后所遗弃。背平，双面开刃，已严重锈蚀。残长 14 厘米、宽 3.8—4.4 厘米、背部厚 1.8 厘米。

铁钩环 1 件。出土于后室棺床前部，铁环上缀有用铁条弯折成双股、略似蝴蝶形的铁钩，其用途可能是作为木门上的门环，也有可能是木棺上的装饰物，锈蚀严重。圆环直径 7.2 厘米，弯钩长 14 厘米。

铁棺钉 50 余枚。出土于后室棺床及其附近，均严重锈蚀，有三种规格：其一，钉头用两片葫芦形铁片沿边缘相向贴附为钉帽，具有装饰意味；其二，顶部有钉帽，帽顶微拱；其三，无钉帽，钉身两头俱尖锐。

钱币计 11 种、共 31 枚。出土于后室棺床及其周围，推测原先铺垫于木棺底部，木棺坍落后散布在棺床上下。其中时代最早的为初唐开元通宝，最晚的为明代洪武通宝，其余均为北宋钱币。开元通宝 3 枚，钱文均为隶书，直径 2.4—2.5 厘米，分别为唐早期的武德开元通宝、唐中晚期背“月”纹开元通宝和背部漫平的南唐开元通宝铁钱。祥符通宝 3 枚，钱文均作楷书，直径 2.5 厘米。天禧通宝 4 枚，钱文均为大字楷书，直径 2.3—2.5 厘米。景祐元宝 1 枚，广穿，钱文楷书，直径 2.5 厘米。治平通宝 1 枚，钱文篆书，直径 2.35 厘米。皇宋通宝 3 枚，1 枚钱文作篆书，2 枚钱文书体在篆隶之间，直径皆 2.4 厘米。元丰通宝 6 枚，3 枚钱文作行书，其中大样 1 枚，直径 2.5 厘米，小样 2 枚，直径 2.3 厘米；3 枚钱文作篆书，均属小样，直径 2.3 厘米。元祐通宝 3 枚，1 枚钱文为篆书，2 枚钱文为行书，直径均为 2.3 厘米。元符通宝 1 枚，钱文作行书，花穿，直径 2.5 厘米。宣和通宝 1 枚，钱文“宣”“通”“宝”三字为隶书，且“宝”字形体较短，“和”字为楷书，直径 2.4 厘米。洪武通宝 6 枚，钱文多为楷书，唯有 1 枚“通”字“之”部尚存隶书笔意，直径 2.3—2.4 厘米。

石座 1 件。出土于前室，原本系摆放在陶油缸内与之配套使用。砂石质，与墓室过道石门槛的石料相近，面部漫圆，平底微内凹，在圆心位置凿一上下贯通的圆孔。石座高 9.2 厘米、底径 16.8 厘米、孔径 2.0 厘米。

顶门石 1 件。出土于后室前部，石灰石质。上部雕琢成云头状，较宽厚；下部为窄长条状，偏上部凿出一圆形穿孔。立面整体略似一通顶承宽大碑帽的碑身，已严重风化。通高 32 厘米，上部宽 14 厘米、厚 6.4 厘米，下部宽 10.2 厘米、厚 4.8 厘米，孔径 2.6 厘米。

买地券 2 块。石灰石质。出土时，斜立于棺床两侧的后壁壁龛之下。其一，长 34.5—35.0 厘米、宽 35.3—35.7 厘米、厚 5.6 厘米，已完全风化。刻面石筋凸露，纵横交错，仅于右侧边缘可辨“合同”二楷体大字的左半，其余字迹皆渺不可见。其二，长 35.6—36.0 厘米、宽 36.4—36.7 厘米、厚 5.6 厘米，刻面亦严重风化，但除了左侧边缘所刻“合同”二楷体大字的右侧半文清晰可辨外，尚可见有通篇书刻精善的小字券文。小字券文顺读，凡 16 行，因漫漶剥蚀，难以通读，谨据原有行格逐录如下：

□八月己巳朔越二十八日丙申见于应天府上元」□住奉为信人孝男杨仁等伏为」□茔坟夙夜忧思不遑所厝遂令日者择」□吉地属江宁县安得乡上保石马村张家山地一」□兆□已出备钱綵买到墓地一方左有青龙」□玄武内方勾陈管分擘四域丘承墓伯封步界」□齐整阡陌致死千年百载永无殃咎若有干犯并令将军」□付河伯今备牲牢酒脯百味香新共为信契财地交相各」已分付令工匠修茔安厝已后永保休吉」知见人岁月主代保人今日直符故气邪精不得干恡先」有居者永避万里若违此约地府主吏自当其祸助葬」主里外存亡悉皆安吉」急急如」五帝使者女青律令券立二本一本奉付」后士一本乞付墓中令故考太监杨公收把准备付身永远照用今」□券背上又书合同二字令故气杖尸永不侵争

墓志 1 合。石灰石质。出土于前室。志盖与志身刻字的一面彼此相向，并用两道铁箍紧束，志盖与志身的背面未及修琢打磨平整，显得较为粗糙。志盖长 54.2—54.4 厘米、宽 54.3—54.8 厘米、厚 7.8 厘米，阴刻篆书“大明故都」知监太监」杨公墓志」铭”4 行 13 字，刻面风化较甚；志身长 53.9—54.4 厘米、宽 54.5—54.8 厘米、厚 7.8 厘米，志文楷书阴刻，凡 25 行，满行 26 字，皆清晰可辨，标点如下：

大明故都知监杨公墓志铭」文林郎监察御史陈芸撰文」徵仕郎中书舍人姜濬书丹」徵仕郎中书舍人刘素篆盖」都知监太监杨公庆宣德五年三月二十四日奉」敕差来镇守南京，其年四月十九日到，遂病，不能视事。以七月二十」二日终于三山里第，寿年六十有四。卜以八月二十八日葬于」城南窑头山之原。前期，中书舍人姜孟珪率其养子杨仁等拜」而求铭，辞不获，乃按状而为之铭。铭曰：」杨氏之先，派出南滇。历世显贵，簪绂蝉联。父曰寿奴，万户姚安。」母曰赵氏，德容克完。是生我公，际会云」龙。发始垂髫，入侍」皇宫。出入内庭，谨密志诚。」圣情欣悦，」赐以“庆”名。祇奉」天戈，克平内难。厥功居多，」恩升太监。扈」驾北征，再镇永平。胡人远遁，赫有声名。」上念其劳，复怜其旧。重惟南京，」命公镇守。」宠锡既隆，公心实喜。胡为南来，一病弗起。吏民失望，部属感伤。公卿」

奔吊，车马盈廊。生既显荣，官为中贵。寿过六旬，死复何愧。吉日」令辰，将以窀穸。窑山之原，是公玄宅。我本无文，忝曾荆识。中书」属我，命题墓石。文虽不工，事则确实。用勒坚珉，以昭无极。」从仕郎中书舍人胡廷铉仲子彦闾镌。

三、几点认识

曾追随郑和、王景弘出使西洋的南京人巩珍[②]所撰《西洋番国志》一书，在卷首收录了三通敕书，其中有二通皆涉及一个名叫杨庆的宦官：其一，永乐十八年（1420）十二月初十日，“敕：太监杨庆等往西洋忽鲁谟斯等国公干，合用各色纻丝纱锦等物，并给赐各番王人等纻丝等件。敕至，即令各该卫衙门照依原定数目支给。仍令各门官仔细点检放出，毋得纤毫透漏。”其二，宣德五年（1430）五月初四日，“敕南京守备太监杨庆、罗智、唐观、大使袁诚，今命太监郑和等往西洋忽鲁谟斯等国公干……敕至，尔等即照数放支与太监郑和、王景弘、李兴、朱良、杨真、右少监洪保等关领前去应用，不许稽缓”。[③]据此可知，两通敕书中涉及的宦官杨庆，在永乐十八年（1420）之前就已升为太监，至宣德五年（1430）又出任南京守备太监。而据出土的杨庆墓志所载，墓主杨庆早在永乐初年就因靖难功而“恩升太监”，并于宣德五年（1430）三月二十四日奉敕镇守南京。两者不仅姓名相同，履历亦相符合。庶几可证，墓主杨庆与两通敕书中的太监杨庆实为同一人。由此可见，墓主杨庆与永宣时期以七下西洋而彪炳史册的内官监太监郑和不但份属同僚，而且围绕七下西洋这一中外交通史上的伟业发生过密切的联系。而杨庆墓也当属继南京守备、内官监太监罗智墓之后，所发现的第二座与郑和下西洋有直接关系且见诸史载的历史人物墓葬[④]。

永乐三年（1405），明成祖朱棣为宣诏继统登基，招谕诸番来朝，间以寻缉在靖难之役中不知所终的建文帝，遂派遣太监郑和等率领庞大船队，远航海外，掀起七下西洋的序幕。自此至宣德年间，郑和与其同僚屡次统率艨艟舟师，涉沧溟十余万里，

②曾随郑和、王景弘出使西洋的巩珍，世皆以其所撰《西洋番国志》序文自署“养素生金陵巩珍寓金台之馆舍谨志”云云，而迳称其为“南京人”，本文亦从此说。《校注巩珍〈西洋番国志〉序言》，载明人巩珍著、向达校注《西洋番国志》卷首，《中外交通史籍丛刊》本，中华书局，2000年。值得注意的是，近见明初由苏州昆山徙居南京、卒于正统十二年（1447）的处士孙公墓志上，复有“池阳巩珍篆”之题名，更兼传主孙公身处的时代背景与生活空间，亦皆与成书于宣德九年（1434）的《西洋番国志》作者巩珍相合，则为其墓志篆盖的“池阳巩珍”，殆可能与《西洋番国志》的作者巩珍为同一人。如果这一推断可以被接受，则《西洋番国志》的作者、曾随郑和出使西洋的巩珍，或祖籍今安徽池州，其家族系在明初移民大潮中始占籍南京。

③（明）巩珍著、向达校注：《西洋番国志》卷首《敕书》。

④在都知监太监杨庆墓发现以前，所见与郑和下西洋有直接关系且见诸史载的历史人物墓葬，仅有明代南京守备、内官监太监罗智墓。而据历史照片，罗智墓出土的蛇身披鳞、颌下生须的连座石兽曾被弃置罗墓傍近的静明寺院内，而阴刻“故守备南京内官监太监罗公墓志铭”的篆书墓志盖亦嵌置寺内墙壁上，庶知罗智墓早先曾遭破坏，包括墓志在内的随葬文物系由南京市博物馆征集入藏。因此，严格意义上说，杨庆墓应该是经考古发掘的第一座与郑和下西洋有直接关系且见诸史载的历史人物墓葬。

遍历今东南亚、西亚半岛，横跨印度洋，抵达波斯湾与阿拉伯半岛，直至非洲东海岸。对郑和下西洋的研究，一向是国际汉学研究的热门话题，特别是近四十年来，在中国大陆各界掀起郑和研究的热潮，举凡郑和下西洋的目的与意义乃至停罢的原因，下西洋船队的人员组织与“宝船”的构造以及航海技术，下西洋往返的里程、岁月及与所至番国在政治、经济、文化上的交流，郑和家世、生平事迹、宗教信仰与才能等，可谓包罗万象，洋洋大观⑤。但即便如此，关于郑和下西洋史事的研究也并非尽善尽美，如对郑和僚属的个案研究就亟待完善。当年，随同郑和历次下西洋及为下西洋提供后勤给养的将官弁员，仅以内臣而言，就有王景弘、侯显、杨庆、罗智、孔和（朱）卜花、唐观（保）、袁诚、杨敏、李恺、洪保、李兴、朱良、周满、杨真、张达、吴忠等众⑥，但由于宦寺不受内阁六部管辖，朝廷既无由察知其活动，史官亦多所矫饰隐讳。是故上述郑和的宦官同僚，不仅鲜有为之立传者，即散见于史籍的零星记载亦多驳杂歧异。以此而言，当不难想见杨庆墓的考古发掘，特别是杨庆墓志与买地券的发现，对充实郑和下西洋研究的重要性。兹缀辑文献，与杨庆墓出土的石刻史料相参校，在此基础上，结合对葬制的分析，以勾勒订补杨庆的生平史事，俾便知人论世，为学术界关于郑和下西洋的深入研究提供一份有用的材料。

（一）杨庆行实及其在永宣之际的贵显

关于杨庆的出身与早期行历，志文铭辞云：“杨氏之先，派出滇南。历世显贵，簪绂蝉联。父曰寿奴，万户姚安。母曰赵氏，德容克完。是生我公，际会云龙。发始垂髫，入侍皇宫。出入内庭，谨密志诚。圣情欣悦，赐以‘庆’名。祇奉天戈，克平内难。厥功居多，恩升太监。”墓志的这一记载，对于揭示出杨庆与郑和彼此之间的关系十分重要。

明初，朝廷多采用“宣索”的方式物色安南、朝鲜、女真等异族子弟为宦官，间亦充入罪极之人或敌酋之虏，以七下西洋而名垂青史的郑和即是颍川侯傅友德等于洪武十五年（1382）平定云南之际俘获的敌虏之子，被阉割后拨至燕府听用而成为近侍，时年仅约十二岁。后因在靖难之役屡建奇功而被明成祖朱棣擢升为内官监太监。郑和原姓马，初名三保，于永乐二年（1404）赐今姓名，随即敕令统率舟师远航通番，展开其七下西洋的人生历程⑦。

如果将这一由近人考证出的郑和事迹与前引杨庆墓志志文相比照，便可发现两者的出身与早期仕宦生涯几乎如出一辙。杨庆的先世为云南显宦，父亲杨寿奴，史籍失载，

⑤详参朱鉴秋主编《百年郑和研究资料索引（1904—2003）》，上海书店出版社，2005年。
⑥郑鹤声、郑一均：《郑和下西洋资料汇编》（上册）第三章之第一节《郑和使团人员的组织》，齐鲁书社，1980年，第155—165页。
⑦参见郑鹤声、郑一均《郑和下西洋资料汇编》（上册）第二章之第三节《郑和年表》，第104、105、113页。

但据墓志知为“姚安万户”，或即效忠镇守云南的故元梁王把匝剌瓦尔密的姚安路万户府万户。这样的家族，在明朝统一战争中分崩离析是不难想象的，至于杨庆本人亦当是在此际遭明军掳掠并以敌酋子弟的身份被阉为火者。据志文，杨庆曾“祇奉天戈，克平内难”，可证其亦是早年被分配到燕王朱棣藩邸供役的内侍之一。因在靖难之役中“厥功居多”，杨庆被擢升为都知监太监，明成祖并“赐以‘庆’名”，此亦值得留意。史载，当燕王朱棣兴兵靖难之际，以碍于伦理纲常，“士大夫多缩匿，而诸奄无所顾惜，且又多域外人，文皇既借其锋”，进而入登大宝。而此辈以军功翊助的宦官亦多被御赐姓名以示殊宠，如马三保赐名郑和、添儿赐名孟骥、保儿赐名李谦、猛哥赐名云祥、哈喇帖木儿赐名田嘉禾、狗儿赐名王彦等[⑧]。今据墓志所载，可知杨庆其时亦在受赐姓名的诸阉之列，颇可补益史载。

综以上述，可见杨庆与郑和同出云南，家世相近，在宦官的地域来源上同属“南口”，可谓有同乡之谊；又兼同时入宫，继而同侍明成祖朱棣于潜邸，及至靖难役起，又并肩作战，军功相埒，封赏相若，且同受御赐姓名。如果再联系到《西洋番国志》卷首敕书条列杨庆为郑和下西洋的航海事业所承担的勤务，及其在宣德五年（1430）与郑和同官南京守备太监的情形，则不难想见，在郑和同侪之中，或许除了王景弘之外，没有谁能像杨庆这样与之保有如此密切而长久的关系了。

墓志谓杨庆“发始垂髫，入侍皇宫”，是极言杨庆入宫年龄之幼，有炫示资历的意味，实际上恐并不确切。所谓垂髫之龄，小则三四岁，大则八九岁，而据墓志序文，杨庆卒于宣德五年（1430）七月二十二日，享年六十四岁，逆推其当出生于元至正二十八年（1368），至洪武十五年（1382）被明朝军队从云南掳归时已届十六岁，早已过了束发之年，而郑和时年当只有十二岁，则此二人入侍内廷之初，杨庆的心智无疑更为成熟，故郑和在进升内官监太监后以屡屡奉使西洋，事业逐渐达到顶峰、睥睨同侪之际，杨庆亦当以其因缘际遇而贵显。永乐末年涉及赵王朱高燧的弑逆夺储阴谋为这一推断提供了重要的依据。

按，明成祖有三子，长子朱高炽早在洪武二十八年（1395）即被册立为燕世子，至永乐二年又被立为皇太子，但朱棣却一向对其质弱文柔以及中年后体胖足疾以至不能策马执弓而深为忧虑和不满。次子汉王朱高煦与赵王朱高燧昆仲皆与长兄有隙，遂暗中勾连，屡屡谮言陷害朱高炽谋夺储位，内侍外臣也纷纷卷入其中。朱高炽兄弟的阋墙几乎在永乐二十一年（1423）五月间酿成宫廷政变。先是，明成祖身体欠安，多日不朝，与赵王朱高燧交好的宦官黄俨诈称“皇上有心传位高燧”云云，以诳诱外人。忠于赵王朱高燧的常山中护卫孟贤等遂召集同党密谋，并交结宦官，欲进毒药鸩杀成祖，

⑧（清）查继佐：《罪惟录》卷二九《宦寺列传上·郑和》，北京图书馆出版社影印吴兴刘氏嘉业堂藏清手稿本，2006年，第427页。

侯晏驾即举兵执捕皇室宗亲与五府六部大臣，并预先令同党高正伪撰遗诏，交付宦官杨庆养子，一俟起事，即将伪诏从禁中颁出，废皇太子朱高炽而立赵王朱高燧为皇帝。不意此事为高正甥王瑜获悉，随即诣阙告发。成祖闻知，极为震怒，立诛杨庆养子，未几，孟贤等人一并伏诛[⑨]。据以上述，黄俨、孟贤之流欲助赵王朱高燧犯上篡逆，为求"名正言顺"，尚有待杨庆养子矫诏从中出，则杨庆平日为成祖宠任以至专权骄恣，可想而知。

耐人寻味的是，杨庆养子以预谋弑帝夺储而被处斩，杨庆本人却未被追究，也从一个侧面印证出成祖对杨庆的倚重非比寻常。那么，杨庆何以终成祖之世皆被宠任无间？前述其早年随侍成祖潜邸及在靖难之役"厥功居多"的经历，固然是很重要的因素，而志文所载杨庆在成祖登基后又"扈驾北征"的事迹，亦同样值得留意。明成祖朱棣登基后，不惜身临矢石，于永乐八年（1410）、十二年（1414）、二十年（1422）、二十一年（1423）、二十二年（1424）五次御驾亲征漠北，曾使蒙元势力在相当长的时间里无力内犯[⑩]。成祖五征漠北的过程中，身边固然少不得宦官随侍，但杨庆的身份恐尤为特殊，作用也更加重要。据墓志载，杨庆于成祖登基后，以靖难功进升都知监太监。都知监太监所司"凡圣驾出朝、谒庙等项，在前警跸清道者"[⑪]，亦即为皇帝出行提供警戒工作的首脑。此种职掌在承平日久时或不免沦于平庸，但在特殊场合或动荡环境下，往往会显露出高于一切的重要性来。由此不难想见杨庆在成祖亲征漠北这一时期的地位与作用，或许这也是成祖以谋逆罪怒斩杨庆养子却并未追究杨庆连带责任的原因之一。

明代大珰往往将兄弟之子过继为养子，著为通例。杨庆墓志及买地券所述及为杨庆张罗身后事务的养子杨仁，大致便属此种类型。至于在永乐二十一年（1423）因卷入弑逆夺储阴谋而被处死的杨庆养子，以其可"矫诏从中出"之便宜而言，应当是一个能从容出入宫禁且亦为成祖所宠信的宦官。此尤可见永乐年间，杨庆在禁掖权倾一时，诸内侍实罕有其匹。

明朝祖制，宦官实行供给制，没有俸禄，亦不得有诸如田产与房产之类的私产。宦官始有房产，有学者引陆容《菽园杂记》云："太监牛玉之败，南京六科给事中王徽等因上疏言宦官干政专权、置立私宅等事，皆祖宗所无，请一切禁革之。"似谓宦官置房产起于明英宗时的司礼太监牛玉[⑫]。其实不然，据杨庆墓志可证，杨庆至迟在宣德三年（1428）就已公然营造广屋大第。当其时，少保兼行在工部尚书吴中以职权之便，

⑨此事件之始末，详见《明太宗实录》卷二五九，第2379—2381页，中研院历史语言研究所校印本，1962年。

⑩明成祖五征漠北的经过，详见晁中辰《明成祖传》第九章《下安南和征漠北》，人民出版社，1993年，第352—393页。

⑪（明）刘若愚：《酌中志》卷十六《内府衙门职掌》，北京古籍出版社《北京古籍丛书》本，1994年，第106页。

⑫任昉：《明代宦官退休与养老考察》，《首都博物馆丛刊》总第17期，第71页。

曾私下将官厂的木、瓦、石等建筑材料赠予杨庆，以供其营置私第。是以杨庆私第落成后，弘壮高敞，迥非他宅所及。宣宗登皇城城楼远眺见之，亦惊诧其弘阔，询问左右，得吴中假公济私之实，遂于宣德三年（1428）六月甲午收捕少保兼行在工部尚书吴中。法司以吴中监守自盗，谄事中贵，论法当斩。宣宗则以成祖时老成旧臣为吴中开脱，旋复吴中工部尚书之职，仅罢其少保，罚尚书俸禄一年。锦衣卫指挥王裕知情不报，论法当连坐，并宥其罪⑬。有意味的是，与此同时，掌管内官监木作的宦官裴宗汉也因盗卖官木而遭锦衣卫狱收捕，论法当斩。裴宗汉之盗卖官木是否与杨庆有关，不得而详，但他却在事发后贿赂杨庆企图免罪⑭。

在宣德三年（1428）六月暴露出的这两宗监守自盗案中，杨庆都扮演了极不光彩的受贿者的角色。但在共案的一方都受到论法当斩的严厉惩戒下，杨庆却依旧安然无事。对此，查继佐在所著《罪惟录》中评说道：“杨庆，宣德中太监。（杨）庆治其私第，工部尚书吴中⑮私以官木遗之，上下（吴）中狱，于是裴可烈、马俊、唐受等咸坐挟宠害民，可烈拷死，（马）俊自经死，（唐）受凌迟死。上尝谓王瑾曰：‘此非朕欲杀之，实其自杀。’时榜示内官内使及小火者各宜湔洗……论曰：……监（杨）庆擅工役，罪工部而不及（杨）庆，岂可烈等为之乎？罪可烈以湔洗（杨）庆乎？时颇能裁制近侍，处杨庆、袁琦等皆有法。”似谓宣宗为了平息“罪工部而不及（杨）庆”的舆论，遂通过对裴可烈、马俊、唐受等挟宠害民的宦官的严惩，来换取对杨庆的姑息。

不过，从人情世故上来看，也可能是因为宣宗从内心里根本就不愿意将杨庆这样从洪武年间就侍成祖藩邸的老成宦官继续留在身边，而更希望任用那些与自己年龄相近的年轻宦官如王瑾、金英、兴安等于永乐五年（1407）征安南时揽回的“交童之美秀者”。并且，杨庆养子在永乐末年卷入的弑帝夺储之谋，对于仁宗、宣宗父子而言，皆可谓千钧一发，生死攸关。尽管杨庆养子与主要涉案人员先后伏诛，但以常理揣度，仁宗、宣宗父子对杨庆其人恐仍不能不心存芥蒂，寻找合适的机会将其斥逐也就成为再自然不过的事。但从另一方面来看，即便宣德三年（1428）六月间落实的两桩监守自盗案在实质上只不过是宣宗用以暗示失宠旧臣知难而退的手段，但亦足证杨庆资历与影响之非同寻常并使人为之侧目了。

除了身陷受贿丑闻，杨庆在宣德年间也并非全无一些可资夸耀的地方，墓志谓其在永乐年间“扈驾北征”后，又有“再镇永平”与“胡人远遁，赫赫有名”等语。史载，宣德四年（1429）六月淫雨，山海、永平、蓟州口外长城拦马石墙及建昌诸营，山海、

⑬《明宣宗实录》卷四四，第 1081、1084 页，中研院历史语言研究所校印本，1962 年。注：本文注引《明实录》的内容与出处，皆据中研院历史语言研究所 1962 年校印本。
⑭《明宣宗实录》卷四四，第 1083 页。
⑮此“工部尚书吴中”，吴兴刘氏嘉业堂藏清手稿本误作“英中”。详见（清）查继佐《罪惟录》卷二九《宦寺列传上·刘宁、冯智》，北京图书馆出版社影印本，2006 年。

永平诸卫城垣皆因山水泛涨而颓塌。宣宗以口外城墙及诸营堡俱边防要切，遂谓工部官员即令蓟州守备陈景先督官军修缮[16]，继于同年八月乙酉命杨庆等率神机营铳手前往蓟州、永平、山海等处，与陈景先共同备御，并告诫杨庆“一切军务必与陈景先计议而行，不许偏执私见误事”[17]。言辞之间，对杨庆这位元老级宦官似颇不耐。按，明永乐年间以征交阯得火器之法，遂立神机营肄习。在成祖五征漠北的战事中，屡以火器出奇制胜，曾“扈驾北征”并在成祖左右警跸的杨庆，对于火器的战术战法当不陌生，因而宣宗在降命修缮永平等处边防要隘之际，又遣杨庆等率神机营铳手前往备御，以防塞外铁骑的冲击，亦可谓知人善任之举。

（二）杨庆在郑和下西洋过程中所起的作用

在郑和下西洋研究的学术视野下，人们对于杨庆的关注，恐莫过于其人与郑和下西洋的具体行为究竟发生过怎样的联系？以往对这一问题的探究，大都取材于前引《西洋番国志》卷首的两通敕书，而杨庆墓的发掘特别是杨庆墓志的出土，对于客观认识和正确理解《西洋番国志》卷首两通敕书所涉杨庆在郑和下西洋过程中所起的作用，提供了至关重要的新材料。

郑和历次下西洋的具体时间及主要人员配置，以第六次出洋的相关记载最为混沌。史载，郑和第六次下西洋的启程时间为永乐十九年（1421）正月三十日，任务是护送忽鲁谟斯等十六国使臣还国，并赍敕锦绮纱罗绫绢等物赐诸国王[18]，至永乐二十年（1422）八月十八日还[19]。而前引《西洋番国志》卷首永乐十八年（1420）十二月初十日敕书又称“太监杨庆往西洋忽鲁谟斯等国公干”。由于杨庆与郑和受命出洋的时间相近，目的地也相同，考虑到海程艰险，靡费不赀，故今人往往将杨庆前往忽鲁谟斯等国公干与郑和偕忽鲁谟斯等国使臣还国合二为一，进而认为杨庆亦是郑和第六次下西洋使团的领导成员之一[20]。但杨庆奉敕前往西洋忽鲁谟斯等国公干之事，在杨庆墓志中却付之阙如，究其原委，或有两种可能：

其一，永乐一朝，阉宦出使外国极为频繁，不足为奇，除了人所熟知的郑和与王景弘之外，张谦、侯显等也曾四次持节出使[21]，而出使在一至二次之间者，更是不胜枚举。因此，墓志对于杨庆仅仅一次出使外国的经历，并不看重。

⑯《明宣宗实录》卷五七，第 1358 页。
⑰《明宣宗实录》卷五七，第 1359 页。
⑱《明太宗实录》卷二三三，第 2256 页。
⑲《明太宗实录》卷二五〇，第 2344 页。
⑳ 陈平平：《明太监杨庆事迹考略》，载《郑和研究》2006 年第 1、2 期合刊，第 102 页。
㉑ 宦官侯显曾于永乐元年出使乌斯藏、十一年出使尼八剌、十三年出使榜葛剌、十八年出使沼纳朴儿国，事见《明太宗实录》卷十七，第 310 页；卷一三七，第 1665 页；卷一六六，第 1859 页；卷二二九，第 2226 页。宦官张谦曾于永乐六年、八年、九年出使浡泥，十五年出使古麻朗利国，事见《明太宗实录》卷八六，第 1133 页；卷一〇八，第 1398 页；卷一一三，第 1438 页；卷一九二，第 2026 页。

其二，可能与杨庆并未顺利完成此次出使任务有关。《西洋番国志》卷首尚有永乐十九年（1421）十月十六日敕书一通，内容为："敕内官郑和、孔和卜花、唐观保。今遣内官洪保等送各番国使臣回还，合用赏赐并带去银两段匹铜钱等件。敕至，即照依坐去数目关给与之，其官军原关粮赏，买到麝香等物，仍照依人数关给。该用军器等项，并随舡合用油麻等物，令各该库各衙门逐一如原料数目关支。就令太监郑和眼同打发，就拨海舡二只与之装载前去。仍发落各门官仔细点检放出，不许纤毫夹带透漏。故敕。一下西洋去的内官合用盐酱茶酒油烛等件，照人数依例关支。"该通敕书的颁赐，距史载郑和第六次出使西洋忽鲁谟斯等国的往返，各自都只有约十个月的时间，通过对郑和前数次出洋日程的推算，仅仅十个月的时间是不足以往返忽鲁谟斯的。因此，有学者认为，在郑和第六次下西洋期间，有部分外国使臣系由其同僚洪保等分舡护送回国，并进而从航行日程上推断该通敕书是发给已经到达南洋群岛、正在等待季风来临以便继续航行的郑和一行的[22]。

但稍加推敲敕文，便感到这一解释似并不妥帖。首先，如果颁发此通敕书时郑和已然出洋在外，那就意味着同为敕书受者的孔和卜花与唐观保二人也一并与郑和出洋在外，但并无史料能证明此二人曾为郑和使团的成员。其次，既然提供给洪保等人的航海物资"仍发落各门官仔细点检放出"，那么"该库各衙门"的"各门官"竟也都出洋在外吗？如果"该库各衙门"的"各门官"以至孔和卜花与唐观保等人都不曾出洋在外，则此一纸敕书不就显得毫无意义吗？但话说回来，如果此际郑和在国内，又将如何看待《明太宗实录》中郑和于永乐十九年正月三十日奉旨与忽鲁谟斯等十六国使臣偕行出洋的记载呢？

由于以往所见文献对郑和下西洋的记载通常只有船队整体往返时间，容易给人造成似乎船队一经出航，所有成员必然行完全程的印象。然据1983年在江苏太仓发现的曾随从郑和下西洋的太仓卫副千户周闻墓志记载：周闻本人于永乐辛丑（1421）第四次随郑和下西洋时，并未行完全程"而中道取回"[23]，可见郑和下西洋船队成员中也有未尽全程者。凑巧的是，永乐辛丑恰是郑和第六次下西洋出海起航的同一年。以此为前提，理解明成祖永乐十九年十月十六日敕郑和等为宦官洪保护送番使回国做好后勤保障与监督工作，就存在了另一种可能性，那就是郑和在永乐十九年正月三十日奉旨护送番国使臣回国的第六次下西洋途中，可能受制于自然因素或其他原因，包括郑和在内的部分主要成员不得不中道折返，使得护送番使回国的任务未能圆满完成，故而会出现郑和于永乐十九年正月出洋，而十月却又在国内领受成祖敕书的情形。至于成祖永乐十九年十月十六日敕

㉒ 郑一均：《论郑和下西洋》，海洋出版社，1985年，第309页。
㉓ 参见太仓博物馆编《太仓文物精华》所录《明武略将军太仓卫副千户尚侯声远（周闻）墓志铭》拓本，文物出版社，2007年，第110页。

命宦官洪保等护送回国的番使，亦有可能即是当年年初随郑和出洋却又中途折返者。如果永乐十八年十二月初十日敕令杨庆赴忽鲁谟斯公干，是与郑和第六次下西洋同时出发，那么他也没有理由不在这次不成功的下西洋行程中随郑和一同中途折返，这也可以被视作杨庆墓志对传主于永乐十八年十二月初十日奉敕往忽鲁谟斯等国公干竟不著一字的另一种可能性。而与这一推断相谐应的是，于永乐十八年十二月初十日奉敕往忽鲁谟斯等国公干、很可能直至永乐十九年正月三十日后始成行的杨庆，至当年十一月，已然在国内忙于同御史谭原清等点勘南京并直隶卫府州县仓粮递年出纳之数了㉔。

《西洋番国志》卷首收录的宣德五年五月初四日敕赐南京守备太监杨庆、罗智、唐观、大使袁诚的敕书中，要求为郑和、王景弘等前往西洋忽鲁谟斯等国公干提供给养与馈赠西洋各番国的礼物。可见其时杨庆已经成为郑和第七次下西洋后勤总部的主要领导成员。然杨庆在宣德四年八月尚统率神机营往蓟州、永平、山海等处备御，那么，他何时受命出镇南京？在南京守备任上有何实绩？对此，杨庆墓志都提供了详备的答案。

据墓志序文，杨庆系宣德五年三月二十日在北京奉敕出任南京守备太监，并于四月十九日抵达南京。宣德五年五月初四日，宣宗敕杨庆等为郑和第七次下西洋提供给养与馈赠诸番礼物，其时距杨庆至南京赴任只不过16天。另据墓志序文，杨庆在宣德五年四月十九日到达南京后“遂病，不能视事，以七月二十二日终于三山里第，寿年六十有四，卜以八月二十八日葬于城南窑头山之原”。由此可知，杨庆甫至南京便卧病不起，无从行司守备之职，故其作为郑和第七次下西洋后勤总部的魁首，恐亦只是挂名而已，略无实绩可言。从宣德五年三月二十四日奉敕差出镇南京算起，至七月二十一日病故，则杨庆在南京守备任上恰为120天，或为有明一朝任期最短的南京守备太监。

此外，《金陵梵刹志》收录了一通由司礼监太监王振在端拱门宣读的圣旨，内容是宦官洪保欲奉南京金川门外二处菜地与静海寺与天妃宫僧道栽种，着杨庆等妥为办理之事㉕。圣旨中涉及的宦官洪保，是郑和下西洋使团的重要成员之一，至于南京静海寺与天妃宫，更是与郑和及其下西洋事业关系密切㉖。故此亦可视作杨庆与郑和下

㉔《明太宗实录》卷二四三，第2297页。

㉕（明）葛寅亮：《金陵梵刹志》卷二《钦录集·宣德五年》，民国廿五年（1936）十月金山江天寺影印天启七年（1627）本。

㉖关于静海寺与郑和下西洋的关系，据《金陵梵刹志》卷十八《卢龙山静海寺》载：静海寺系“文皇命使海外，平服诸番，风波无警，因建寺，赐额‘静海’”。是谓静海寺与永宣之际郑和七下西洋关系密切。至于郑和与静海寺的直接联系，则表现为寺中曾供奉有郑和发心印造的大藏尊经一藏，事见邓之诚《骨董三记》卷六《郑和印造大藏经》，载氏著《骨董琐记全编》，北京出版社，1996年，第565页。此外，在静海寺的丹墀隙地上，还植有郑和从西洋带回的西府海棠，花开如锦时，可遮蔽方圆数亩地。至于室内，尚有郑和从西洋携归、由西域画师所绘的水陆罗汉像，每年夏天张挂之际，都人士女都竞相前往观览。详见（明）顾起元《客座赘语》卷一《花木》、卷九《诸寺奇物》，中华书局《元明史料笔记丛刊》本，1987年，第16、298页。关于龙江天妃宫与郑和下西洋的关系，据《明太宗实录》卷七一，永乐五年九月“戊午，新建龙江天妃庙成，遣太常寺少卿朱焯祭告。时太监郑和使古里、满剌加诸番国还，言神多感应，故有是命”。第994页。

西洋之间发生的又一次联系。

（三）杨庆墓的葬制及其反映出的问题

杨庆墓是一座砌造于宣德中期、有封门墙的前后室砖券墓，此种结构的明代大、中型墓葬，在构造上都有一些共性特征，如前后室之间用砖隔墙与木门或石门分隔，后室左右壁与后壁皆辟有壁龛等。但若具体到一些细节表现上，则各有不同，杨庆墓就是很典型的一例。

杨庆墓在两重封门墙与前室之间留出一个短甬道，但相似构造的明代早、中期砖室墓中，在同样位置的短甬道内，常会设置对开的石墓门一重，石墓门两侧与前壁相接；而众多前壁不设石门、仅砌封门墙的明代前后室砖券墓，往往并不留出这样的短甬道[27]。

明代凡由工部营造的品官墓，在墓室前部例皆发现有质地较粗的陶制油缸，油缸通常直接放置在地面上。唯有万历皇帝定陵出土三件青花龙纹瓷油缸，下承石质底座[28]，可能在彰显其九五之尊的礼制意义的同时，兼有固定油缸摆放位置的功能。但像杨庆墓这样，径自在前室左壁下的铺地砖上凿出相应大小的圆形孔洞，并将孔洞下部泥土掏空，使之起到底座的功用以承置陶油缸，则是极其罕见的做法。

明代早期墓中的棺床都较低矮，杨庆墓后室的砖砌长方框形棺床也体现了这一时代特征。不过，在框栏内侧四角镶饰特制的三角形砖，以及棺床后部与墓室后壁之间不留空隙、直接相连的做法，在已发表的明墓资料中，却都是仅见的。

杨庆墓上述在形制上与众不同的细节特征，体现了相对稳定的墓葬制度在特定情形下非常态的伸缩性，有必要在今后的明代墓葬考古中给予关注。值得一提的是，杨庆墓的与众不同，还体现在与墓葬结构紧密相连的葬具上。

杨庆墓后室的铺地砖上虽有砖砌棺床，但盛殓杨庆尸身的棺具却并未直接置放在棺床表面，而是以嵌入侧壁、两两相对的四具铁索半悬于棺床之上。关于这种奇特的悬棺葬式，明人陆容《菽园杂记》曾有记载："天顺间，安阳民牧牛，入一破冢中，铁索悬一棺，去地四五尺，四旁无一物。民摇动其棺，沙土蒙头而下，不能开眼。民惧，急趋出，沙已没趺矣。翌日拉伴往视之，沙土满中，不复见棺，盖触其机发也。"[29]由此可见，此种铁索悬棺于墓壁的葬制所蕴含的意义，向来罕有知晓者，偶有闻见，亦多以猎奇与志异的心态视之。

不过，据考古发现，这种葬制在南京地区的明墓中并非孤例，承同事阮国林先生见告，20 世纪 80 年代初，他曾与主持南京市博物馆考古工作的李蔚然先生在南京南郊天堡桥发掘了一座明代宦官墓，墓葬未遭盗扰，但除出土一合石墓志外，几未发现其

㉗ 夏寒：《明代江南地区墓葬研究》，南京大学博士研究生毕业论文，2006 年，第 8、9 页。
㉘ 中国社会科学院考古研究所：《定陵》，文物出版社，1990 年，第 184 页。
㉙（明）陆容：《菽园杂记》卷八，中华书局《元明史料笔记丛刊》本，1985 年，第 98 页。

他随葬品和葬具，唯墓室两壁嵌置两两相对的四条铁索。

值得注意的是，南朝齐梁之际集茅山道教之大成的陶弘景尸解之际，亦采用了这种铁索悬棺的独特葬式。据《茅山志》卷八载："隐居幽馆在雷平山西南。宋元祐初，中贵人罗淳一学道山中，尝意隐居之藏有丹砂异书。一曰，穴墓往观焉，唯铁绳悬一空棺，内有一剑并盂、镜各一而已。其圹甃壁环绕，相次成文，隐起壁上。其文曰：'华阳隐居幽馆，胜力菩萨舍身，释迦佛陀弟子，太上道君之臣，修上乘之六度，修上清之三真，憩灵岳以委迹，游太空以栖神。'书迹神妙，当是隐居手书。墓既开，道士辈遂摹此符文以示世人。淳一后亦得尸解之道。元祐六年长乐林希子中所传如此。"㉚说的是宋代元祐初年，有一个名叫罗淳一的宦官在句容茅山修道期间，以为陶弘景墓中可能埋藏有丹砂异书，因而掘开了陶弘景的墓葬进行探察，但只在墓室内见到用铁索悬挂着的一具空棺，棺内唯有剑、盂、镜各一，墓室内壁次第砌筑的墓砖上有一连串铭文，铭文既自称"胜力菩萨舍身，释迦佛陀弟子"，又云为"太上道君之臣"，且多"修上清之三真，憩灵岳以委迹，游太空以栖神"等信向羽化登仙的道玄家语。

《茅山志》中的这一记载十分重要，首先，可证在砖砌墓室内以铁索悬棺的葬式，并非仅见于考古发现相对较为集中的有明一朝，其源头或可追溯到六朝时期，而鉴于墓主人陶弘景上清派道教宗主的身份，则不由得不让人联想到此种铁索悬棺的葬式与道教信徒的修行活动有关，抑或即是为了体现对墓砖上所谓"游太空以栖神"的迁化升仙的追求；其次，由于陶弘景死后以铁索悬棺是经由宦官罗淳一在学道时所发现，则此关乎铁索悬棺最早的文字记录，仍然与宦官有关。也就是说，《茅山志》卷八通过罗淳一的目察亲验与长乐林希子中口碑相传记录下来的这则佚事，纵然有妄托陶弘景的声名而杜撰的成分，但至少也体现出了宋元以来热衷于道教的宦官对此种葬式的心理认同，可见后世采用此种铁索悬棺的墓主多为宦官身份，不是偶然的。同样的葬式，在南京以外的地区也有发现，除《菽园杂记》述及的明天顺年间安阳牧牛人触及的破冢外，还见有保定地区博物馆于 1976 年 4 月在河北省涿鹿县北十千米外的"老公坟"发掘的明故两京司礼监太监牛玉墓㉛。

由于北方气候干燥，土壤碱性大，使得木制葬具保存起来相对容易，故牛玉墓的发掘为考察这一独特葬制的细节构成提供了不可多得的重要线索。牛玉墓的后室在四隅离铺地砖 2.65 米处，各有铁索一具，铁索的另一头与棺椁四角下侧的铁制吊环相连接，从而将棺椁悬空吊于汉白玉雕砌的棺床之上。据此可知，尽管杨庆墓壁所嵌环首铁钉距铺地砖高度仅 0.40 米，但如果另一侧的环首铁钉也如牛玉墓一样，系楔入木棺四角

㉚（元）刘大彬编纂：《茅山志》卷八《稽古篇》，文海出版社影印《道藏》本。
㉛保定地区博物馆：《明两京司礼监太监牛玉墓发掘简报》，《文物》1983 年第 2 期，第 76—80 页。

下侧，再连接以合适长度的铁索，将木棺悬于棺床之上也就切实可行，而不致受限于环首铁钉在墓室壁面上的高度，仅仅徒具象征意味了。

除了悬置棺椁外，牛玉墓的独特构造还表现在墓道与墓室之间辟置天井，天井内用平砖叠砌成半球形砖包，砖包内置以长条形侧立竖砖砌成的内心作六边形、外周六出、平面略似龟形的象征物。在龟形象征物的龟首前端置放一圆形银钮铜镜一面，或即以镜钮取象龟的口部；铜镜两侧稍后各放置一黑釉瓷灯碗，或即取象龟目；象征龟四肢的四出侧立砖外部各放一铁犁头，无疑是取象龟的足趾；龟身居中横置一砖，砖上面有朱书画符。如此布置，道玄意味极为浓厚。“中官最信因果，好佛者众，其坟必僧寺”[32]。对于像杨庆或牛玉这样的大珰而言，竟未在葬地附近预建僧寺以守其墓，可见是对佛教缺乏崇奉。不过，牛玉墓志虽亦自称平生“不近佛老”，但从其墓的独特构造所蕴含的理念来看，恐亦偏指不奉诸多宦官趋之若鹜的佛教而言，对于黄老之说仍然心存向往。

综以上述，可作如下推断：铁索悬棺于砖砌墓室之内的葬式，可能是受到道教徒甚或是以江南茅山为活动中心的道教上清派教众修道方式的启发而出现。至于这一葬式本身，或以悬置半空在心理上更接近天界、俾便交通灵媒以至早日迁化登仙的象征意味，而受到教徒与热衷于道教的宦官的青睐。铁索悬棺的宦官墓，迄今多发现于南京，南京以外地区虽亦间有此种葬式的发现与传闻，如牛玉墓与陆容《菽园杂记》中所载安阳牧牛人所触及的破冢，但无论墓主牛玉抑或作为采录者的陆容，也都与南京有着深厚的渊源[33]，或即此种葬式与茅山上清派教团渊源深厚之故，庶几可以推断杨庆其人及采用这种铁索悬棺葬式的宦官皆为道教信徒。铁索悬棺的葬式，见诸考古发现或文献记载的都不算少，但却罕为人知，究其原委，或即此种葬式始终都局限在某一道教部派或信奉该道教部派的宦官这样一个狭小的特定人群中传承之故。

（四）杨庆墓志题名考证

杨庆墓志的题名亦颇可观。据墓志文中的记载，可知杨庆墓志铭系陈芸应中书舍人姜孟珪与杨庆养子杨仁的敦请“乃按状为之铭”，据以可知，述介杨庆生平的行状文字殆亦可能出自姜孟珪手笔。姜孟珪，史籍无载，仅知其人还曾为东晋名将陶侃远孙、号“松泉子”的陶忠，向当时文誉隆盛的名臣倪谦徵请过像《松泉子说》这样的谀颂

㉜ 语出刘若愚《酌中志》卷二二《见闻琐事杂记》，第 200 页。

㉝ 宦官牛玉以坏明宪宗大婚的罪名而于天顺八年（1464）八月被谪往南京孝陵卫种菜，事见《明宪宗实录》卷八，第 687、688 页。但据出土的牛玉墓志，可知牛玉谪居未久即出掌南京司礼监印，直至弘治六年（1493）奏乞归闲始得佚老于京师。其间以“居金陵久，山川胜概，登临题品，所至有之”，则其登涉与南京近在咫尺的道教圣地茅山并与道教上清派教众接触，皆情理中事。而据《明史》卷二八六《文苑传》，《菽园杂记》的撰者、“娄东三凤”之一陆容也曾授南京主事。中华书局标点本，第 7343 页。

文字[34]。这些都足以说明，姜孟珪可能是一主司替人撰结行状文字并奔走于事主与名公巨卿之间的刀笔吏。挂名撰述《杨庆墓志铭》的陈芸，官拜文林郎、监察御史，在杨庆墓志诸题名中位望最高，据铭辞中自谓“我本无文，添曾荆识。中书属我，命题墓石”。可知陈芸与杨庆、姜孟珪彼此皆熟谙。杨庆墓志的书人为徵仕郎、中书舍人姜濬。姜濬，字子澄，江宁人，以善作楷书而被荐举，尤工小楷。仁宗潜邸时曾召其缮写泥金经，甚受眷爱。洪熙元年（1425）授中书舍人，擢稽勋主事，出守云南广南府，进按察副使，督学政。宣德年间，尝出使南京，毕其事乃归拜父母，乡里称其寡过[35]。则其为杨庆墓志书丹，或亦出使南京期间所为。

为杨庆墓志篆盖的徵仕郎、中书舍人刘素，字太初。先世从开封徙金陵，其父刘理、其子刘良皆以能书而官中书舍人，是明初赫赫有名的书法世家。刘素尝于永乐年间以擅长楷书而入选翰林供奉，但从杨庆墓志篆书志盖来看，他的篆书也流丽劲挺，神完气足，不失大家风范，或以其父刘理早在洪武年间就因擅长篆书而为中书舍人，则其间有源自家法的影响[36]。

志文末尾称杨庆墓志为“从仕郎中书舍人胡廷铉仲子彦訚镌”，这一题名亦十分重要。刻工“胡彦訚”之名，初见于宣德十年（1435）泰州知州刘馨等立《创建泰州儒学泮桥碑记》。然关于胡彦訚其人的背景材料，除了《创建泰州儒学泮桥碑记》题名前署记籍贯为“四明”外[37]，余则一无所知。今据杨庆墓志文末刻工题名，可知胡彦訚为从仕郎、中书舍人胡廷铉仲子。按，胡廷铉，字公惠，奉化汇溪人。少学欧阳询书法，洪武初年以善书被召至京师，时太祖朱元璋命詹孟举、胡廷铉各写《千字文》一本，进览毕，以胡廷铉书优于詹孟举，遂命廷铉书皇陵碑[38]，可谓供奉书家之无上荣耀。以胡廷铉书法冠绝一时，当不难理解其仲子胡彦訚作为刻工而特有不同寻常之书法造诣与修养。

综上所述，则杨庆墓志非唯以具重要价值的史料而视之，亦堪称明代早期铭石书迹中书刻俱臻一时之选的名家佳作，洵可宝贵。

（本文原刊《东南文化》2010 年第 2 期）

㉞（明）倪谦：《倪文僖集》卷二三《松泉子说》，文渊阁四库全书本。值得一提的是，杨庆墓志中出现的中书舍人姜孟珪，在《倪文僖集》收录的《松泉子说》里作“姜孟圭”，当以墓志所书为是。
㉟（明）凌迪知：《万姓统谱》卷五〇，文渊阁四库全书本。
㊱（清）倪涛：《六艺之一录》卷三六二，文渊阁四库全书本。
㊲ 陆铨编：《海陵金石略》，《石刻史料新编》本，新文丰出版公司印行，1982 年，第二辑第九册，第 6802 页。
㊳《钦定佩文斋书画谱》卷四〇，文渊阁四库全书本。

明代南京守备太监罗智墓志考释

邵 磊

明代宣德、正统年间的南京守备、内官监太监罗智的墓葬，位于南京南郊雨花台区高家库村。罗智墓早年被盗，墓中出土的镇墓石兽与石墓志等文物，一度被弃置于附近的静明寺内，后为南京市博物馆征集入藏。

罗智其人，《明史》无传，但却因与永宣时期以七下西洋彪炳史册的郑和曾为同僚而引人注目。先是，南京大报恩寺工程竣工后，宣宗于宣德三年（1428）三月十一日颁敕书曰：

“敕太监尚义、郑和、王景弘、唐观、罗智等：南京大报恩寺完成了，启建告成，大斋七昼夜，然点长明塔灯。特敕尔等提调修斋。合用对象，着内府该衙门该库关支对象造办，打发供应，物料及赏赐僧人，就于天财库支钞。着礼部等衙门买用。塔灯用香油，着供用库按月送用。故敕，钦此。”[①]

继以宣德五年（1430）五月初四日，宣宗为郑和第七次下西洋之后勤供给，又颁敕书曰：

“敕南京守备太监杨庆、罗智、唐观、大使袁诚，今命太监郑和等往西洋忽鲁谟斯等国公干，大小舡六十一只，该关领原交南京入库各衙门一应正钱粮并赏赐番王头目人等彩币等物，及原阿丹等六国进贡方物给赐价钞买到纻丝等件，并原下西洋官员买到瓷器、铁锅人情物件，及随舡合用军火器纸札油烛柴炭并内官内使年例酒油烛等物。

① （明）葛寅亮：《金陵梵刹志》卷二《钦录集·宣德三年》，金山江天寺民国廿五年（1936）影印明天启七年（1627）刊本。

敕至，尔等即照数放支与太监郑和、王景弘……关领前去应用，不许稽缓。故敕。”②

据以可知，罗智与郑和、王景弘不但份属同僚，而且关系密切。特别是后一通敕书，更巨细无遗地列举了罗智作为郑和、王景弘第七次下西洋船队后勤总部的主要领导成员，为远航所提供的给养细目与馈赠西洋各国的礼物，从中不难想见罗智为郑和七下西洋这一集体分工合作的航海事业作出的重要贡献。

罗智墓志作为与郑和乃至郑和下西洋直接有关的宦官同僚遗物，具有十分重要的史料价值。为方便讨论，兹将其志文标点如下③：

南京守备内官监太监罗公墓志铭」中议大夫赞治尹南京太常寺少卿四明郑雍言撰文」正议大夫资治尹南京吏部左侍郎萧山魏骥书丹」朝请大夫赞治少尹南京国子祭酒四明陈敬宗篆盖」公讳智，姓罗氏，柳之迁江茂族也。曾祖讳某，祖讳某，父

②（明）巩珍著、向达校注：《西洋番国志》卷首《敕书》，《中外交通史籍丛刊》本，中华书局。书卷首的永乐十九年十月十六日敕书中作“唐观保”，向达先生在校注《西洋番国志》时亦已发现这一问题，但他根据钱曾《读书敏求记·史地舆图》下著录的“巩珍《西洋番国志》一卷”条引宣德年敕书亦作“唐观保”，进而推断彭氏知圣道斋钞本卷首宣德五年五月初四日敕书“唐观”下脱去“保”字，故在点校出版之际补入，并出校记予以说明。其实，除此之外，支持向达先生这一推断的文献还可再捡出一些来，如《明仁宗实录》卷一上“永乐二十二年八月丁未”：“命太监王贵通率下番官军赴南京镇守，宫中诸事同内官朱卜花、唐观保，外事同驸马都尉西宁侯宋琥、驸马都尉沐昕计议而行。”然“唐观”之说，亦非孤例。如前引《金陵梵刹志》卷二《钦录集》所载宣德三年（1428）三月十一日敕书，即有“敕太监尚义、郑和、王景弘、唐观、罗智等，南京大报恩寺完成了……”云云，此其一；另据《明英宗实录》卷七八“正统六年四月癸酉”：“敕南京守备太监刘宁、罗智、唐观、袁城曰：得丰城侯李贤、参赞机务兵部右侍郎徐琦奏神宫监种菜军人周游子等首称，监工官安招、李真保擅领军匠伐孝陵山后旧种柏树二十余株……敕至，尔等即同贤暨琦体勘。”此其二。又及，明正统五年（1440）正月所立、位于北京通县次渠村的《敕赐宝光禅寺助缘记》碑，其碑文的主体内容为助缘的宦官题名。在这份明正统五年正月开列的宦官名单中，不仅包括了王瑾、王振、王安、金英、李童、范弘、兴安、昌盛等名噪一时的大珰，也有刚刚被擢升为御用监左少监不久的阮浪，甚至还有像山寿这样一度长系待决的获罪内臣。至于见诸史载长年供役南都的郑和同僚如袁诚、罗智、唐观也都赫然在列，却独未见有“唐观保”的题名。有意味的是，当我们将上述涉及“唐观保”或“唐观”的文献（钱曾《读书敏求记》转述的材料除外）按年代顺序排列下来，却发现“唐观保”易名为“唐观”，似乎是以宣德改元为限。按，明朝宦官因为身份、境遇特殊，更名改姓的现象较为普遍，而明宣宗更是喜欢通过给宦官赐名的方式以示殊宠。史载，在他登基之初，便将宦官陈芜赐姓名为王瑾，又将宦官范安赐名为范弘。则“唐观保”在宣德初年易名为“唐观”，是否与宣宗有直接关系，殊值留意。毕竟，宣宗曾以皇太子的身份监国于南京，与郑和及其宦官同僚朝夕相处，彼此熟稔进而建立起一种相互依存的情感来，也是很自然的事。正因为有这样一个特殊的背景，加之“唐观保”与“唐观”又泾渭分明地分别见载于宣德前、后的文献材料中，因此在没有确凿证据的情况下，便断定宣德以后文献材料中的“唐观”有脱误，并将其补为“唐观保”，也就难有说服力。故本文对《西洋番国志》卷首宣德五年五月初四日敕书的引述，也就一仍彭氏知圣道斋钞本之旧，而未从向达先生的校改。

③罗智墓志全文，初录于周裕兴先生所撰《由南京地区出土墓志看明代宦官制度》一文（下简称《周文》），但阙漏颇多，如罗智墓志正文第1行谓罗智“曾祖讳某，祖讳某”，《周文》两处“某”字皆以“□”代之；第3行“内廷”，《周文》作“内庭”；第4行“宸衷”，《周文》误作“宸扆”；第7行“命守备南京”之“守备”，《周文》误作“备守”；第10行“令行于上”之“于”，《周文》误作“在”；第11行“生气攸聚”与第24行“福禄攸增”之“攸”，《周文》皆误作“悠”；第15行“以答神贶”，《周文》作“以□神□”；第21行“将卜是年十一月八日葬”之“卜”，《周文》以“□”代。详见朱诚如等主编《明清论丛》第一辑，紫禁城出版社，1999年，第135页。

讳秀、母李氏。公生而岐」嶷不群，警敏爽朗，性姿醇谨。年十一选入」内廷，简在」宸衷，攻习书史，日有进益。至于道经释典，靡不博览。年二十擢大使，掌宝藏承运库」事，详于出纳，纤悉无遗。永乐丙申，掌内官监事。洪熙乙巳，升本监太监，」钦赐龙山田地十六顷，免其税粮。宣德改元，」命守备南京，夙夜祗慎，恪勤匪懈，机务庶政，无不毕举。尤精于造作，凡」陵庙、殿宇、城垣修创之工，必躬亲提督。制度规模，坚完壮丽，超轶往古。正统元年，」敕书褒其忠勤，赐白金一百两，彩段四表里。迄今守备二十有余年，存心平恕，处」事详慎，令行于上，事集于下。军民为之安堵，京师为之帖然，其摅忠莅政如此。」尝于城南安德乡购地一所，山明水秀，生气攸聚，卜为寿藏，且傍建梵刹，具章」上请，」赐额曰"静明寺"。择僧住持，以祝延」圣寿，祈福苍生。复蒙」圣恩，降护敕一道、佛经一藏，为山门之镇。宣德间奉」召至京，感王灵官之神庇，乃于城西南隅乌龙潭山肇建祠宇，以答神贶，蒙」赐额曰"灵应观"。复塑梓潼真君像于洞神宫，建祠立碑以奉焉，其发心为善又如」此。嗟乎！公历事」五朝，忠贞之志无间始终，仁厚之心老而弥笃。」国家之所倚重，人民之所仰赖。正期寿考，以享遐福，夫何一疾，奄忽长逝，惜哉。公」生于洪武乙卯十月二十日，卒于正统戊辰九月二十八日，享年七十有四寿。」子三人：长曰喜，次曰铭，曰祥。将卜是年十一月八日葬焉，喜等具公行实来征」铭镵诸石，不获辞，遂次第其事，序而铭之。铭曰：」显允罗公，天姿卓异。遭际」圣明，擢为近侍。勤于德业，富有才能。识见益博，福禄攸增。历事」五朝，小心翼翼。委任日隆，克殚忠赤。南京守备，机务寔烦。从容处分，」政妥民安。曰生曰死，夜旦常理。预卜寿藏，达生如是。下人怀德，」千载不忘。刻铭贞石，于以揭芳。

据墓志记载：罗智为广西柳州迁江人，父罗秀、母李氏，其父以上已不可考。罗智生于洪武八年（1375），年十一选入内廷，卒于正统十三年（1448）九月二十八日，享年七十四岁。有养子罗喜、罗铭、罗祥三人。凡此，皆可补益史载。按，罗智籍贯广西柳州，从宦官来源的区域划分，当属"南口"。陈寅恪先生曾指出："唐代阉寺多出自今之四川、广东、福建等省，在当时皆边徼蛮夷区域。其地下级人民所受汉化自甚浅薄，而宦官之姓氏又有不类汉姓者，故唐代阉寺中疑多是蛮族或蛮夷化之汉人也。"④唐长孺先生亦赞同此说，称之为"南口进献"。⑤可见南方各色民族子弟被掠卖或进献为宦官，由来已久。罗智入宫当在洪武十九年（1386）前后，其时明廷平定云南境内的残元势力已逾数年，像郑和那样以敌酋俘虏子弟的身份而遭阉割掳掠的背

④陈寅恪：《唐代政治史述论稿》，上海古籍出版社，1982年，第25页。
⑤唐长孺：《唐代宦官籍贯与南口进献》，《纪念陈寅恪先生诞辰百年学术论文集》，北京大学出版社，1989年，第277—280页。

景固已不复存在。故罗智入侍内廷，或仍是源于“南口进献”的传统。

罗智的仕宦与事迹多有可纠补史乘者，摭之如下：

（一）志文谓罗智入宫后“攻习书史，日有进益……年二十，擢大使，掌宝藏承运库事。详于出纳，纤悉无遗”。此段记载殊值留意。据前引宣德五年五月初四日宣宗为郑和第七次下西洋之后勤供给所颁敕书，同为南京内守备的罗智虽位列都知监太监杨庆之次席，但杨庆其时甫至南京镇守即卧病不起，不能视事[⑥]，故罗智可谓郑和第七次下西洋事实上的后勤总管。而据志文所载可以想见，罗智早年攻习书史尤其是二十岁后掌管宝藏承运库时所练就的出众的管理能力，当是其日后胜任郑和出洋舟师后勤补给、进而确保郑和第七次下西洋任务顺利完成的前提。

前引《西洋番国志》卷首所录宣德三年三月十一日敕书，有“敕太监尚义、郑和、王景弘、唐观、罗智”云云[⑦]，是谓罗智为太监，然未详其寄衔某一监。据志文，罗智入宫后，于洪武二十七年（1394）擢大使，永乐十四年（1416）掌内官监事，并于洪熙元年（1425）升任内官监太监，直至其去世。由此可见，罗智曾长年与郑和、王景弘二人同寄衔于南京内官监，彼此关系应当是十分密切的。

前引宣德五年五月初四日敕书有“敕南京守备太监杨庆、罗智、唐观、大使袁诚”[⑧]云云，是谓罗智至迟在宣德五年五月已经担任南京守备太监，即内守备，至于何时去职，亦不得而知。今据志文中的“宣德改元，命（罗智）守备南京……迄今守备二十有余年”等内容，可确知罗智始任南京守备太监为宣德元年（1426），直至寿终，共计二十二年。

有意味的是，结合该通敕书中职衔冠名的简省情形，还可推知排名紧随罗智之后的唐观，其时或亦为南京守备太监。依制，明代南京守备太监为正副二员[⑨]，然逾越定制、破坏祖法的情形却时常发生。如嘉靖四年（1525），“闰十二月，初有旨，添设南京守备太监卜春，南京御史王献等以为冗滥，疏请停革。兵部复议，南京守备已增至三员，若添设愈多，则职掌不一，且南京岁灾民困，一切供用，皆取诸民。乞俯以停革，以重根本。诏如前旨”。[⑩]南京守备太监增至三人，已被有识之士认为冗滥，纷纷疏请停革，但世宗却“诏如前旨”，毕竟正德元年（1506）都给事中张文等请裁内臣冗员之际，南京曾同时出现过余庆、黄準、黄忠、刘云等四名守备太监[⑪]。而综以前引宣德五年五

⑥邵磊：《明代宦官杨庆墓的考古发现与初步认识》，《东南文化》2010年第2期。
⑦（明）葛寅亮：《金陵梵刹志》卷二《钦录集·宣德三年》。
⑧（明）巩珍著、向达校注：《西洋番国志》卷首《敕书》。
⑨（清）张廷玉等撰：《明史》卷七四《职官三·宦官》：“南京守备，正、副守备太监各一员。关防一颗，护卫留都，为司礼监外差。”中华书局标点本，第1822页。
⑩（明）王世贞：《弇山堂别集》卷九九《中官考十》，中华书局，1985年，第1881页。
⑪（明）王世贞：《弇山堂别集》卷九四《中官考五》，第1790页。

月初四日敕书及罗智墓志的相关记载，已知杨庆、罗智、唐观三人其时皆为南京守备太监，至于王景弘亦早在永乐末年就已率下番官军守备南京[12]，直至正统初年仍在南京守备太监任上[13]。并且由于文献中并未见有此前亦奉命守备南京的郑和被解除南京守备太监的记载，故南京守备太监有可能在宣德五年一度创纪录地达到五人之多。南京守备太监的增多往往容易与宦官势力坐大联系在一起，然而宣德朝对宦官管束尚较严厉，加之其时初设南京守备太监不过五六年，竟也出现这样的情形，仍不免令人感到意外。

罗智在南京守备太监任上涉及公务的事迹，见诸史载者有三：其一，因孝陵殿祭器被盗，罗智于宣德九年（1434）正月奏请治孝陵神宫监官苗青、孝陵卫指挥萧昱等防护不谨之罪[14]；其二，因孝陵神宫监种菜军人周游子告监工官安招、李真保伐孝陵山后旧种柏树二十余株等事，宣宗故于正统六年（1441）夏四月敕罗智等与丰城侯李贤共同勘查[15]；其三，正统二年（1437）十月，监察御史李在修等以纵奴杀人及贩买簰筏、恃强入关不税等罪名劾奏同官南京守备太监的罗智、袁诚二人，罗智等具实自明，并抵认服罪，因而得到了英宗的宽恕[16]。综上所述，皆与罗智司法或违法有关，今据墓志可补，罗智在守备南京期间"尤精于造作，凡陵庙、殿宇、城垣修创之工，必躬亲提督，制度规模，坚完壮丽，超轶往古"。凡此种种，与郑和、王景弘守备南京期间曾花费相当大的精力在督建大报恩寺及琉璃宝塔、修缮南京宫殿及天地坛、山川坛等建设工程方面的情形相类属，固属寄衔南京内官监太监的分内事务[17]。

（二）志文谓罗智在南京城南安德乡购地，卜为寿藏，且在寿藏之侧构建静明寺，这一记载亦十分重要。据《万历江宁县志·祠宇志》："静明寺，在寂照寺西。内侍罗□建。有玉华泉出石壁下。"[18]《万历江宁县志·祠宇志》所载由明代宦官施建或拓建的寺庙，凡涉及宦官姓名处，皆只存其姓而隐讳其名。今据志文可知，静明寺实为

⑫ 据《明仁宗实录》卷一上："（永乐二十二年八月丁未）命太监王贵通率下番官军赴南京镇守，宫中诸事同内官朱卜花、唐观保，外事同驸马都尉西宁侯宋琥、驸马都尉沐昕计议而行。"中研院历史语言研究所校印本，1962年，第6页。通常认为，此王贵通即与永宣之际七下西洋的郑和同侪王景弘为同一人。按，本文所引《明实录》中的内容，皆据中研院历史语言研究所1962年校印本，以下不另注出。

⑬《明英宗实录》卷十五："（正统元年三月甲申）敕南京守备太监王景弘等于官库支胡椒、苏木共三百万斤，委官送至北京交纳，毋得沿途生事扰人。"第289页。是谓王景弘此际仍在南京内守备任上。

⑭《明宣宗实录》卷一〇八，宣德九年（1434）春正月辛丑，第2414页。

⑮《明英宗实录》卷七八，正统六年（1441）夏四月癸酉，第1536页。

⑯《明英宗实录》卷三五，正统二年（1437）冬十月戊辰，第682页。

⑰《明史》卷七四《职官三·宦官》："内官监，掌印太监一员，总理、管理、佥事、典簿、掌司、写字、监工无定员，掌木、石、瓦、土、塔材、东行、西行、油漆、火药十作，及米盐库、营造库、皇坛库，凡国家营造宫室、陵墓，并铜锡妆奁、器用暨冰窨诸事。"据以可见，造作实为明代内官监的主要职掌。

⑱（明）周诗等修、李登等纂：《万历江宁县志》卷四《祠宇志》，南京古旧书店影印明万历二十六年（1598）刊本，1987年。

宣德、正统之际的南京守备太监罗智在生前施建的坟寺。

明代宦官建坟为寺，今人多据引刘若愚《酌中志》卷二二所谓“中官最信因果，好佛者众，其坟必僧寺也”云云。但仅是着眼于宗教信仰，而未及明代宦官建坟为寺的现实意义。龚景翰《游大慧寺记》尝云：“薄游京城之外，而环城三四野，往往有佛寺，宏阔壮丽，奇伟不可胜计。询之，皆阉人之葬地也。阉人既卜葬于此，乃更创立大寺于其旁，使浮屠者居之，以为其守冢之人。”[19]罗智在寿藏傍近施建静明寺，则欲藉僧寺为其守墓之意甚明。

值得一提的是，墓志谓罗智于洪熙元年（1425）升任内官监太监之际，曾受“免其税粮”的“钦赐龙山田地十六顷”，而罗智墓与静明寺所在地，恰亦位于龙山西麓，故颇疑罗智墓与静明寺即位于洪熙元年罗智领赐之十六顷龙山田亩左近，庶几，既可供守墓寺僧尽得供输之便，且无税赋之忧。

另据甘熙《白下琐言》载：“宦官罗志远墓前有二石柱，其一云：‘自从髫岁侍宫阙，亲见宸颜喜悦时。’另一仆不可读，俱在静明寺侧。寺即志远所建也。”[20]是谓静明寺为宦官罗志远所建。朱偰《金陵古迹图考》亦谓静明寺为“明阉人罗志远建也（罗墓即在寺傍）”[21]，当即是溯本甘熙《白下琐言》而来。甘熙《白下琐言》何以言罗智为“罗志远”，不得其详。或故老口碑相传，音近而讹。又，明代大珰多有字号或别号，罗智墓志虽未及此，但据早年所摄静明寺旧照，尚存罗智墓龟趺神道碑一，规制崇宏，倘“罗志远”系从此碑读取，则“志远”为罗智字号亦未可知。

静明寺规制不大，《金陵梵刹志》将其纳入小刹之列，归牛首山弘觉寺所统。然据志文载，静明寺构建之初却颇为气派，罗智还曾具章上奏明英宗，得蒙英宗赐额，并降护敕一道、佛经一藏以镇山门。凡此，亦皆可补史载之阙。

（三）除了对佛教的皈依外，罗智对道教也颇为尊崇。墓志涉及罗智道教信仰的事迹有两宗：其一，罗智于“宣德间奉诏至京，感王灵官之神庥，乃于城西南隅乌龙潭山肇建祠宇，以答神贶，蒙赐额曰‘灵应观’”；其二，“复塑梓潼真君像于洞神宫，建祠立碑以奉焉，其发心为善又如此”。

从墓志记载来看，“宣德间奉诏至京”是引发罗智一系列道教活动的缘起。明代前期的“京”，名、实迁易频仍，直至“正统七年，诸司题署始去‘行在’字，旧都诸司印文，皆增‘南京’字，而两京之制于是定矣”。[22]罗智卒葬已届正统十三年（1448），

---

⑲《光绪顺天府志》之《京师志十七·寺观二》引龚景翰《游大慧寺记》，北京古籍出版社，1987年，第548页。
⑳（清）甘熙：《白下琐言》卷一，江宁甘氏民国丙寅（1926）重刊本。
㉑ 朱偰：《金陵古迹图考》第十二章《近代之玄观祠宇及梵刹》，中华书局，2006年，第252页。
㉒（明）陆容：《菽园杂记》卷三，中华书局，1985年，第25页。

北京的京师地位早已实至名归，故墓志所说的“宣德间奉诏至京”，应指北京而言。

罗智以南京守备太监的身份于宣德年间奉召至北京，所为何事？墓志失载，但其后接踵而至的一系列道教活动，却暗示罗智此行或与道教有关。据明人王直《长春刘真人祠堂记》所载，罗智恰曾于宣德七年（1432）受命至北京，护送道士刘渊然返南京朝天宫西山道院终老[23]。刘渊然为明代早期最负盛名的道士，早岁“尝游龙虎山，过南昌，值岁旱，为祷雨立应”，因而着誉于时。洪武二十六年（1393）应征入谒，深得明太祖嘉许并赐号“高道”，受命于朝天宫建西山道院以居，擢道录司右正一。永乐年间谪居龙虎山，寻徙滇南，居龙泉观。仁宗即位后召还，封“冲虚至道玄妙无为光范演教真人”，寻赐诰加“庄靖普济”四字，赐给银章领天下道教事，以制祠观之则。宣德年间，眷待益隆，凡有请无不从。在诗序中，明宣宗赞颂刘渊然“阐玄元之妙，着感通之功”，对其辞归南京，则示以“朕重其去也，因取孔子仁智寿乐之旨，援笔作山水图赐之，而题诗其端以寓所以眷厚于老诚之意云”[24]。据此不难预料，即便是短暂的相处，刘渊然为累朝所礼、恩遇无俦的政治地位及其神明莫测的玄机道术，都必然会给罗智以巨大的影响。是故罗智对道教的崇奉，至少可溯源于此。

灵应观，为明代南京城西南一座中等规模的道观，至民国初年香火犹存，惜于抗战中尽毁。据明礼部侍郎陈琏《灵应观碑略》载：“都城西南隅，隆然而高者曰乌龙潭山……宣德七年春，守备罗公于山之东建王灵官祠。入夏，有狐状似小犬，昏夜为怪，莫能祛除。公请于神，其夜雷电大作，风雨继至，妖遂殄灭。八年春夏之交，连月旱暵，上下忧惶。公立坛祷神，甘雨随至，乃有大秋。复于祠后建阁，上奉玉皇，下奉雷祖。祠前建门庑庖库，黝垩丹碧，炫耀林麓。既落成，令朝天宫道士俞用谦等主祠事。用谦以未有名额，乃赴行在奏请，赐为‘灵应观’。实正统三年五月八日。”[25]将碑文与墓志中的有关记载联系起来看，可以澄清不少疑惑。如灵应观的施建者，碑文仅记为“守备罗公”，语焉不详，据墓志可知为郑和同僚、曾长年守备南京的内官监太监罗智。又，碑文载罗智施建灵应观之前，曾先行建有王灵官祠，据志文“宣德间奉诏至京，感王灵官之神庇”云云，庶可知其因果。在相继施建王灵官祠和灵应观之际，罗智多有祷神祈愿、殄妖求雨之举，其行事与刘渊然为明太祖以法术验试如出一辙。灵应观落成后，刘渊然已去世，但罗智仍延请刘渊然生前馆居的朝天宫道士俞用谦等主祠事，似亦可见罗智与刘渊然之间非同寻常的交谊。

㉓ 王直的《长春刘真人祠堂记》云刘渊然宣德七年（1432）以老辞归南京朝天宫西山道院，宣宗“洒翰作山水图，题诗其上送之，遣中贵罗智护行”。载《抑庵文集·后集》卷五，文渊阁四库全书本。
㉔《御选宋金元明四朝诗·明诗》卷一《山水图歌赐长春真人刘渊然归南京》，文渊阁四库全书本。
㉕ 参见陈琏《灵应观碑略》，载《金陵玄观志》卷二《石城山灵应观》，陶风楼民国二十六年（1937）影印明刊本。

洞神宫，始建于宋，明代重修，位于南京城中夫子庙左近的淮青桥，去所统朝天宫三里，规制与灵应观相仿，20世纪50年代尚存。志文载罗智“塑梓潼真君像于洞神宫”之际，曾“建祠立碑以奉”，据《金陵玄观志》载，洞神宫建置除了山门二楹、三清正殿五楹、九天殿三楹、东岳殿三楹、道院二房之外，尚有梓潼殿三楹㉖，当即罗智为供奉所施梓潼真君像所建之祠。

按，明代大珰多佞佛，信奉道教的为数不多，至于佛道兼奉者，更是寥寥无几，曾七下西洋的郑和即是其中之一。通常认为，郑和之所以偏奉道教神祇天妃，乃是出于祈求天妃护佑往还西洋航程安全的考虑。而据墓志记载，罗智早年净身入宫“攻习书史”之际，对于“道经释典”已然“靡不博览”，由此可见，罗智与郑和虽份属同僚，关系密切，但兼奉佛道的动机与背景却并不完全相同。

（四）志文撰造者郑雍言，《明史》无传。按，郑雍言一作郑永言，浙江宁波人，明永乐十三年（1415）进士，改翰林庶吉士，与修《性理大全》，书成，授中书舍人，转行人司副。仁宗监国南京时，常命郑雍言作诗文遣兴，以文思丰赡兼以性情谦谨而深受宠幸。宣德年间，命于内府教小内侍书。宣德五年（1430）三月丙寅，以任满考最故升河南按察司佥事。时有相者见之，曰“公当近侍，不须作行计”。次日果有旨仍留内府授小内侍书。英宗登基后，始命遣河南就职。秩满，升太常寺少卿，景泰元年五月卒㉗。

郑雍言不特文辞典雅，亦工书法，尤以篆书最为精擅，四方求请，殆无虚日，至于其楷书之端正谨严，也深受明仁宗赏识，明人朱谋垔《续书史会要》对其书法颇多赞许。郑雍言居官南京期间，曾为不少勋旧官贵撰造、书丹、篆题墓志。郑雍言应罗智养子罗喜之请而为罗智撰写墓志铭，可能既与二人同官南都有关，也与郑雍言在内府教授小宦官习字读书的经历有关。罗智卒葬于正统十三年（1448）十一月八日，其时距郑雍言卒年尚不足两年，由此可见，罗智墓志很可能是现存郑雍言最晚的一篇文字。

罗智墓志的书人魏骥，字仲房，永乐中以进士乙榜授松江府学训导，所授诸生多所成就。与修《永乐大典》，荐太常博士。宣德初，升考功员外郎，历南京太常寺少卿，召试行在吏部左侍郎，寻实授。魏骥学行醇笃，端慎廉约，谙世事，瞭国体。时太监王振恃宠，蔑视公卿士夫，惟礼重魏骥，呼以“先生”。正统八年改礼部，出任南京

㉖ 参见《金陵玄观志》卷四《洞神宫》。

㉗ 郑雍言仕历，参见《雍正浙江通志》卷一八〇《人物六》，文渊阁四库全书本；王直《抑庵文集·后集》卷十七《送少卿郑君序》，文渊阁四库全书本；《明英宗实录》卷一九二，景泰元年五月辛亥，第3996页；王锜《寓圃杂记》卷九《郑雍言》，中华书局，1984年，第73页；《明宣宗实录》卷六四，宣德五年三月丙寅，第1517页。

吏部，十四年进尚书。景泰元年致仕，成化七年正月以九十八岁高龄修然而逝[28]。时论谓其自古大臣之最高寿者。《书史会要》称魏骥“善书法”，而据其为沈氏所藏《淳化阁帖》拓本题识“拓工不知用墨之妙而得其笔意殊少”“拓时用墨有法致笔意不失”云云[29]，真可谓书法之解者。不过，魏骥为罗智墓志书丹时已届七十五岁，犹能作此端则小楷，且法度严谨，一丝不苟，究属难能。

为罗智墓志篆盖的陈敬宗，字光世，浙江慈溪人，永乐二年进士，选庶吉士，与修《永乐大典》，继修《五经四书大全》《太祖实录》《北京志书》，宣德元年预修《两朝实录》，次年转南京国子监司业，九年，秩满，祭酒。在任十五年，屡抗章乞归。景泰初致仕，卒于天顺三年五月，享年八十三岁。敬宗容仪端伟，动止有常，力以师道自任，诸生、僚属皆畏惮其严肃。大珰王振尝欲一见，敬宗对以“吾为诸生师表，而私谒中贵，何以对诸生？”王振复赠敬宗文锦、羊、酒，以求书题程子《四箴》为名，冀敬宗往诣。敬宗但酬其具名所书，并遣人返还馈赠诸物，终究不履其门[30]。敬宗敏学能文，尤善草书，《书史会要》称其“行草任笔成形，如苍虬老桧，铁曲银蟠，但欠圆熟耳”。《弇州山人续稿》则谓“敬宗小楷斐亹，饶晋人意，负临池名，固不虚也”。[31]以其“负临池名”云云，可证陈敬宗于书法一道用力之深，颇负盛名。值得一提的是，陈敬宗传世书迹多为楷书或行草，篆书绝少，其在南京国子监祭酒任上书题的罗智墓志篆盖很可能是其现存唯一的篆书遗迹，弥足珍贵。

（本文原刊《郑和研究》2010 年第 3 期）

㉘《明史》卷一五八《魏骥传》，第 4318—4320 页；《明宪宗实录》卷一〇〇，成化八年春正月戊午，第 1945、1946 页。
㉙《珊瑚网》卷二一《法书题跋》，文渊阁四库全书本。
㉚陈敬宗事行，参见《明史》卷一六三《陈敬宗传》，第 4424、4425 页；《明英宗实录》卷三〇三，天顺三年五月庚戌，第 6421、6422 页。
㉛据《钦定佩文斋书画谱》卷四一《书家传二十》引，文渊阁四库全书本。

南京牛首山明代佛龛的调查与初步探讨

符永利　刘文庆

牛首山位于南京市南郊，在雨花台区铁心桥街道与江宁区东善桥镇交界处，距中华门 13 千米左右，自古就是一座名山。佛龛即分布在牛首山东峰兜率岩北崖离弘觉寺塔百米处的感应泉旁，地理位置为北纬 31° 54.8'，东经 118° 44.322'，海拔 162 米。

最早对牛首山佛龛进行调查的是朱偰先生，他在 1936 年出版的《金陵古迹图考》中作过简短的记录，但仅“壁镌大小石佛数十尊，间以梵文，作风古朴，为明以前物无疑”数语，附有图片 1 张[1]。此后，直至 20 世纪 80 年代才有过一次更进一步的调查，结果公布在《江宁县概况》中，此调查第一次统计出五个佛龛内造像的总数目，确认了两个主像的尊格，辨识出弥勒龛造像题记及敕赐弘觉禅寺所属范围题刻的部分内容，但把三处藏文题刻误认为梵文，把明景泰元年的《题感应泉诗》误读为景泰六年[2]。1997 年出版的《南京文物志》，在介绍牛首山摩崖石刻时，对壁面题刻的敕赐弘觉寺地契楷书文字进行了辨读，辨认出 68 字左右。并认为龛中存有环立武僧、打坐修士等题材，对《题感应泉诗》题刻作了测量，纠正了景泰六年的错误[3]。其后虽有不少著作提到牛首山佛龛①，但均是传抄而已，不出《南京文物志》调查所获的资料范围。

鉴于目前牛首山佛龛缺乏详细的考古调查与深入的基础研究，我们于 2011 年重新进行了调查，在实际考察的基础上对其题材、时代、意义等作了初步讨论。

①对牛首山佛龛进行过记录的文献还有：卢海鸣编《雨花风物》，南京出版社，1997 年，第 79 页；陈桥驿主编《中国都城辞典》，江西教育出版社，1999 年，第 1252 页；唐云俊主编《江苏文物古迹通览》，上海古籍出版社，2000 年，第 221 页；杨新华、吴阗编著《南京寺庙史话》，南京出版社，2003 年，第 61 页；杨新华主编《金陵佛寺大观》，方志出版社，2003 年，第 251—259 页；南京市江宁区文化局、江宁区博物馆编《江宁文物》，江苏美术出版社，2004 年，第 172—173 页；杨新华、王宝林主编《南京山水城林》，南京大学出版社，2007 年，第 90—91 页；国家文物局主编《中国文物地图集·江苏分册》（上册），中国地图出版社，2008 年，第 124 页；南京江宁区政协主编《江宁历史文化大观》，南京出版社，2008 年，第 314—315 页。

一、调查概况

此处崖壁平面呈“几”字形，三面岩石，南北长 11.5 米，东西宽 5.8—8 米，中间围合成约 77 平方米的平地空间，原存建筑早毁，现由今人铺砖墁地，十分平整。正壁遥对南方的祖堂山主峰献花岩。崖壁开龛 5 个，北壁 3 个，东壁 2 个，从西向东依次编号为 K1—K5（图 1，图 2）。K1、K2、K3 分布在北壁，朝向为南偏东 4°， K4、K5 分布在东壁，朝向为南偏西 80°。K1 现存小像 55 尊，K2、K3、K5 各存 1 尊像，K4 现存小像 75 尊，大小共 133 尊[②]。另有弘觉寺田产题刻 1 处、弥勒造像记 1 处、“南无阿弥陀佛”题记 2 处、《题感应泉诗》1 处、梵文六字真言 1 处、藏文题刻 3 处。

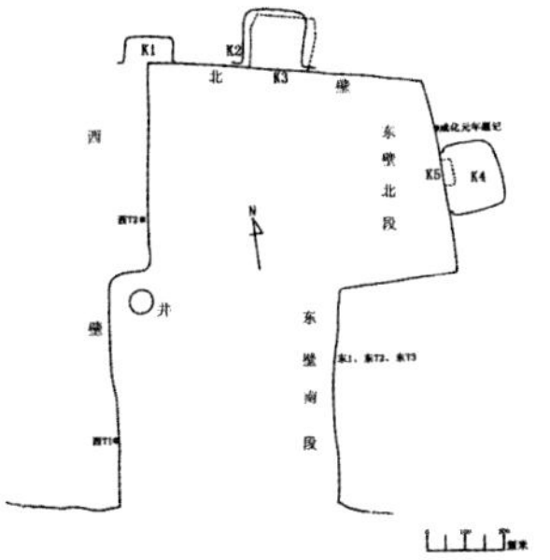

图 1　牛首山摩崖石刻　平面分布图

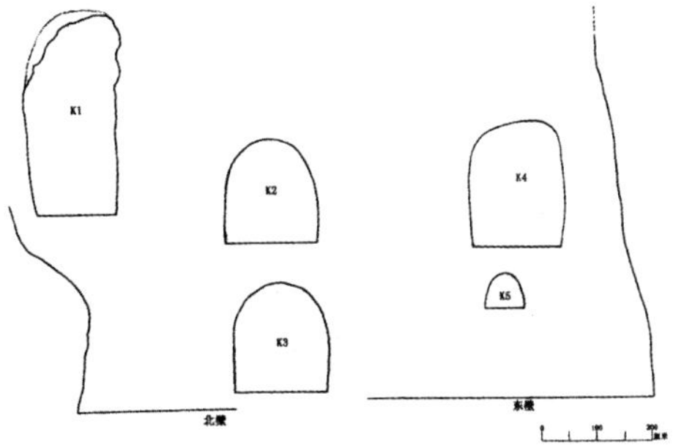

图 2　牛首山佛龛　立体面

（一）窟龛内容

1 .K1

位于北壁最西端，位置最高，龛底距现地表 333 厘米。长方形平而浅龛，底宽 130 厘米、高 310 厘米、深 70 厘米，龛口顶部和侧壁残损（图 3）。原浮雕小像 9 层，最下 1 层为立像，其上 8 层均为跏趺坐像（从下往上第 6 层西侧 1 尊立像除外）（图 4）。K1 前方的西壁上凿有一条宽 11 厘米、深 13 厘米的排水槽。

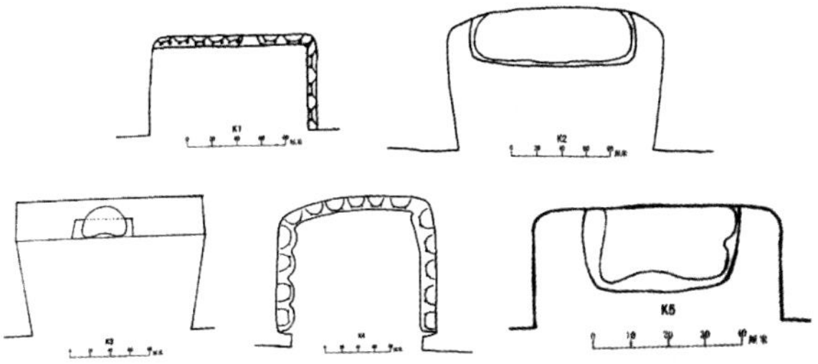

图 3　K1—K5 平面图

图 4　K1 两壁展开示意图

②关于牛首山佛龛现存佛像的数目，大多数著作均沿袭 1987 年《江宁县概况》中的数据，即 129 尊。另外，牛首山风景区的牛首山摩崖石刻石窟佛像介绍牌中，则指明有佛像 130 尊。据笔者实际考察，现存造像可达 133 尊。差异主要在于对 K1 中的造像的辨认与数量统计。

K1 现残存小像 55 尊，正壁 45 尊，东壁 10 尊（见表 1）。按从下向上的顺序分层，第 1 层均为立像，立于低坛上，正壁 7 尊，东壁 3 尊。正壁从西向东第 1 尊至第 6 尊，戴冠着履，面相瘦长，窄肩，身体细长，双手拱（或合十）于胸前，穿右衽交领大衣，袍袖宽大。其中第 1、2、5 立像下颌留有胡须，似为文臣装的供养人（图 5–1、5–2）。第 7 尊，即正壁最东侧的 1 尊立像，头顶高冠，身着战袍，赤足，共 8 臂，个别手臂残损，中间 2 手合掌于胸前，其他各手持剑、杵，托举日、月等物，似应为阿修罗之类的护法神像（图 5–3）。第 7 尊身像的高度约在 52—54 厘米。东壁 3 尊立像，头毁，风化过甚，腰部以上已经残损不清，可见穿靴分别立于长方形低坛座上，两侧有向外撇的衣角，残高约 48 厘米从内向外第 1 身像双手拱于胸前，应为供养人像，与正壁第 1 层 6 尊立像的身份相同。第 2、3 两尊立像似为武士天王像。

东壁第 2 至 5 层小坐像，从残痕可见各有 2 身，但已经风化残甚，基本看不出原来风貌。第 6、7 层也应存 2 身，最外 1 身都已残毁不堪。第 8、9 层各存 1 身小坐像。

正壁小坐像，第 2 层存 7 身，第 3 层存 9 身，第 4 层存 8 身，第 5 层存 5 身，第 6 层存 5 身（其中有 1 身为立像），第 7 层存 2 身，第 8、9 层各存 1 身（图 5– 4）。正壁第 6 层最西侧为 1 尊稍大的立像，残高约 54 厘米，似为武士天王打扮，细部已风化不清。

表 1　K1 内雕像数量分布统计表（单位：尊）

从上往下分层	正壁	东壁	合计
第 9 层	1	1	2
第 8 层	1	1	2
第 7 层	2	1	3
第 6 层	5	2	7
第 5 层	5	1	6
第 4 层	8	○	8
第 3 层	9	○	9
第 2 层	7	1	8
第 1 层	7	3	10
合计	45	10	55

注：表中○号表示此处造像已不存

1.k1 正壁第 1 层西侧地 1 像

2.k1 正壁第 1 层西侧地 3 像

3.k1 正壁第 1 层阿修罗像

4.k1 正壁第 9 层坐像

图 5　K1 代表性造像示意图

除了第1层10尊和第6层1尊为立像之外，其余44尊都是小坐像，高约25—30厘米，都为跏趺坐，袒右肩大衣，施禅定印，头顶可辨肉髻。K1内未见大的主像，为雕凿数量较多的群像，除了小化佛之外，还有天王、护法、供养人等，似是天王护持下千佛静修的场景。

2. K2

K2位于K1左侧，相距约120厘米，长方形平面，圆拱形顶，宽165厘米、深150厘米，龛口高180厘米、龛内高195厘米（图3）。正壁雕凿1身坐佛，头饰顶严，高髻，双耳垂肩，而相清癯，弯眉毛，细目微闭下视，宽鼻梁较矮，大鼻头，双鼻孔，小口微撇，鼻翼两侧刻有八字纹，下巴刻有上弯弧形。圆柱体短颈，双圆肩耸起，胸前饰有3道下弯阴刻蚕纹。袒右肩，右肩覆偏衫，袈裟贴体，身躯略显板直僵硬。双手施禅定印，左手在下，右手在上，双拇指相对。全跏趺坐于仰覆莲座上，露双足，脚心朝上。莲座可见上下各7只莲瓣，莲瓣较宽肥，瓣头部饰阴刻如意石纹。佛像通高180厘米，像坐高140厘米、头宽34厘米、头长40厘米、肩宽60厘米、双膝间宽114厘米。左足长28厘米、宽10厘米，右足长27厘米、宽8厘米。仰覆莲座高40厘米、宽30厘米、长135厘米（图6）。

图6　K2主尊阿弥陀佛像

K2顶部与侧壁残留白灰泥覆层，泥上发现有墨书题记。正壁佛像左右两侧各存1处题刻，龛的东西两壁各存1处题刻，共有5处题记。对此编号情况如下，正壁佛像西侧题刻编号为K2T1，东侧题刻编号为K2T2，西壁题刻编号为K2T3，东壁题刻编号为K2T4，墨书题记编号为K2T5。

K2T1：位于正壁西侧，在长55厘米、宽27厘米的长方形范围内，楷书竖刻，大概可辨3行，字径约3厘米 ×4厘米。可辨认的字有："□□山大众前堂觉禅□□□/钦依弘觉住持智远□□/□山供养□圣智□□……"

K2T2: 位于正壁东侧，在长54厘米、宽26厘米的长方形磨光平面内，楷书竖刻4行，字径约3厘米 × 3. 5厘米。可辨的字有："……/钦升南京僧录司右觉义兼住/敕赐弘觉承恩二寺福宽□□/……"

K2T3：位于西壁，大约竖写11行，楷书，风化过甚，已难辨认。

K2T4：位于东壁，在长60厘米、宽46厘米的磨光长方形平面内，楷书刻有12行字，字径约2厘米 ×2. 5厘米。可辨的字有："□□□奉/□□□□法耳页□可海等谨□□……/……三有法界有情同发彼岸……/阿弥陀佛一尊普利人天供养……/……孟进/……武可得车可信阮普明□普能□□□除亮于通/……于福觉杨仪王福□□福信□□□□□聚任贵郭恭/……□□张□王福张道沣武□武通□广□福庆/……弟福优任聪……于普口丁鉴/□李可缘陈祖陈□□□□□□□遗张普缘/□众歹或高□何辉□□□□郑荣张义黄玉□/大明成化七年正月一十贰日立金陵顾廷璧马全钱胜镌。”此题记明确记载 K2 开凿于明成化七年（1471），主像供奉的是一尊阿弥陀佛。

K2T5：位于东壁顶部，写于白灰泥上，占壁面长 57 厘米、宽 48 厘米，字径约 2. 5 厘米 × 3. 3 厘米，共 9 行，可辨认的字有："国华宋君□□□宋老先生忝……/七夕偶□诉反□和见示……/功讥□□喜□□□……/和此以志记念/毁□□淮□……/松闲□□□□□□□□□□……/□□□□□□□多□天……/天河斜□鹊桥驾□苑穿……/□明王邪□□□□公□合□□□……"看来是作者收到宋姓先生的赠诗，然后和了一首题于此处，写于七夕之际，年代不详，但从打破关系看，应该晚于开龛的成化七年。

K2 左右外壁面竖行楷书刻字，残存约 25 行，内容为敕赐弘觉寺的田产四至范围③。另有"南无阿弥陀佛"和"闭目□……"等较大字的题刻，为楷书。从相互打破关系看，寺产题记要早于"南无阿弥陀佛"等题刻，而 K2 的开凿与"南无阿弥陀佛"等题刻则基本同时。

3. K3

图 7　K3 倚坐道像示意图

K3 位于 K2 正下方，顶部距 K2 底约 63 厘米，为长方形平面龛，圆拱形顶，龛口底宽 159 厘米、高 198 厘米、深 140 厘米。正壁留有长方形低坛，长 209 厘米、宽 38 厘米、高 54 厘米（图 3）。正壁不见凿像的痕迹。龛壁原涂抹一层厚约 0.5 厘米的白灰泥，未见彩绘，龛顶有黑色烟熏痕迹。正壁长方形低坛的中央凿长方形小凹槽，长 56 厘米、宽 19 厘米、深 20 厘米。槽内置一尊圆雕倚坐像，像高 80 厘米、肩宽 30 厘米。此像头部为后补，

③关于牛首山佛龛周围的寺产题记的内容，据 1997 年出版的《南京文物志》记载，"在（K2）龛外左右两壁上刻有牛首山敕赐弘觉禅寺范围的全文，中间部分在凿窟时毁去。其余文字也多模糊不清，仅能看出'牛首山，敕建弘觉禅寺于永乐年间陆……到安德乡口人李行深口口间十二……坐于牛首山……间本寺山西至桃花涧本山……至桃花涧口山北至寺……西到安德乡三图人蒋祯……八亩坐于牛首山后……'"2011 年，经笔者实际调查，仅以当前所能辩者记录于下，"牛首山/口赐弘觉禅寺于永乐某年间口口口口……/……买到……琛计十二……/……八叁坐……/……初口本……/……至口……/……司案呈奉本部送/……口口口一……/……圣日口他口口给口口……遵纱（抄）出送司案呈口合通行除外……/……南京僧禄司着落该寺住持……/……钦依内事口口口施行……行除口仰本……/……顷至口……/……塘田地共七十亩……/……白石坑路西至文殊岭……/……南至口口村北至本寺山门……/……口贡捧……/……景泰三年闰……同都史戴（口）……/……口赵县土民……/……口口口……/……口口村……/口口口……"经过笔者比对，发现此段题刻文字与［明］盛时泰著《牛首山志》中所载明景泰三年寺产公文有关联，虽然文字有异，但内容如出一辙，可以肯定这段文字的年代应该在明景泰三年（1452），从而为判断窟龛上限年代提供了依据。参见［明］盛时泰著，卢海鸣、夏仁琴点校《牛首山志》，南京出版社，2010 年，第 72—73 页。另在《金陵梵刹志》中也有记载，题名为《拔还弘觉寺田山帖文》，参见［明］葛寅亮撰，何孝荣点校《金陵梵刹志》，天津人民出版社，2007 年，第 801 页。

身着宽袖长袍，穿云头履，腰系长带，带在腹前打结分两道下垂至双足间，双手持一长方形物于胸前。从着装看，此像似为道教造像④（图 7）。

4. K4

K4 位于东壁中部，长方形平面圆拱形龛，龛顶弧度较平，宽 160 厘米、高 210 厘米、深 145 厘米，龛底面距现地表 260 厘米（图 3）。龛内 3 壁都雕小像，分 6 层，共 75 尊（表 2）。最下 1 层 15 尊均为立像，其上 5 层 60 尊都是坐像（图 8）。

从下往上第 1 层，正壁刻 6 尊，头部均残，但可辨为光头状，着右衽交领式宽袖长袍，双手拱于胸前，为弟子像（图 9–2）。南壁有 5 尊，最里 3 尊形象同于正壁弟子像，外侧 2 尊为武士天王像，头部已残损，身着甲衣，足蹬靴，双手拱于胸前（图 9–1）。北壁有 4 尊，内侧 2 尊为弟子像，外侧 2 尊为武士天王像。总的来说，第 1 层立像，有 11 尊弟子像、4 尊天王像。

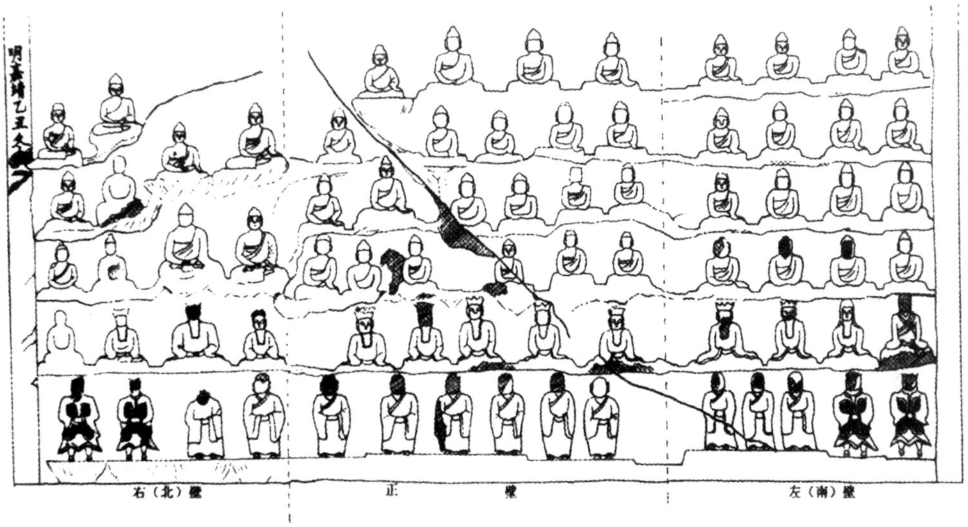

图 8　K4 三壁展开示意图

从下往上第 2 层，正壁刻 5 尊坐像，戴五叶冠，穿通肩大衣，双手施禅定印，跏趺坐，膝以下残损（图 9–3）。南壁刻 4 尊坐像，跏趺坐，从里向外第 1、2、3 尊穿深领通肩衣，第 1、2 尊戴五叶冠，第 3 尊戴风帽（图 9–4），此三尊均为禅定印。最外侧的第 4 尊，头部残损，着右衽交领式僧衣，胸前使用圆环系住三角形下衣角，双手持物，似为金刚杵之类的法器（图 9–5 ）。北壁刻 4 尊跏趺坐像，外侧 1 尊风化严重，里边 3 尊着深领通肩衣，戴五叶冠，禅定印，头部残损。

④ 据牛首山风景区工作人员介绍，K3 内椅座像是原物，“文化大革命”期间头部被毁，现在头为今造，与 K2 主像身体均涂金，乃弘觉寺僧人所为。但笔者怀疑此像年代稍晚，体量小，又为独尊圆雕，与所在龛不相谐，应不属于原来龛像，可能是后来由信徒补置的。

从下往上第3层至第6层，均刻小坐佛像，有髻，大耳垂肩，袒右肩，可见到内衬至胸的僧祇支，跏趺坐，双手施禅定印。个别佛像似饰顶严，右肩覆偏衫，露右乳，右臂可见戴钏，或露双足（图9–6）。具体数量如下：北壁，从下往上第3层刻4尊、第4层刻4尊、第5层刻2尊；正壁，从下往上第3层刻6尊、第4层刻6尊、第5层刻5尊、第6层刻4尊；南壁，从下往上第3、4、5、6层，每层各刻4尊（表3）。

表2 K4内雕像数量分布统计表（单位：尊）

从下往上分层	北（右）壁	正壁	南（左）壁	合计
第6层		4	4	8
第5层	2	5	4	11
第4层	4	6	4	14
第3层	4	6	4	14
第2层	4	5	4	13
第1层	4	6	5	15
合计	18	32	25	75

1.k4南壁第1层内侧天王
2.k4正壁第1层弟子立像
3.k4正壁第2层戴冠坐像
4.k4南壁第2层戴风帽坐像
5.k4南壁第2层穿交领衣坐像
6.k4北壁第5层外侧小坐像

图9 K4代表性造像示意图

与K1小像比较来看，K4小像刀法率朴，造型线条直硬，人物造型方扁，身躯方矮，类似长方体。而K1小像刀法相对细致，造像较为圆润，人物瘦长，貌显清秀些。

K4龛门北侧顶部有墨书楷体纪年“明嘉靖乙丑冬”，占壁面长33厘米、宽6厘米，字径约5.5厘米×4厘米。嘉靖乙丑即嘉靖四十四年，也即公元1565年。

在K4南壁下方外石壁上刻有“南无阿弥陀佛”6字，楷书，双钩，前5字被K4开窟时打破，仅“佛”字完整⑤。此题刻占壁面长68厘米、宽12厘米字径约12厘米×14厘米。

⑤ K4南壁下方外石壁上所刻“南无阿弥陀佛”，与K2外壁面所刻“南无阿弥陀佛”和“闭目口”等较大字，形式相同，大小相似，可能两者的时代相近，为同一时期所刻。从打破关系看，其时代要略早于K4的开凿，基本与K2同时。

5. K5

图 10 K5 弥勒佛相

K5 是最小的龛，可称之为弥勒龛，长方形平面，拱形顶，宽 66 厘米、高 61 厘米、深 28 厘米正壁雕一尊弥勒佛像，像高 36 厘米，底座长 39 厘米、宽 21 厘米、高 7 厘米（图 3）。弥勒佛像已经风化严重，仅可辨识其轮廓形状。光头大耳，凸乳鼓腹，腹部系裙，腹前结带。左腿平盘，右腿支起，赤双足，左手抓一布袋，右手持一串念珠搭于支起的右膝处。下为山石形长方座（图 10）。K5 顶部外壁上残留呈“M”形的浅槽，长约 70 厘米、宽约 10 厘米、深约 9 厘米，这可能是龛顶搭建木构庇檐的遗存。K5 右侧外壁相距 68 厘米处，刻两行竖写楷书，倾斜偏北，内容为“大明成化元年岁次乙酉五月五日比丘真定成造 / 弥勒佛一尊永远供养”。这段造像记占壁面长 84 厘米、宽 12 厘米，字径约 4. 5 厘米。

（二）题刻概况

1. 东壁

K4 南侧，向西凸出的 1 块石壁上刻着 3 处题刻（图 11），上部 1 行是梵文六字真言，编号为东 T1，为兰查体，明代风格；中部为《题感应泉诗》，编号为东 T2 图版 50；下部为 1 行藏文题刻，编号为东 T3 图 12。梵文六字真言占壁面长 160 厘米、宽 27—33 厘米，字大小为宽约 23—25 厘米、高约 31—32 厘米。《题感应泉诗》碑占壁面长 53 厘米、宽 40 厘米。藏文题记残长 316 厘米、宽 35—48 厘米。

表 3 K4 内群像高度尺寸表（单位：厘米）

编号 分层	右（北）壁				正壁						左（南）壁				
	1	2	3	4	1	2	3	4	5	6	1	2	3	4	5
6	○	○	○	○	24	27	27	27	○	○	27	30	30	27	○
5	25	25	○	○	27	25	24	24	24	○	24	24	24	24	○
4	25	25	28	28	26	27	23	23	22	22	21	24	24	24	○
3	25	25	28	30	25	25	25	22	22	22	22	22	24	24	○
2	25	28	29	25	20	22	23	22	20	○	25	25	26	26	○
1	30	40	30	40	37	37	36	37	39	36	36	38	41	39	42

注：按从上往下顺序分层，正壁按从北向南顺序编号，左右壁按从龛内向外的顺序编号，○表示此处无像。

六字真言是观音菩萨的咒语，有梵、藏、汉三种形式，汉译为“唵嘛呢叭咪吽”。六字各有含义，其中“唵”意为皈命，“嘛呢”意为摩尼真宝，“叭咪吽”意为莲花，整体意思是皈命清净的摩尼宝、清净的莲花。六字又分别代表对六道众生的超度，不管哪一道众生念诵此咒，都能得到观音的解救。六字真言在藏传佛教流布地区，信仰广泛而具影响。

东T2《题感应泉诗》碑，行楷，字径约3厘米 × 4厘米，11行，满行8字，共78字，可辨71字，内容如下：

《题感应泉诗》/ 牛首重兴占佛场，给
/ 孤有感应水常。天开 / 太璞琼浆美，石汉
瑶 / 池玉液香。清□四溟 / 光荡漾，净□
□□焕 / 文章。大哉□□□溪 / 水，耳页
祝吾 / 皇万寿觞。/ 景泰初元季月 / 佛成
道日金台释胜无极识

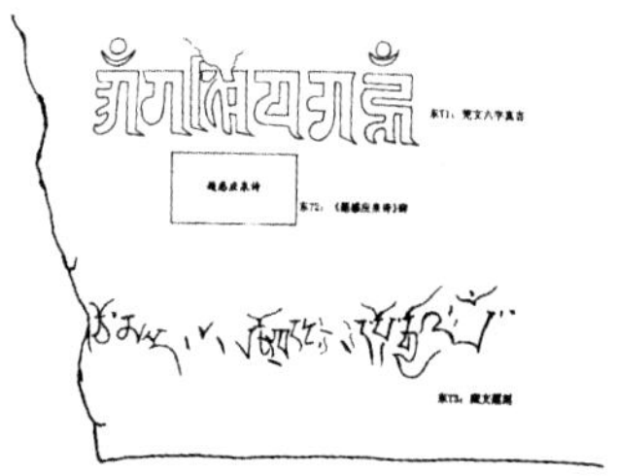

图 11　东壁南段题刻示意图

图 12　东壁编号东 T3 藏文题刻示意图

2. 西壁

图 13 西壁藏文题刻示意图

西壁南侧藏文题刻，编号西T1，竖刻，残存长63厘米、宽16厘米，右侧可见“一天三十”竖写楷书小字残迹（图13–1）。北侧藏文题刻，编号为西T2，仅存1个藏文字母，长28厘米、宽15厘米（图13–2）。

请教相关专家后知，编号东T3藏文题刻的内容大概是这样的：

这应是一行对世尊的赞颂词，起始部分可能是“Coml dan das”，译言“世尊”，最后是“rgyal po”，具体含义目前还不能确定。编号西T1藏文题刻可能是一段咒语，跟密教时轮有关。

二、题材解读

（一）阿弥陀佛

1 尊，即 K2 主像。依据有三：第一，K2 外壁刻有“南无阿弥陀佛”字样，对主尊神格已有所暗示；其二，此像施禅定印，为阿弥陀佛所习见之手印。有人曾释读为释迦牟尼佛⑥，但释迦佛多呈降魔印，与此有所区别⑦；第三，最重要的是 K2 内东壁发现编号为 K2T4 的造像题记，内中明确称“（造）阿弥陀佛一尊，普利人天供养”。因此可以断定，K2 主像是一尊阿弥陀佛。

阿弥陀佛是梵文“阿弥陀婆佛陀”和“阿弥陀庚斯佛陀”的音译略称，意为“无量寿”和“无量光”。佛经说他在过去做菩萨时，名叫法藏，曾发下著名的四十八大愿，经长期修行终成佛果，是主持西方极乐世界的教主，也是西方净土信仰的主要崇拜对象。据《阿弥陀经》言，西方极乐世界遍满琼楼玉宇，莲池中盛开宝莲，到处奇花异卉，鸟语花香。人死后灵魂往生到那里，从莲中化生，有仙人歌舞奏乐，衣食供养。如此仙境，着实令信徒神往。

（二）弥勒佛

位于 K5，是布袋和尚大肚形象。弥勒汉语译为慈氏，是释迦佛预言的未来佛，要在释迦寂灭后经过五十六亿七千万年才能下生人间，在华林园龙华树下成佛，弘扬佛法。据《明州布袋和尚》记载[4]，五代时期浙江奉化有一名叫契此的僧人，高额头，大肚皮，疯疯癫癫，随处乞食坐卧，不忌酒肉，随身携一破口袋，吃剩之物就往里塞，被人叫作布袋和尚。临终时口诵偈语：“弥勒真弥勒，分身千百亿，时时示时人，时人自不识。”至此，人们始知他是弥勒佛的化身。于是，其形象便也被塑在山门内供奉起来。这种大肚弥勒像的出现是五代末宋初才有的，后经宋、元、明、清，一直供奉不衰。

（三）千佛

K1 和 K4 内凿数层形象类似的小化佛造像，应象征的是千佛。大乘佛教宣扬人人都有佛性，人人都可能成佛，因此千佛成为石窟造像中十分常见的题材。千佛之说，由来已久。早在南朝刘宋时期，畺良耶舍译《三劫三千佛缘起》中记载，过去庄严劫、现在贤劫和未来星宿劫，每劫各有千人成佛[5]。其中以贤劫千佛最受现世众生的崇拜。

（四）天王

K1 和 K4 内最下一层雕有站立武士像，应是天王护法。有人释为环立武僧[6]，有

---

⑥最早认为 K2 主像为释迦牟尼佛的是《江宁县概况》，其后的《南京文物志》《金陵佛寺大观》《中国文物地图集·江苏分册》以及《江宁历史文化大观》等著作，无不袭用此说。

⑦禅定印是藏传佛教中的阿弥陀佛专用手印，降魔印则是释迦佛降伏魔王后，右手指下垂指向地神，请其为之作证的手印，又称触地印。参见金申《西藏的寺庙和佛像》，文化艺术出版社，2007 年，第 208—209 页。

误。K4 最明显，在最下一层靠近龛口处，每面各雕二身站立武士，共四尊，正象征四大天王。K1 东壁最下层三尊像外侧的两尊应该也是天王像。据佛经记载，四大天王分别守护着须弥山四方的东胜神洲、南赡部洲、西牛贺洲和北俱卢洲，东方名持国天王，南方为增长天王，西方为广目天王，北方则为多闻天王，又称护世四天王，是佛教护法中最有影响的四位天神。

（五）阿修罗

K1 最下一层立像中有 1 身比较特殊的造像，处于窟龛正壁左下角，着战袍，赤双足，共八臂，举日月、持宝剑、拄金刚杵，似乎应是阿修罗造像。阿修罗为天龙八部之一，为佛的眷属，也是贴身侍卫，他原是凶恶好战之神，不只吞日月，而且还曾与帝释天作战。最后皈依佛法，极力供养佛，因而在八部护法中也是最重要的一部。阿修罗的造像一般位于石窟的门两侧，或在窟顶上，呈三首六臂或八臂的人像，两手持日月，作勇猛跏趺坐姿。《经律异相》卷 46“阿修罗”条中说：“（阿修罗）忽自念言：我有威德神力如是，而置忉利天及日月诸天，行我头上，誓取日月，以为耳挡，渐大瞑忿，加欲捶之。”又据《正法念处经·二十畜生品》卷 17 记载，阿修罗为了见天女，以手障日轮、月轮，因而发生了日食、月食。这便是造像中阿修罗双手中有日月轮的典据出处[7]。

（六）声闻弟子

位于 K4 第 1 层，有 11 尊，光头，立姿，着右衽交领大衣，双手拱于胸前。K4 第 2 层，有 13 尊跏趺坐像，或头戴五叶冠，或戴风帽，除 1 尊为右衽交领式僧衣，另 1 尊模糊不清外，其余 11 尊均为深领通肩装。有学者把这些戴冠的声闻像认为是盘膝打坐的修士[8]，不够确切。他们所戴的五叶冠的形式不同于 K1 中第 1 层立像所戴之冠，是一种僧冠，为出家人的装束，而不是俗家人。故将这 24 尊像认为是声闻弟子像⑧。

（七）供养人

K1 最下一层立像中存有 6 身供养人像，均戴方冠，着宽袖长袍，个别留有山羊胡须，一副俗家官宦打扮，双手谦恭地拱于胸前或合十状，表达着对佛国世界的尊敬与向往。供养人为佛教信徒，造像的捐资赞助者，以此行为来体现自身功德，并祈求佛祖保佑福泽绵长。

（八）道教像

1 尊，位于 K3 正壁，倚坐，着宽袖长袍，腰部束带，双手持物（似笏板），穿云

⑧佛弟子又叫声闻、比丘或阿罗汉，声闻是“以佛道声，令一切闻”之意；比丘“名乞士，上从如来乞法以练神，下就俗人乞食以资身”；阿罗汉表示“一切烦恼贼破”，因“一切漏尽故，应得一切世间诸天人供养”。罗汉是闻如来说教而通达，是佛教修行的果位，是侍佛，承宣佛法的人物。因此无论侍佛左右的阿难、迦叶二弟子或舍利佛等十大弟子，乃至十六罗汉、十八罗汉、二十四罗汉以及五百罗汉，不管称弟子、祖师或罗汉，并无严格等级区分，无非都意味着修到了罗汉的果位，在造型上呈比丘相。

头鞋，与世俗人着装类似，而与佛像各类袈裟均不相同。佛龛中缘何出现道像，究其原因，可能与明代佛道儒三教合一、嘉靖皇帝好道等诸多情形有关。

三、年代判定

先按照窟龛形制和造像内容对这 5 个龛进行分组，首先是 K2 和 K3，龛形相似，大小相近，位置上下毗邻，造像单一，可分为第 1 组；第 2 组，是 K1 和 K4，均有千佛、天王和弟子或供养人等造像，都采用分层的布局形式，上为坐像，下为立像，内容与风格相似，年代当也相近；第 3 组，就 K5 一个，小龛，凿弥勒佛像，单独成组。

然后，在分组的基础上，再结合位置地势以及开龛的难易程度等因素来考虑，第 1 组的 K3 应该开凿较早，因为它处于北壁（正壁）正中，这是此处最好的位置，而且贴近地面，开凿也比较容易。接着是位于 K3 正上方的 K2，位置稍高，较 K3 费工，故应稍晚一些，但基本同时。相对而言，第 2 组的 K1 偏于北壁西侧，位置较高，费工费力，明显晚于第 1 组。同属第 2 组的 K4 则位处东壁正中，位置较高，年代也当晚于第 1 组。将 K1 与 K4 比较就会发现，K1 雕凿草率，虽然已经残损严重，但仍可以看出当年并未全部完工，它的开凿要稍晚于 K4。至于第 3 组的 K5，位于东壁，且在东壁正中位置，距地面较低，是小龛，开凿容易，时代当要早于 K4。

最后，根据寻找与有关纪年资料的相互关系，我们还可以对佛龛的具体年代作出一定程度的判断。K2 发现有成化七年题记，K5 则有成化元年造像题记，故可以明白，第 3 组的 K5 开凿最早，其次为第 2 组的 K3、 K2，然后是 K4，最晚的是 K1。 K4 龛门有嘉靖四十四年（1565）墨书题记，但这不是开凿的时间，而是相当于游记之类的瞻拜遗迹，但这至少说明此龛最晚在嘉靖年间就已经存在了。

由此我们可以得出这样一个基本认识，即明成化元年（1465）首开第 1 龛 K5，然后到成化七年（1471）开凿 K2 、K3，其后开凿 K4 、K1，年代下限在明嘉靖四十四年（1565）之前。

四、梵文题刻

梵文是公元前 6 世纪左右产生于印度的一种结构比较复杂的音节文字，由于这种文字被认为是万能的梵天所创，故称为梵文。梵文因地域和时代的不同，又形成了多种变体，如在中亚及西域影响极大的西部变体，被称为“中亚斜体”，由此又衍化出“中亚直体”，即“焉耆一龟兹文”和于阗文。此外，今天的藏文也是根据梵文字母于 7 世纪创制的。梵文在印度，存在南北之异。行于北印度者多方形，行于南印度者多圆形。牛首山所见为方形字体，应系北印度之梵文。

牛首山所刻梵文为六字真言，即梵文“om manipadme hum”，一般用汉字音译为“唵、嘛、呢、叭、咪、吽”。六字真言的最初原型，始见于6至7世纪成书的《佛说大乘庄严宝王经》。据宋代《大中祥符法宝录》载，此经之汉文译本系北天竺僧天息灾于北宋太平兴国八年（983）在开封译经传法院译出，共计4卷。但六字真言并未因此在印度及中原地区流行，只是后来随着藏传佛教影响的扩大才逐步流行开来。

那么，六字真言最早是什么时候在藏族中得到奉行的呢？这个问题应与《佛说大乘庄严宝王经》的藏译有密切关系。元代《至元法宝勘同总录》卷5和《善逝教法史》中曾记载，相传公元4至5世纪，藏王拉脱脱日曾自空中获得数部佛经，其中就有《佛说大乘庄严宝王经》。那时虽未译为藏文，但却受到了崇拜。7世纪时，松赞干布又派遣端美三菩提赴尼波罗（今尼泊尔）求经，得梵本而携归，并命之译成藏文。但据专家研究，实际上该经流入藏地的时间要比之晚得多，大约在9世纪左右[9]。

为何六字真言能得到普遍尊崇，关键原因是《佛说大乘庄严宝王经》的作者把这六个神奇的字与佛教的六道理论结合了起来，认为六字与六道有着密切的对应关系：“唵”，除天道生死之苦；“嘛”，除阿修罗道斗诤之苦；“呢”，除人道生老病死之苦；“叭”，除畜生道劳役之苦；“咪”，除饿鬼道饥渴之苦；“吽”，除地狱道寒热之苦。正因如此，六字真言也就差不多成了佛法的象征，几乎涵盖了佛教的众多精义，被藏传佛教视为经典的根源，并认为信徒只要反复诵念，即可功德圆满。这种解释虽有点背离梵文的原始意义，但极大地神化了六字真言的不凡法力，而且将六字与六道巧妙地附会于一起，更容易为信徒所理解和接受，从而对六字真言的信受奉行起到了推波助澜的作用[9]。

牛首山出现梵文六字真言，正说明了明代藏传佛教对内地佛教的影响。早在元代，藏传佛教即已传播至江南地区。明代南京作为首都，更是有不少藏族高僧频繁应诏来此活动，藏传佛教之风愈盛。从文献记载和传世工艺品来看，有不少明代宫廷的工艺作品具有藏传佛教特征，如明代永乐、宣德、成化、弘治、正德、万历诸朝，大量生产的梵、藏文瓷器及僧帽壶、净瓶等，都体现出汉藏融合的艺术特征[10]。

五、余论

牛首山佛龛位于明代作为首都和陪都的南京，处于南方的佛教文化中心，尤其是明代统治者大力扶植藏传佛教之时，它的开凿不可避免地受到了藏传佛教的影响，这是可以肯定的。不管是阿弥陀佛的造像风格，或者多手多臂的造像形式，千佛中戴臂钏、露右乳的形象，还是梵文六字真言、藏文题刻等，都传达给我们一个明确的信息，那便是藏传佛教的特点。尽管这些龛像是由汉族高僧主持或参与开凿的，但仍不能避免这种时代特色，反而为今人的研究留下了不可多得的实物资料。

无独有偶，1957年在距牛首山佛龛一百余米的弘觉寺塔地宫中，出土了一座金刚宝座塔，此塔是由四个瓷盖罐、一座砂岩须弥山基座和铜鎏金曲登塔（鎏金喇嘛塔）三部分组成，制作时间当在明宣德末年到明正统五年[11]，此塔的造型和瓷器的杂宝纹装饰具有明显的藏传佛教艺术特征。这座金刚宝座塔的发现，同样也可佐证牛首山受到藏传佛教影响的史实。

（本文原刊《敦煌研究》2012 年第 4 期）

参考文献：

[1] 朱偰. 金陵古迹名胜影集 [M]. 北京：中华书局，2006：213.
[2] 江宁县地方志编纂委员会办公室. 江宁县概况 [M]. 江宁：内部资料，1987：102.
[3] 南京市地方志编纂委员会. 南京文物志 [M]. 北京：方志出版社，1997：320.
[4] 普济. 五灯会元（上）[M]. 北京：中华书局，1984：121—123.
[5] 阎文儒. 中国石窟艺术总论 [M]. 桂林：广西师范大学出版社，2003：123.
[6] 杨新华. 金陵佛寺大观 [M]. 北京：方志出版社，2003：251—259.
[7] 陈清香. 云冈石窟多臂护法神探源——从第 8 窟摩醯首罗天与鸠摩罗天谈起 [C]// 云冈石窟研究院.2005 年云冈国际学术研讨会论文集·研究卷 . 北京：文物出版社，2006：295.
[8] 杨新华. 金陵佛寺大观 [M]. 北京：方志出版社，2003：251—259.
[9] 杨富学. 浚县大伾山六字真言题刻研究 [R]. 凤凰网华人佛教版（2011-5-30）：河南浚县大佛高峰论坛，2011-5-28.
[10] 赵改萍. 元明时期藏传佛教在内地的发展及影响 [M]. 北京：中国社会科学出版社，2009：285.
[11] 葛晓康. 南京牛首山弘觉寺郑和德塔考证——兼考“三宝”和“三保”太监 [J]. 中国历史文物，2008（5）.

牛首山郑家村历史探秘
——守望郑和墓六百年的郑家村

周　鹏

"春牛首、秋栖霞"，这是明清以来南京人休闲度假的口头禅。一年之计在于春，春天寄托了一年的希望，人们选择春牛首，不仅仅是牛首山有着丰富的佛教文化、山野田园文化、最佳借花献佛的好去处，更是寄托了人们对民族英雄岳飞、伟大航海家郑和的崇敬和思念。

研究南京牛首山的历史，离不开（明）盛时泰的《牛首山志》，随着时间的推移，牛首山地区面貌不断更新，地下文物不断涌现，史料不断挖掘，人们迫切希望新编《牛首山志》的出版，而探讨郑家村的历史，必将成为新志的内容之一。笔者通过走访郑氏后裔，实地考察、整合现存史料，进行一些较系统的论述。

一、守坟、守孝是中国传统孝道内容之一

孝道是中国两千多年封建社会的治国之本，孝是一切家族生活、社会生活、政治生活的基础，是立法、审判的重要依据。每一个家族制定的行为规范，我们常称为家法，家法用来达到惩罚顽者、威慑宗众的作用。国家法律以孝、忠为出发点，是保护家族法则的，所以我们在《明律》第二章中看到几幅丧服图表，其中"本宗九族五服正服之图"成为每一个家族制度制定家谱的内容之一，从而来达到区分尊卑远近关系的依凭和标志。我们常听说的"灭九族"一词，即为上下左右九世之宗。上至高祖、曾祖、祖父母、父母，中心位置是自己，下至子、孙、曾孙、玄孙，旁及兄弟姐妹、伯叔姑侄等。"五服"为用五种不同的丧服来衡量丧服重轻的唯一标准。五服中最重为斩衰，应守孝三年，并穿最粗的麻布制丧衣，不缝下摆，此为子女为父母的丧。墓前守孝三年期满后，可选派家族成员或心腹侍从继续守墓尽孝，这样一批没有血缘关系的侍从、部下上升为我们通常称为的坟亲家。守墓这一形式在明代初期已经普及，而且也影响到东南亚各国。

现列举两则如下：

1. 明永乐六年（1408）八月，浡泥国王率王妃及子女、弟妹和近臣150余人，来中国进行访问，受到永乐皇帝的盛情款待，后因国王忽染急症，经太医会诊抢救无效，于当年十月病故于南京会同馆。明成祖朱棣遵浡泥国王麻那惹加那乃“体魄托葬中华”的遗嘱，将其安葬于南京安德门外石子岗。据《明史浡泥传》记载：“十月，王卒于馆，帝哀悼，辍朝三日，遣官致祭，赠以绘帛，东宫亲王皆祭，有司具棺椁明器，葬之安德门外石子岗，树碑神道，又建祠墓侧。”在胡广撰写《浡泥国恭顺王墓碑》中记载：“诏有司，立祠于王墓，置守坟者三户，建碑祠下，命臣广，制刻文。”由此可见，当时安置三户人家来守坟，其安葬规格极高。

2. 明永乐十五年（1417），苏禄群岛（今菲律宾一部分）上的三位国王，东王、西王和峒王率领家眷、官员340多人组成友好使团，远渡重洋，访问中国，在北京受到永乐皇帝的隆重接待，在结束访问归途之中，不料，东王染风寒客死德州，永乐皇帝得知东王不幸病逝的消息后，立即派人赴德州为东王举行隆重的葬礼。东王下葬后，其长子都马含随西王、峒王等人回国继承王位，王妃葛木宁、次子温哈剌、三子安都鲁及侍从十余人则留在德州守墓，渐形成温姓、安姓两大家族，现已传至二十一代。

综上所述，中华民族提倡的仁慈、孝敬、信义、平和，而形成至诚、至真、至善、至美的全德，只有认识孝为仁之本，仁是以孝为起点，才能达到“祭思敬、表思哀”。

二、牛首山郑家村的来历源于郑和

南京牛首山南麓有两座村落，一座为“世凹村”，相传当年，岳飞大战金兀术曾屯兵于此，后形成村落名为“大师凹”，后渐渐改为“世凹村”。如今世凹村已经打造成为江宁乡村旅游五朵金花之一的示范村——“世凹桃源”，成为人们梦想的世外桃源。紧邻世凹村的便是郑家村，这是一处与明代航海家郑和直接相关联的村落，以郑姓家族居住于此六百年，而命名为郑家村。郑家村坐落于山水之中，仅有两条小路通往外界，一条路通向郑和墓，一条路通向周村，成为名副其实的世外桃源，由此郑家村的来历披上一层神秘的色彩。

据郑氏后人相传，郑家村的郑姓先祖原本不姓郑，因为跟随郑和多次下西洋，深得郑和信用，郑和去世后，自愿改姓郑，为郑和守墓，但仍保持汉族的生活习惯（郑和为回族）。谈论起郑家村，必须要与郑和墓相联系。六百年前，航海家郑和选择牛首山作为安葬之地，是受到恩师姚广孝对牛首山青睐的影响。牛首山佛窟寺大殿创始于永乐十年之春，落成于十八年之春，姚广孝亲题《牛首山佛窟寺建佛殿记略》。这位全国佛教协会会长（僧录司左善世、太子少师）是明初著名文学家，参与监修《明太祖实录》，姚广孝在《牛首山佛窟寺建佛殿记略》中写道“是山也，泉石清奇，草木伟秀”，这样的风水宝地自然吸引郑和，郑和在下西洋空闲期间多次前往牛首山，览兜率岩、辟支佛洞，愕然有感，乃伐木鸠材，复崇栋宇，像设起人之瞻敬，尝谓师曰：“吾因经西洋番邦诸国，其往返叨安，感戴皇上佛天之呵护，出己缗，命工铸金铜像一十二躯，雕妆罗汉一十八位，并古铜炉瓶及钟声乐师，灯供具等，今安于宅，尚虑后之乏人崇诗，逮候西洋回还，俱送小碧峰退居供奉。仙阙永远香火，旦夕焚修，必有暧来，送尔安寝，不至纤毫有失，及擅移他处。”郑和生前这一遗嘱，有本族公户侯日义、侄日珩目击耳闻。果不出郑和所料“至癸丑岁（1433）卒于古里国”。牛首山住持宗谦“感慕日惠、用以追悼”。郑和去世之后，公户侯日义、侄日珩与郑和生前风雨同舟的战友，共同完成郑和生前遗嘱之言。

凡是去过郑和墓的人，只要仔细观察就会发现一奇观，牛首山山顶弘觉寺塔与山下郑和墓、神道形成一条中轴线。郑和墓有如此高的规格，与郑和生前多次捐施弘觉寺有关，弘觉寺住持宗谦特准郑和墓安置在弘觉寺山门下不远处，更方便游人瞻仰这位伟大的航海家。郑和及家族当年在南京居住地为马府街，这主要是纪念郑和过去姓马，后被永乐皇帝赐姓郑的缘故。据《郑和家谱》记载，马府街毁于太平天国时期，据郑和后裔相传，当时马府街有房屋九十多间，并建有后花园（今郑和公园）。同时家谱还记载“郑和归葬牛首山，赐祭田万顷”，今天我们已经无法考证“祭田万顷”的真实性，但从民国初年，郑和后族之间为争得祭田的掌管权，曾在江宁法院打官司。原先祭田由居住在张府园的郑孝志掌管。因郑厚恒为长房长孙一系，并有证据在手，最后法官判郑和坟田由郑厚恒掌管。当时祭田多数被农民侵占，仅存四十余亩。郑厚恒交其长子郑流芳掌管，郑流芳长期居住在郑和墓（今纪念馆以东位置）。抗战期间，祭田无人打理，全部交给郑家村郑长宝管理，每年秋季郑家村村民进城送些山货柴草了事。新中国成立后，因看守郑和祭田，郑长宝被划为中农，从其后代为郑全友、郑炳国、郑良兰一支来看，郑和墓有大片祭田是不争的事实。

郑家村祭祖活动，在“文化大革命”期间中断了近二十年，原来家族中有一张写满了姓名的布制家谱，在“破四旧”时，族中老人因害怕家谱被毁，偷偷将其藏于牛首山顶一个秘密的山洞中，可惜被人揭发，那份祖传的家谱不幸被查出而遭焚毁，老人们仅回忆出“长、全、炳、良、善、贵、明”七个辈分字，他们的堂名为“书带堂”。改革开放后，郑家村家族合力又制作了一份布制家谱。前不久，笔者与郑和后裔参加了郑家村每年一度的祭祖大会，清明节晚 6 时，祭祖活动正式开始，一张面积约 12 平方米的布制家谱从房顶拖挂到地上，名单上方郑和牌位赫然居中，以下排列着明代服装的人物画，应该是当年跟随郑和下西洋的亲信官兵，再下面是各家的人员名单排列。从出席祭祖各家代表有 30 多位来看，郑家村郑氏家族已发展到一百多人，但这与六百年的继传有所不符，常规应在千人以上。如何解释这一疑问，我们来回于郑家村古村落寻找答案，发现秦砖汉瓦遍地，许多半人高的古砖墙犹存，粗壮的石柱基到处可见，仿佛告诉我们昔日的郑家村是如何恢宏，村中老人叙述，当年郑家村有房屋九十多间，有走道和风火墙，多毁于太平天国和抗日战争时期，郑家村村民四处逃散迁居他乡，这可能是郑家村目前居住人数不多的真正原因。

从郑家村的堂名“书带堂”顺用了郑和家族“书带草堂”来看，郑家村的郑氏完全融入了郑和大家庭。六百年来，他们世世代代与郑和墓相依相伴，可以说是没有郑和血缘的郑和后裔，全国少见的最佳坟亲家。

（本文原刊《郑和研究》2010 年第 3 期）

瘗葬牛首山的民国章草大家王世镗

刘文庆

南京南郊的牛首山不仅风景秀丽，地方特产名闻遐迩，而且历史文化源远流长，各类文化遗存丰富多彩，除了广泛分布的佛寺道观、名胜古迹外，便以地下瘗埋的历代陵墓最为著名。文献记载及考古发现证明，六朝时期的刘宋孝武帝、殷贵妃、路太后、前废帝、后废帝、陈宣帝等陵墓，南唐先主李昪钦陵、中主李璟顺陵、范阳王卢文进家族墓、宋代王安石家族墓、明代沐英家族墓及韩宪王朱松墓、明仁宗顺妃张氏墓、驸马梅殷墓、状元朱之蕃墓、兵部尚书王以旂墓、伟大航海家郑和墓、近现代及当代名人李瑞清墓、曾昭燏墓等都位于广义范围的牛首山地区。近查资料得知，曾获于右任激赏、并有“三百年来，世无以并”美誉的民国章草大家王世镗亦葬牛首山，成为牛首山文化史上又一段佳话。

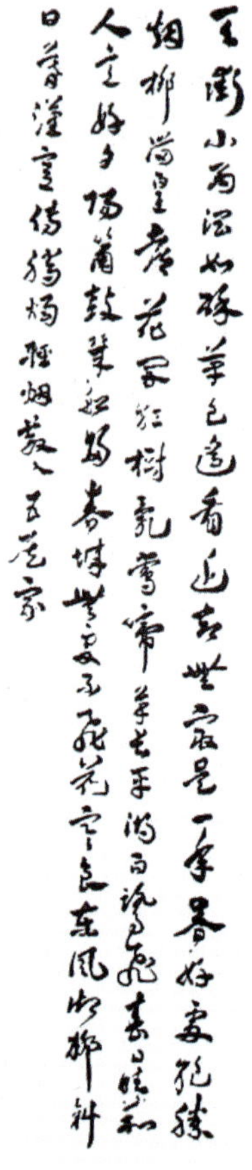

王世镗章草书轴

王世镗，字鲁生，自号积铁子，晚号积铁老人，祖籍天津。其高祖石苔公，曾为江夏令，因清廉爱民，人称“王青天”；曾祖静山公，曾为南昌知府，为循吏，有父风；祖父煦亭公，曾为南阳知府；其父根斋公，曾为陕州知府，判案如神，民畏而怀，所在监狱皆空。因两世皆官于中州，又喜其风俗敦厚，遂家于夷门（今开封别称）。王世镗生于清同治七年（1868），族行九，先娶何氏，继配李氏，有三男二女。其神清骨秀，资禀高迈，幼年好学，读书于大梁书院，学业为同侪之冠。年十七，为文即能熔经铸史。善词章，兼明时务，然屡试不遇。某次科考，初拟中举，后因其策问条对精于天文算学，主试者疑其为新党，故被黜抑。遂绝意仕进，致力于西学，且与维新变法之重要人物谭嗣同、唐才常等相问讯。光绪庚子（1900），王世镗入关来陕，依在兴安（今安康）做知府的堂兄王世镆（彤生）处校碑读书，韬匿光彩。或说王世镗随祥符张季理入关，张季理时为凤翔知府，遂与之上下汉江，遍游南山，访石门，登剑阁，观汉摩崖石刻。

王世镗幼即倾心书法，初学书，喜临龙门刻石，谓有古拙博大之风。及至汉南，游褒斜，抚摩崖，钩深探赜，广采博览。于习魏碑志之外尤致力于《晋爨宝子碑》，其楷书融冶魏晋，用笔朴茂恣肆，趣韵高古，别出新意，形成独特的风格。他曾集《宝子》联语达八百幅，足见其用功之勤，精研之深。后从小学（文字学研究）入手，上溯篆隶八分行草之源，九势十二意，皆旁通曲达。据载王世镗僻处深山穷谷，工草书，尤精章草，曾以“池水为墨，秃笔满簏，积三十年而不倦”。众所周知，章草意即草率之隶书，于东汉至西晋为兴盛时期，代表书家有汉代张芝、晋代索靖等，后少有问津者。迨至唐代，竟无以章草名世者。元赵子昂、明宋克、祝允明并以章草名，此后章草几近绝响。王世镗潜修深研章草，闭门冥搜，自成绝学，被誉为“继往开来，独步当时”，其所著之《论草书章今之故》云：“草书之有章今，由于时代风气所致，其精神独到处，皆足以冠绝群英，各适一途。谓互有短长则可，谓孰为优劣则不可也。然今出于章，习今而不知章，是无规矩而强求方圆，未见其可也。石氏《章草藁》搜罗虽富，不入章草一字，未免数典忘祖。”如此精论，皆发前人之所未发，使人耳目一新。

王世镗生当乱世，才高见忌，命途多舛，曾长期困居汉南。民国初元，他先任褒城县知事。民国三年（1914），改任镇巴县知事。民国十二年（1923），再任西乡知县。在镇巴时，有邑绅张澄亭请以王世镗订正坊本及所书《增减右军草诀歌》（或称《增改草诀歌》，即《章草草诀歌》）刻石，惜石腐工拙，注语颠倒错乱，拓二十余本即弃置之。其后，王世镗复辑百衲本，集以名帖，兼收章今二草，各为标注，别为凡例，名曰《稿诀集字》。这部作品梳理了章草的书法源流，明晰了章草与今草的分别，内有徐泽生、程履端等汉中 9 位著名书家用楷、行、隶三种字体作释，堪称书坛盛事。民国十七年（1928），由汉中道尹阮贞豫主持，为之勒石，嵌于汉中宝峰寺壁（现已移至汉中市博物馆），遂有拓本流传于世，王世镗由此名扬海内。而镇巴初刻之本为书商卓君庸所得，卓故意隐去作者姓名，割裂补治，伪托为明贤所书，印售高价。王世镗愤而澄清，欲辩不成，反被诬偷习明人书法，沽名钓誉。所幸其中一盗印之本为王世镗侄婿周伯敏所得，周以之进其舅国民政府检察院院长于右任。于为一代书坛巨擘，好奇嗜古，爱才如命，观后大为惊骇，以为今世仍有如此奇才，埋没穷山，实国人之羞。遂嘱周伯敏致书问劳，并请驻陕的 38 军孙蔚如军长设法代邀王世镗到南京，孙转命驻汉中旅长段象武资送。时王世镗方卧病，隐居南郑（今汉中市）之莲花池，家有老屋十余间，以卖字、养蜂为活，尝满腹牢骚，有“夫四十年看来不值半文钱，眼花手颤难胜贼，真是无如博弈贤”之叹。段象武亦喜书法，奉命后亲临莲花池，送去旅资及

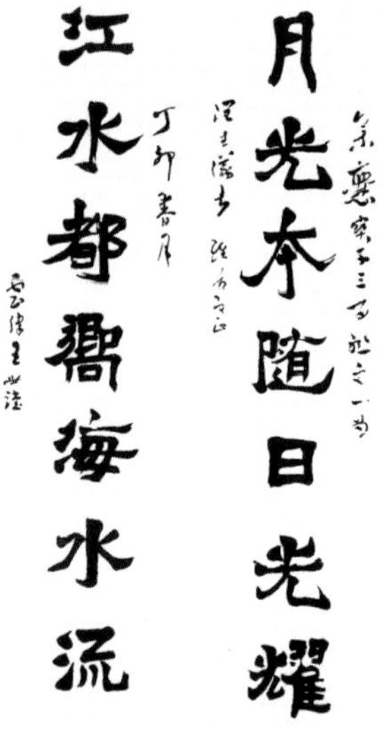

王世镗行楷书联

安家费用。王世镗闻于公之邀，极为振奋，乃复函于右任，并为段挥毫，又赋诗数首，以感知遇之雅意，其末首云“知希为贵宠若惊，道破人情无定衡。惟有斯文吾辈事，不关廷尉与王生”，又有“寂寞园林方卧雪，朵云入户帝乡招”之句，其感激之情可见一斑。不过，时当岁暮天寒，王世镗惧长途跋涉，久不能决，后经友人靳志寓书敦劝，方始束装就道。

民国二十一年（1932）冬，王世镗由长子霞五陪同前往南京。于右任相见恨晚，乃尽出其所藏古今碑帖遗简影本以与欣赏探讨。在于右任广为称誉的情况下，王世镗一时声名大振，南都名士争欲一见颜色，但他不为所累，仍意气益发，终日埋头碑帖，奋力作书。或与于右任论书法，自晨迄暮毫无倦容。其书法亦大进，复改正、自书《重定章草草诀歌》六章，并为于右任书《先伯母房太夫人行述》（原石藏碑林博物馆），凡数稿，笔势皆融汇章今，酣畅淋漓，堪称生平力作，当时即以影印本流行海内，现尚存初稿十数页。时有客劝王世镗讼卓某盗印一事，王世镗笑曰：“此斯文之事，奈何对簿公庭，且如无此印本，我亦无缘得会于先生。”遂罢。又先前曾为篡名明人印本书跋之著名学者余越园、罗复堪、林宰平三君，知王世镗非古人，并观其笔势与所书草诀相应，始则惊且诧，继而大快。王世镗之器量风度，可于此概见。然因求书者日众，在南京的王世镗拙于迎接酬酢，又三迁其家，故倍极辛劳，加以久病体弱，江南苦暑湫隘，水土不服，眠食失宜，竟一病不起。时监察院刚授之简任三级秘书（或谓参事）一职，以专事书法，惜命下未久，王世镗即不幸于民国二十二年（1933）12月4日病殁，享年六十有六。于右任深为痛悼，悲王世镗客死金陵，故赠墓地安葬于南郊牛首山，墓与清代大书法家清道人李瑞清为邻，诔之曰：“古之张芝，今之索靖，三百年来，世无以并。”并写挽诗四首，诗云：“虞公臂痛兴犹酣，白首埋名亦自甘。稿诀歌成前数定，汉南不死死江南。”“牛首晴云掩帝京，玉梅庵外万花迎。青山又伴王章武，一代书家两主盟。”“三百年来笔一支，不为索靖即张芝。流沙万简难全见，遗恨茫茫绝命词。”墓碑上刻：“大书法家王世镗先生之墓，世愚弟于右任敬书。”其悲痛之情，溢

王世镗书《沧浪亭记》石刻拓本

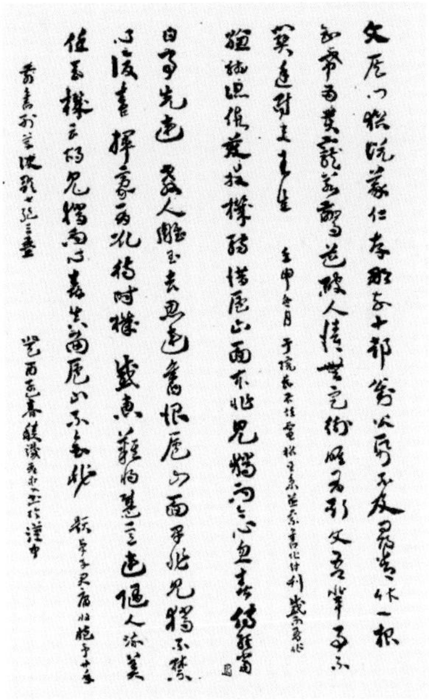

王世镗书迹

之于外。于右任后又买地拟建祀纪念，但以时局不宁未果。王世镗生前曾在南京遗墨百余帧，并公开举办书展，其展品被争购一空。不久，抗战军兴，其子霞五离开南京之际，惜王世镗遗墨未能带出，遂托雍家源先生装两大樟木箱运往上海，后竟无消息。此究系毁于兵燹，抑为他人收藏，不得而知。

以上于右任与王世镗交往之缘由乃出自王世镗后人手笔及当时之纪念文章，比较可信。然又相传民国二十二年（1933）仲春，于右任独至南京瞻园路一古董店观赏字帖。店主张熙园向他请教《章草千字文》字帖的朝代，于右任看后认为至少是宋朝人所写。张熙园乃出示末页“中华民国十年九月，陕西省汉中道镇巴县知事，津门王世镗书”字样，于右任顿感惊讶：“从此帖看，这人不仅擅长章草，而且深通汉魏六朝书法，确是当代高手。我愿以师礼邀聘此人，但不知他住哪里？”张遂从书桌上取出一个信封，上书“陕西省汉中道南郑莲花池九号王世镗寄”。于右任说：“君子有成人之美，不知你能玉成此事否？”张建议先写信给王，以事疏通，于右任则表示：“信去人不去，未免太简慢了，能否劳你大驾亲赴汉中一行，代我致邀请之诚。”其后张熙园答应此请，自京启程至汉中莲花池东南王世镗住处。显然，这一故事情节颇具戏剧色彩，令人难以置信。

关于王世镗葬地，除前引挽诗线索外，其故知靳志在其逝后之12月20日所撰《善章草王鲁生死葬牛首记》亦云：“在牛首双阙之间，相地置兆域，埋此侠骨。生爱谢家青山，死傍要离之冢。每当春秋佳日，风清月白，魂兮归来。倘过清道人于玉梅花庵之外，颠素两秃翁，便当掀髯一笑。”可知王世镗确实就葬在李瑞清墓旁。然又有资料记王世镗葬牛头山娃娃桥畔，此娃娃桥或亦在李瑞清墓附近。而据其长孙王智理先生所撰文章介绍，王世镗墓早年仍在南京牛首山，其墓碑虽已被盗，但当年看坟亲家后人仍可指认。王世镗书法曾冠绝一时，但因作品存世较少，今已不太为世人所知。其墓葬之具体地点，虽尚未确知，但笔者相信，根据有关文献记载和线索，只要经过认真调查，假以时日，一定可以水落石出，并重加修缮，以告慰这位长眠于牛首山麓的“三百年来笔一支”的民国章草大家的在天之灵。

（本文原刊《江宁春秋》2013年第12期）

南京王景弘地券的发现与初步认识

祁海宁 龚巨平

2012年10月，南京市博物馆考古部在配合基建的过程中于南京市雨花台区赛虹桥街道凤凰村三组一户已拆迁民居的废墟内，采集到一方保存完整、字迹清晰的石质地券。该地券的本名为"高上后土皇地祇卖地券文"，券文详细记载了明正统元年（1436）内官监太监王景弘向后土神购买阴地一事。下为便于叙述与介绍，我们将该地券另称为王景弘地券。

王景弘与郑和一样，同为统帅明初下西洋船队的正使太监，是创造中国航海七下西洋壮举的关键人物。宣德八年（1433），郑和在第七次下西洋途中不幸病逝，王景弘作为统帅率领船队安全回航。此后他一直担任南京守备太监，直至正统初年。遗憾的是，有关他的史料严重匮乏，致使王景弘研究长期无法深入开展。此次王景弘地券的发现，提供了许多前所未见的信息，对于研究王景弘的葬地与坟寺、生卒年代、隶属衙门等相关问题，具有非常重要的价值。

一、地券的发现地点与过程

发现该地券的凤凰村位于南京主城的西南部，与明代南京主城的正南门（明代称为聚宝门、现称为中华门）的直线距离恰好为5千米，与明代南京外郭城的西南门（安德门）相距约2千米（图1）南京主城的南部和西南部，从地形上看，是一大片连绵分布的低山、丘陵地带，统称为"石子冈"。凤凰村位于石子冈的西南部。由于石子冈地区的土质、地形地貌适宜建葬，自古就成为南京最主要的埋葬区之一。《三国志·吴书》对此即有记载："建业南有长陵，名曰石子冈，葬者依焉。"[①] 与此同时，自东

①（晋）陈寿：《三国志》卷六四《吴书》卷一九《诸葛滕二孙濮阳传》，中华书局1982年，第1441页。

吴时期高僧康僧会在南京城南创建江南第一座佛寺——建初寺开始，佛教文化就在石子冈一带深入发展，寺院大兴。六朝时期这一带先后涌现出长干寺、高座寺、新亭寺、天王寺、旷野寺、铁索罗寺等众多名寺；发展至明代，该地区香火更为旺盛，天界寺、大报恩寺、能仁寺、高座寺、永宁寺、西天寺、普德寺、崇因寺等大小伽蓝比邻而居，使得这一地区成了南京佛教寺院分布最为密集的区域，也产生了南京流传广泛的一句俗语——“出了南门皆是寺（事）”。我们认为，王景弘地券最终在石子冈出土，与这一地区独特的自然地理环境和历史文化传统有着密不可分的联系。

发现该地券后，我们推测王景弘的墓葬很可能位于凤凰村这一片区域，因此进行了密集的考古勘探，先后在此区域内发现和发掘出六朝时期古墓葬 11 座、宋代墓葬 2 座、明代墓葬 3 座、清代墓葬 2 座。在发现的 3 座明代墓葬中，一座为平面呈长方形的砖砌券顶单室墓，长仅 2.8 米、宽 2.6 米，内葬一男二女，且出土了明晚期的“万历通宝”，因此不可能为王景弘墓；另两座皆为长方形竖穴土坑墓，长仅 2.2 米，不仅葬制简陋，与王景弘的身份等级严重不符，而且根据两墓出土的青花瓷罐、铜镜、陶砚、铜钱等陪葬器物分析，全部为明代晚期的遗物，因此它们也皆不可能为王景弘墓。

目前虽然在凤凰村三组的范围内未能找到王景弘墓，但是希望并未完全丧失，三组东侧原二组、一组的范围内仍有大片区域尚未开发和动迁。不过应该看到，凤凰村以往的建筑规模很大，原有的地下遗存很可能已在建设过程中遭到了彻底毁坏。对此，我们应该有所认识和准备。

二、地券的基本内容

王景弘地券为青石质地，近方形，高 41 厘米、宽 40.8 厘米、厚 6 厘米。券文头尾分别以楷、篆两种大号字体题刻“高上后土皇地祇卖地券文”之名称；中间正文为楷体、字号缩小，以一行正写、一行倒写的回文形式刻成，以反映买卖双方对坐、对书的场景（图 2）。券文共 18 行，350 字，现将其内容标点如下：

高上后土皇地祇卖地券文

后土皇系后 / 土主宰，今有地一段，坐落地名应天府江宁县安德门外崇因 / 寺东。见今东至青龙、西至白虎、南至朱雀、北至玄武、中有勾陈，/ 分治五土。今凭两来人田交佑引至内府内官监太监王景弘 / 向前承买，当日三面言定，时值价钱玖仟玖佰玖拾玖贯玖文，/ 置立地券，当日成交了当。其钱及券当日两相交领并足讫，即 / 无未尽短少分文。所作交易系是二家情愿，非相抑逼；亦不是 / 虚钱实券，未卖之先并不曾将在公私神祇上重行典卖。此地 / 系是后土自己物业，与上下土府诸神无干，亦不是盗卖他人 / 物业。如有一事一件来历不明，后土自管理落，并不干买主之 / 事，听从买主管业建立塔院。今恐无凭，故立卖地券文与买主，/ 永远收执为照用。正统元年太岁丙辰四月建己巳丁酉朔／二十五日辛酉辛卯吉时。立券神后土皇、同卖／人太岁神、证见神东王公、同见／神西王母、两来神田交佑、同立／券神崇因寺护伽蓝神。依经为／书人鬼谷仙。

□高上后土皇地祇卖地券文（“□”为一特殊道符）

地券是我国古代特有的一种带有浓厚道教迷信色彩、专门用于陪葬的明器，因此又被称为“冥契”“幽契”。它发源于西汉，盛行于东汉，唐宋以后风行于大江南北。地券的用途在于模仿人间土地交易的行为，由拟建墓者向鬼神购买阴宅用地，并以契约的形式加以明确，从而使得在此营建的墓葬获得鬼神的认可与护佑。江西出土的南宋嘉泰四年（1204）周必大买地券，对于地券的这一功能交代得非常清楚：“青乌子曰，按鬼律云，葬不斩草、买地、立券，谓之盗葬。”[②]

地券在明代墓葬中常见，在已发现的明代宦官墓葬中经常出土，不过有的是双券、有的为单券。比如2005年南京市江宁区正德学院发现的明都知监太监杨庆墓，出土的地券为一合两块，两券各刻“合同”二字之一半，可以合二为一。券文明确指出：“券立二本，一本奉付后土，一本乞付墓中，令故考太监杨公收把，准备付身，永远照用。”[③]2010年南京市江宁区祖堂山发现的明都知监太监洪保墓出土的亦为双券，以铁箍捆系。可惜石质风化严重，文字内容无法辨识。[④]2005年成都市高新区“新北小区四期”工地发现的明蜀王府宦官周有龄墓，出土地券虽仅一块，然而其正反两面皆刻有券文，分别为买地人周有龄和卖地人“山家土府神君”的执照，因此它是一种特殊的双券。[⑤]出土单块地券的墓葬也有不少，如1953年南京市江宁区西善桥英台寺山发现的明司礼监太监金英墓，墓室中仅出土一块方形地券，券文末尾指明：“券付亡过太监金英神魂收执，承为照证。”[⑥]1991年河北遵化市苏家洼镇发现的太监王法兴墓也是如此，墓中仅有一块陶瓦制成的梯形地券，券文末尾曰：“今立券者，右给付受地太监王法兴。准此。”[⑦]2003年成都市红牌楼工地发现的明蜀王府内奉何珊墓，出土的也是单券，其文末尾亦曰：“右券一本，给付墓中亡官何珊收执存照。”[⑧]从地券为土地买卖凭证这一性质来看，完整的地券应为双券，买卖双方各执一券。杨庆、洪保、周有龄地券即是如此；而一些墓葬虽然仅出土单券，但是未必

---

②陈柏泉：《江西出土墓志选编》，江西教育出版社1991年，第566页。
③邵磊：《明代宦官杨庆墓的考古发掘与初步认识》，《东南文化》2010年第2期。
④南京市博物馆、江宁区博物馆：《南京市祖堂山明代洪保墓》，《考古》2012年第5期。
⑤成都文物考古研究所：《成都“新北小区四期”明代太监墓群发掘简报》，《成都考古发现（2006）》，科学出版社2008年，第350页。
⑥华东文物工作队：《南京南郊英台寺山明金英墓清理记》，《文物参考资料》1954年第12期。
⑦晏子友：《明代太监王法兴墓》，《紫禁城》1999年第4期。
⑧成都文物考古研究所：《成都红牌楼明蜀太监墓群发掘简报》，《成都考古发现（2003）》，科学出版社2005年，第484页。

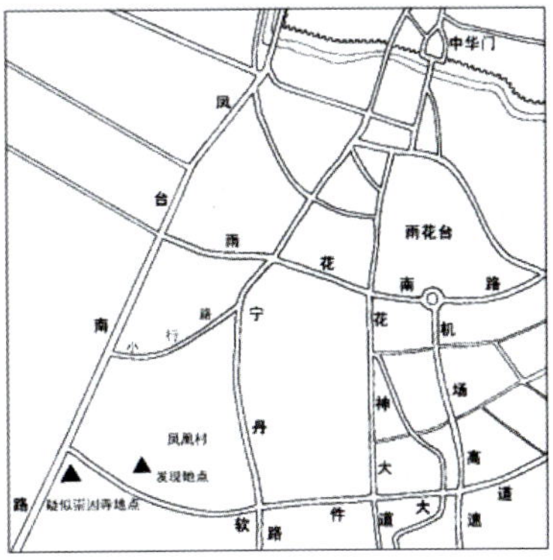

图 1　地券发现地点位置图

真的仅有一券。王法兴、何珊地券皆称右券给付亡者，强烈暗示另有左券。左券应该给付地神，它们很可能没有放置墓葬之中，而是被埋藏于墓葬之外。根据这一分析我们推测，原始的、完整的王景弘地券很可能也是一合二券，一券为我们现在看到的“高上后土皇地祇卖地券文”，另一券可能名为“大明内官监太监王景弘买地券文”。前者原本埋藏于墓外，被凤凰村村民无意中发现，抬回家中；而后者一直放置于墓内，目前还在静待我们的发现。当然这是最理想的情况。如前所述，一合二券全部放置于墓内的情况也很常见。若是那样，就意味着王景弘墓葬此前已遭严重破坏。

地券文的内容一般都是真实与虚拟、真人与鬼神相互交织。本次发现的王景弘地券同样如此。券文之中，买地人王景弘、他于崇因寺之东购得土地、正统元年的立券时间等，皆为真人、真事、真时；而阴间土地的所有者后土皇、同卖人太岁神、证见神东王公、同见神西王母、两来神田交佑，同立券神崇因寺护伽蓝神、书人鬼谷仙等皆为道教文化、堪舆术士虚拟出来的各路鬼神。另外，“东至青龙、西至白虎、南至朱雀、北至玄武”的地界以及“玖仟玖佰玖拾玖贯玖文”的地价亦明显为虚指。通读该地券文，排除其中神秘虚诞的内容，可以得到以下基本史实：明英宗正统元年，官职为内官监太监的王景弘，于南京安德门外崇因寺东侧（图 1）购买了一块土地，用于建造塔院。

三、地券内容的初步认识

根据地券提供的信息，我们认为至少在三个方面弥补了史料的不足。

1. 王景弘的葬地与坟寺

明清时代的宦官大多崇佛，有实力的大珰在为自己营葬的过程中，往往同时建寺籍僧，使之将来为己守冢。这在当时宦官云集的南北二京，成为一种普遍的社会现象。明代内官刘若愚就曾指出：“中官最信因果，好佛者众，其坟必僧寺也。”[⑨] 清人龚景翰也曾记录过北京周遭的情况：“薄游京城之外，而环城三四野往往有佛寺，宏阔壮丽，奇伟不可胜计。询之皆阉人之葬地也。阉人既卜葬于此，乃更创立大寺于其旁，使浮屠者居之，以为其守冢之人。”[⑩] 历年来，南京市考古工作者在南京城南地区先后收

⑨（明）刘若愚：《酌中志》卷二二《见闻琐事杂记》，北京古籍出版社 1994 年，第 200 页。
⑩（清）龚景翰：《游大慧寺记》，《光绪顺天府志》之《京师志十七・寺观二》，北京古籍出版社 1987 年，第 548 页。

集和发掘出多方明代宦官的墓志与寿藏铭，它们记载的内容使上述情况一再得到印证。比如，南京守备、内官监太监罗智的墓志记载，罗智“于城南安德乡购地一所，山明水秀，生气攸聚，卜为寿藏。且傍建梵刹，具章上请，赐额曰‘静明寺’”；内官监太监杨云的寿藏铭记载，杨云“乃择山水明秀之地，悉罄己赀创建梵刹，为国祝厘，为民祈福，规制宏丽，辉映林壑。具疏以闻，赐额‘普应寺’。后则公营圹之所也”；南京守备、内官监太监余俊墓志记载“公择地于安德乡，上其事于朝，请立祠若寺，以诏永久。上眷方深，可其奏，仍各赐额：祠曰‘彰勤’，寺曰‘祝禧’”[⑪]；2010年出土的都知监太监洪保的寿藏铭同样记载，洪保“捐舍宝钞五百千贯，修造祖堂寺轮藏一所；又建东峰庵一所，度剃十二僧……预为此圹者，使住世弟、男知所奉祀焉”[⑫]。而据《非幻庵香火圣像记》所载，郑和生前“出己缗，命工铸金铜像一十二躯，雕妆罗汉一十八位，并古铜炉瓶及钟声乐师、灯供具等”，计划“逮候西洋回还，俱送小碧峰退居供奉，以为永远香火”，郑和的朋友和族人子弟皆知这是郑和的遗嘱——“所以言者，有深旨哉”[⑬]。可见郑和早就安排以小碧峰寺为坟寺，并作了大量准备，只是由于突然病殁域外而可能未能如愿。

图2　王景弘地券拓片

根据文献与实物资料揭橥的事实，我们不难判断，王景弘在地券中与后土神买地订约“听从买主管业建立塔院”，表明他决定在此地建立一座寺院。此时的王景弘已是垂暮之年，他出资建立寺院明显与其他大珰一样，是为身后事计，该寺应为其坟寺。同时也就表明，他为自己选定的葬地就是崇因寺东侧的这片土地。在王景弘地券出土之前，一些学者根据王景弘原籍福建而又葬地不明，曾经推测他死后很可能归葬于闽。王景弘地券出土之后，这种推测即不成立。王景弘与郑和、洪保、罗智、杨庆等宦官一样，虽然籍贯各异，但是最终都入葬于他们长期为官的南京。

在地券中多次被提及的崇因寺，目前已不存，但在明人葛寅亮所撰《金陵梵刹志》中对其有较为详细的记载。由于该寺位于产生过“新亭对泣”著名典故的新亭，该书因此称之为“新亭崇因寺”。该条记曰：

（新亭崇因寺）在郭外，南城安德乡。北去所统报恩寺十里、聚宝门十里。刘宋时，名旷野寺。齐废。梁大同中，复。唐开元中，以懒融尝居，改禅居院。太和中，改崇

⑪ 南京博物院：《学耕文获集——南京市博物馆论文选》，江苏人民出版社2008年，第212、213页。
⑫ 南京市博物馆、江宁区博物馆：《南京市祖堂山明代洪保墓》，《考古》2012年第5期。
⑬《非幻庵香火圣像记》，原载明万历刻本罗懋登《三宝太监西洋记通俗演义》第一百回之后。本文引自郑鹤声、郑一钧主编《郑和下西洋资料汇编》（增编本）中册，海洋出版社2005年，第1147、1148页。

果院。宋改寺额曰崇因。嘉靖间，重修。此地旧为新亭，有王、谢遗迹，宋苏长公画像颂。又刘谊诗云："十里重因寺，临江水气中。"皆为寺证据。所领小刹，曰英台寺、慈善寺、兴福寺、凤岭寺。⑭

通过这段记载可知，崇因寺的历史源远流长，最早为南朝时期创立的旷野寺，其后历经唐、宋、明，虽然名称不同，但代代不绝。在这段记载中，最重要的是指出了崇因寺与聚宝门和报恩寺的距离为十里。按古代一里相当于今天的576米计算，十里即约5700米⑮。聚宝门与大报恩寺遗址今天皆存，经测算，这两处距离凤凰村王景弘地券发现地点的距离为5000米。地券发现地点属于王景弘葬地和坟寺的范围，位于崇因寺之东，因此崇因寺本址则应再向西稍许，因此正好符合《金陵梵刹志》所记其与聚宝门和大报恩寺相距十里的记载。

那么崇因寺是否就是王景弘的坟寺呢？我们认为崇因寺与王景弘关系肯定极为密切，从其葬地紧邻该寺，地券将"崇因寺护伽蓝神"确立为"同立券神"等处，表现得十分明显，但是不能就此简单地将崇因寺当作王景弘的坟寺。因为从上述罗智、杨云、洪保等与王景弘身份、时代相近的明代大珰的作为来看，他们都"悉罄己赀创建梵刹"，即创建新寺作为自己的坟寺。其中，洪保的作为颇能说明问题。洪保生前与祖堂寺关系十分密切，"捐舍宝钞五百千贯，修造祖堂寺轮藏一所"，但是洪保并未将祖堂寺定为坟寺，而是"建东峰庵一所，度剃十二僧"。据发掘者考证，东峰庵即后来之宁海寺，就在祖堂寺东侧近旁，相距不过数百米⑯。内官监太监罗智同样如此。罗智的葬地紧邻南京南郊之牛首山，该处有著名的大刹弘觉寺，但是罗智并未直接以弘觉寺为坟寺，而是奏请皇帝批准另建静明寺，然后将静明寺归于弘觉寺之下管辖⑰。郑和的做法亦是如此。《非幻庵香火圣像记》明确指出，郑和要求将自己制作的佛像、供具等物，"俱送小碧峰退居供奉，以为永远香火"。南京本有碧峰寺，据《金陵梵刹志》记载："（碧峰寺）在都门外，南城安德街。东去所统报恩寺二里，东北去聚宝门二里……国朝洪武中，敕建，居异僧金碧峰，因名寺。近禅僧大方募建千佛阁。所领小刹，曰永福寺。"⑱这座寺院是明太祖朱元璋为高僧金碧峰敕建，规模大、等级高，向称碧峰寺，它不可能另于寺额前加"小"，而称"小碧峰"。因此郑和打算为己坟寺的"小碧峰"肯定不是该寺，而应是一座由郑和创建或重建，归于碧峰寺名下管辖的小刹。笔者怀

⑭（明）葛寅亮：《金陵梵刹志》卷四〇《新亭崇因寺》，天津人民出版社2007年，第583页。以下引用版本皆同。

⑮ 杨生民：《中国里的长度演变考》，《中国经济史研究》2005年第1期；陈连洛：《从大同北魏永固陵制看古代的长度单位一里》，《山西大同大学学报》（社会科学版）第23卷第3期。

⑯ 王志高：《洪保寿藏铭综考》，《郑和研究》2010年第3期。

⑰《金陵梵刹志》卷三三《牛首山弘觉寺》，第503页。

⑱《金陵梵刹志》卷三九《碧峰寺》，第575页。

疑永福寺有可能就是郑和原本计划的坟寺。《金陵梵刹志》对永福寺记曰："在都门外，南城安德街天竺山前。北去所领碧峰寺相邻，东北去聚宝门二里。天顺间，诂庵禅师建。按，乾道志：在广济仓东。旧在冶城东南，本晋开福寺。后徙此，改景福寺。南唐避讳，改额。宋、元名永福尼寺。旧有孔雀坛，成化中毁。弘治辛酉，重修。今居士张应文复募重修，度越前刹。"⑲这段记载虽未提及郑和，但是可以发现该寺从元末到明成化年之间的情况语焉不详，不能排除郑和曾对该寺的恢复与建设作出过重要贡献，从而将它立为坟寺的可能性。

总之，明代大珰的坟寺虽然依附于已有之大寺，但通常不直接以其为坟寺，而是尽力另建小寺。究其原因，可能是由于大寺地位尊崇、人多事杂、难以专为其用，而自建之小刹可以为他们专心守坟。回归至王景弘坟寺的问题，地券中明确指出买主将"建立塔院"，说明王景弘本意与郑和、洪保、罗智这些生前同僚一样，创建属于自己的坟寺，该寺计划建于崇因寺东侧，建成后无疑将归属于崇因寺管辖。不过这座塔院是否最终建成，尚有疑问，我们下文将做分析。《金陵梵刹志》记载了崇因寺下辖的四座小刹，略加分析就可发现，它们皆不可能为王景弘所建之坟寺——英台寺"东去所领崇因寺五里"、慈善寺"东去所领崇因寺四里"、兴福寺"东去所领崇因寺七里"，它们皆位于崇因寺之西，与王景弘所买之地方位不合；另一座凤岭寺"西去所领崇因寺十里……宣德元年，右善世溥洽示寂，龛于凤岭之阳，建塔院，赐额"⑳。该寺虽然位于崇因寺之东，但相距达十里，而且明确记载为溥洽所建，因此亦不可能。

2. 王景弘的生年与卒年

王景弘生于何年，以往由于史料的缺乏，学界很难给出可信的答案。此次地券的出土，为我们探讨这个问题提供了一条宝贵的线索。

王景弘地券中提及了多位神祇，其中后土、太岁、东王公、西王母、鬼谷仙等，自两汉地券兴起以来，在全国各地的地券中屡屡出现，与他们类似的还有岁月主、五帝使者女青、白鹤仙、张坚固、李定度、杨筠松（杨救贫）等，这些神祇在地券中的作用一般是固定的，比如后土是地神，是土地的出让者；东王公、西王母、太岁、岁月主、张坚固、李定度等，主要充当保人和见证人；杨筠松本是唐僖宗时掌管灵台地理事务的官员，由于精于风水之术，被堪舆术士神化，在地券中承担起为墓主选定吉穴的重任；鬼谷仙、白鹤仙经常充当书写人；而女青被认为是天帝、太上老君和元始天尊的使者，又负责掌管鬼律，所以在地券中由她代表上天对地券的合法性进行确认。总之，地券中各路神祇的名号虽然众多，看似纷繁杂乱，但实际上各司其职，皆有所

⑲《金陵梵刹志》卷四〇《新亭崇因寺》，第582、588、589页。
⑳《金陵梵刹志》卷四〇《新亭崇因寺》，第582、588、589页。

用，绝非阴阳先生随意而写。值得注意的是，此次在王景弘地券中出现了两位罕见的神祇——两来神田交佑和崇因寺护伽蓝神，他们的名号在其他地券中极少出现，或者根本没有出现过，打破了以往地券行文相对固定的套路。这说明他们二位对于王景弘具有特别重要的意义，特意被列入地券之中。

崇因寺护伽蓝神的出现与作用似较容易推测，我们认为他很可能是为王景弘买地而特意新创的神祇。正如上文所析，王景弘买地是为建立坟寺，而其坟寺紧邻崇因寺，且将属该寺管辖，因此在地券中拟创出这位崇因寺护伽蓝神，使之与后土共同立券，意味着让他代表崇因寺对王景弘买地的行为给予认可，并对王景弘将来的坟寺给予庇佑。

田交佑之名虽然在以往的地券中很少出现，但他存在于道教典籍《灵宝天尊说禄库受生经》之中，并非新创。《灵宝天尊说禄库受生经》的编撰者与年代皆不详，然而该经为《正统道藏》所收，其成书年代应该较早。该经重点阐述了一种受生还债的思想，它认为：凡人在托生之前，皆从地府的禄库之中借贷过钱财，因而受生为人，是为“受生钱”。人出生之后，应该“钦敬三宝，方便布施，设斋诵经，行种种善缘，及依吾教诵念此经，烧还禄库受生钱者，得三生为男子身”；如果“负欠冥司受生钱财，在世不还，更相诳妄，死入地狱，万劫方生畜兽身，轮转果报”。为了便于人们还此阴债，该经详细列举了十二生辰之人分别对应的地府十二禄库，以及各库曹官的姓氏，要求人们根据各自生辰向各库归还受生钱。更为关键的是，该经又详细列举十二生辰之人的“本命元辰”，强调人们只有向自己的“本命元辰”许钱，才可来生继续为人。其相关经文我们引录如下：

子生人，本命元辰刘文真，当得人身，许钱七千贯。丑生人，本命元辰孟候，当得人身，许钱九千贯。寅生人，本命元辰锺元，当得人身，许钱六千贯。卯生人，本命元辰郝元，当得人身，许钱一万贯。辰生人，本命元辰李文亮，当得人身，许钱五千四佰贯。巳生人，本命元辰曹交，当得人身，许钱一千贯。午生人，本命元辰张巳，当得人身，许钱九千贯。未生人，本命元辰孙恭，当得人身，许钱四千贯。申生人，本命元辰杜准，当得人身，许钱八千贯。酉生人，本命元辰田交佑，当得人身，许钱五千贯。戌生人，本命元辰崔渐进，当得人身，许钱五千贯。亥生人，本命元辰王爽，当得人身，许钱六千贯。[21]

从现代人的角度看这本经书，或许荒诞不经，充满了迷信思想，但是在古代很多人的心目中，它是必须虔诚遵行的经典。正是通过此经我们得知，田交佑乃是酉年生人的“本命元辰”，他在很大程度上掌管着该生辰之人来生的命运。王景弘在地券中

㉑《灵宝天尊说禄库受生经》，底本收于《正统道藏》洞玄部本文类。本文引自张继禹主编《中华道藏》第4册，华夏出版社2004年，第286、287页。

特意以他为两来神，通过他向后土买地。由此我们不难推测：王景弘很可能是酉年生人，属鸡，田交佑乃是他的“本命元辰”。另外我们还注意到，《灵宝天尊说禄库受生经》虽为道教经书，但是其中混杂了大量佛教思想：比如它既强调人们需“烧还禄库受生钱”，“负欠冥司受生钱财……死入地狱”，同时又强调人们要“钦敬三宝，方便布施，设斋诵经，行种种善缘”。联想到王景弘、洪保、罗智等明代大珰都是既按照道教仪轨斩草、买地、立券，又按照佛教方式建寺、籍僧，因此很难说这本经书所阐述的佛道交融的思想不是他们行为的理论依据之一。

由于文献史料的缺失与疏漏，在地下文物资料出土以前，领导七下西洋活动的众多关键人物——无论是正使太监郑和、王景弘，还是多位副使太监，以及负责后勤保障工作的内承运库大使、南京守备太监等人，他们的生卒之年都是难解之谜。自20世纪50年代以来，罗智、杨庆、洪保等三位参与过下西洋活动的关键人物的墓葬先后被发现，出土了记载详细的墓志（寿藏铭）材料，才使这一状况有所改善。这三位人物的墓志文不仅将他们本人的生卒年交代得十分清楚，为我们探索王景弘的生卒年提供了重要的参照系。正如上文所析，王景弘地券的出土使我们了解到王景弘很可能是酉年生人，但是能否进一步明确到哪一年，还需要其他信息参与分析。洪保、杨庆均为直接参加下西洋活动的副使太监，罗智曾任主管下西洋后勤保障的南京守备太监，他们与郑和、王景弘皆为同僚和副手的关系。据洪保等人的墓志文记载，洪保生于洪武三年（1370），永乐三年（1405）郑和第一次下西洋时36岁；杨庆生于元至正二十七年（1367），永乐三年时39岁；罗智生于洪武八年（1375），永乐三年时31岁。由此可见，永乐三年郑和第一次下西洋时，领导层成员的年龄普遍在30余岁。而郑和、王景弘作为这支船队的主帅，职务、承担的责任皆在这些人之上，其虽说不一定比他们年长，但至少应当相仿。以此条件为基础，加上地券提供的信息，我们发现洪武二年（1369）很可能是王景弘的出生年——如果王景弘于该年出生，永乐三年第一次下西洋时，他正好37岁，年富力强，堪挑大梁；如果推后一轮，假设他出生于洪武十四年（1381），那么第一次下西洋时，他年仅25岁，年龄过轻，难以服众；如果提前一轮，假设他出生于元至正十七年（1357），那么第一次下西洋时，他已49岁。虽尚有可能，然而至宣德五年（1430）他最后一次奉命下西洋时，将达74岁。这明显不合理，明宣宗不可能让这样一位古稀老人率领大军，出入惊涛骇浪。综上，只要王景弘本命年为酉年这一前提正确，那么他出生于洪武二年（1369）是可以基本确定的。

在王景弘地券的末尾，有“正统元年四月二十五日”这个明确的纪年数据，这可以看作王景弘开始为自己预制寿藏的日子。从预制寿藏到去世，中间存在无法确定的距离——比如，据《洪保寿藏铭》的记载，洪保于宣德九年（1434）65岁时预制寿藏，而他在正统六年（1441）72岁时仍然健在，尚能接受皇太后的委任，为正统皇帝访择皇后，其间相隔至少在七年以上[22]；而据《杨云寿藏铭》记载，其于成化五年（1469）79岁时预作寿藏，至成化九年（1473）83岁时去世，相隔为四年[23]。因此，很显然我们不能将正统元年四月二十五日作为王景弘去世的日期。陈学霖先生在《明王景弘下西洋史事钩陈》一文中，通过全面检索《明实录》的记载发现，王景弘最后一次出现于《明实录》是在正统二年（1437）十月癸未条，当时明英宗要求王景弘与成国公朱勇、新建伯李玉等南京重要官员共同整训南京军备。其后《明实录》之中就再未出现过王景弘的名字，而且南京守备太监也很快以罗智、袁诚等人接任。由此陈先生推测王景弘应于正统二年末告老或逝世[24]。笔者认为，在无其他新出史料的情况下，这仍是王景弘卒年最为可信的推测，其时王景弘应为68岁。

应该看到，距离正统二年末，正统元年四月二十五日这个预制寿藏的起点实在过于接近。要想完成建寺、建坟两项任务，时间十分仓促。联系到正统二年十月明英宗仍然要求王景弘会同主持南都军训重任，我们认为，如果王景弘确实于正统二年末去世，那么他应该是由于操劳过度、突发疾病去世，这是一年前王景弘预制寿藏时所不能预知的情况。也正是由于这个原因，我们推测王景弘的坟寺或许未能如愿建成，从而导致《金陵梵刹志》未将该寺收入“新亭崇因寺”条下。

3. 王景弘的隶属衙门

明代宦官势大权重，人数众多。为管理和使用宦官，明政府设有所谓的“二十四衙门”：即十二监（司礼、内官、御用、司设、御马、神宫、尚膳、尚宝、印绶、直殿、尚衣、都知）、四司（惜薪、钟鼓、宝钞、混堂）、八局（兵仗、银作、浣衣、巾帽、针工、内织染、酒醋面、司苑）[25]。这些衙门的首领称为太监，是所有宦官中地位最高者。明代受皇帝信任的宦官，可以直接秉承皇命，管军、管民、管钱，对外朝政治、经济、军事、外交、司法等各个领域进行深度干预。但是无论他们在外所奉何差，其基本身份仍是“内官”，必须隶属于内廷的宦官机构。反过来看，明代能够出人头地的宦官，一般都必须先在“二十四衙门”中的某一部门获得太监、少监等较高地位，方才有机会口含天宪，出入外廷，显赫一时。

明初下西洋船队的最高领导层皆由宦官组成，除郑和、王景弘外，还有侯显、洪保、杨庆、唐观保、李兴、朱良、周满、杨真、张达、吴忠、罗智等多人。他们先后获得太监的职衔，不过分属不同的部门。通过检索文献和出土资料，我们目前可以了解其中一部分人的隶属情况。比如，据《明史·侯显传》记载，侯显原为司礼少监，其后“以

㉒《皇明诏令》卷一一，《续修四库全书》史部第457册，上海古籍出版社2002年，第227页。
㉓南京市博物馆：《学耕文获集——南京市博物馆论文选》，江苏人民出版社2008年，第212、213页。
㉔陈学霖：《明王景弘下西洋史事钩陈》，《汉学研究》第九卷第2期，1992年。
㉕《明史》卷七四《职官志》三“宦官”条，中华书局1974年，第1818—1820页。

奉使劳，擢太监”，由此可知侯显隶属于明代最为显赫的司礼监[26]。又如，明人王直《抑庵文集》中收录有《户部右侍郎吴公墓志铭》，记载户部右侍郎吴玺所历一事：“正统己未徙内库，敕都知监大监洪保、魏国公徐显宗与公理其事。库物以巨万计，二公重臣多惮烦，一惟公是赖。”[27]由此可知洪保隶属于都知监。这一信息已被出土的洪保寿藏铭所证实。而根据出土墓志材料，我们得知罗智“永乐丙申，掌内官监事。洪熙乙巳，升本监太监”；而杨庆为“都知监太监”。最有意思的是，郑和的隶属信息来源于其父马哈只的墓志铭，若无这件宝贵的实物证据，我们迄今仍然无法得知郑和本“为内官监太监”[28]。

王景弘作为七下西洋的主帅之一，以往的史料——无论是正史、稗官杂记，还是海内外陆续发现的文物实证材料，皆只记载了他的宦官身份、等级以及所负责的区域，却从没有交代清楚他属于宦官系统中的哪一具体部门。

比如，在最重要的正史材料《明实录》中，自最早的永乐五年（1407）九月庚辰条至最晚的正统二年（1437）十月癸未条，王景弘（按：洪熙朝以前称为王贵通，其后改称景弘[29]）先后出现的称谓有太监（永乐五年九月庚辰条、永乐二十二年八月丁未条、宣德四年二月乙未条、宣德五年六月戊寅条、宣德十年正月甲戌条、宣德十年正月辛丑条、正统元年三月丁卯条、正统二年十月癸未条[30]）、内官（洪熙元年二月戊申条[31]）、南京太监（洪熙元年四月甲辰条、宣德三年六月庚戌条[32]）、守备太监（洪熙元年六月辛亥条、宣德十年六月丁巳条[33]）、南京守备太监（宣德三年八月庚辰条、正统元年二月乙未条、正统元年三月甲申条[34]）、中官（宣德十年四月癸卯条[35]）；在清代官修《明史》之中有三处提及王景弘，其中《郑和传》称他为郑和“其侪”，《外国传·苏门答剌》将他与郑和同称为“太监”[36]。

㉖《明史》卷三〇四，第 7768、7769 页。
㉗（明）王直：《户部右侍郎吴公墓志铭》，《抑庵文集》卷十，《四库全书》本。
㉘纪念伟大航海家郑和下西洋 580 周年筹备委员会、中国航海史研究会主编：《郑和史迹文物选》，人民交通出版社 1985 年，第 2 页。
㉙王景弘一人两名之问题，陈学霖先生《明王景弘下西洋史事钩陈》一文有详细论证，可资参阅。
㉚分别见《明太宗实录》卷七一第 999 页，《明仁宗实录》卷一（上）第 6 页，《明宣宗实录》卷五一第 1123、1124 页，《明宣宗实录》卷六七第 1576、1577 页，《明宣宗实录》卷一一五第 2597 页，《明英宗实录》卷一第 34 页，《明英宗实录》卷十五第 276 页，《明英宗实录》卷三五第 691 页，中研院历史语言研究所影印本 1962 年。以下引用版本皆同。
㉛《明仁宗实录》卷一（上），第 6 页。
㉜分别见《明仁宗实录》卷九（上），第 282、283 页，《明宣宗实录》卷四十四，第 1095 页。
㉝分别见《明宣宗实录》卷二第31 页，《明英宗实录》卷六第 122 页。
㉞分别见《明宣宗实录》卷四六第 1095 页，《明英宗实录》卷一四第 267、268 页，《明英宗实录》卷十五第 289 页。
㉟《明英宗实录》卷四，第 83 页。
㊱分别见《明史》卷三〇四，第 7766 页；《明史》卷三二五，第 8420 页。

另外，有关王景弘的记载还出现于下西洋随行人员所作札记、文人著述、稗官杂史等多种文献。比如巩珍的《西洋番国志》，在自序中称王景弘为“正使太监”，在所收宣德五年五月初四日的皇帝敕书中，称他为“太监”㊲；费信所著《星槎胜览》中，同样称王景弘为“正使太监”㊳；郎瑛《七修类稿》称王景弘为“太监”㊴；葛寅亮《金陵梵刹志》卷二收录了明代多位皇帝的谕旨，其中就有专门敕谕郑和、王景弘等人的，直接称他们为“太监”㊵；南明佚名者所编之《天妃显圣录》中，则称王贵通为“内官”“太监”㊶。

在以往发现的文物实证材料中，与王景弘密切相关的有：发现于斯里兰卡的“布施锡兰山佛寺”碑、原立于太仓刘家港天妃宫的“通番事迹记”碑、发现于福建长乐的“天妃灵应之记”碑、发现于福建南平的“郑和铜钟”等。《布施锡兰山佛寺碑》开篇即说：“大明皇帝命太监郑和、王贵通……”㊷；“通番事迹记”和“天妃灵应之记”两碑皆在碑文末尾署名“正使太监郑和、王景弘……”㊸；“郑和铜钟”上署名的供养者为“太监郑和、王景弘等同官军人等”㊹。综上所述，在以往所见各种史料之中，或者点出王景弘的宦官身份，如“内官”“中官”；或者强调他的职权级别，如“正使太监”“守备太监”；或者指明他所在及管辖的区域，如“南京太监”“南京守备太监”等。在官私史籍中最常用的显然是“太监”一词，因为该称谓兼顾了内官的身份与职级。然而不管上述哪一条记载、哪一种称谓，都忽略了王景弘隶属何监这个基本信息。此次地券的出土，填补了这一空白，明确告知我们王景弘同样为“内官监太监”，使我们对于《明史》记载的王景弘乃郑和之“侪”，有了更为深刻的理解。毫无疑问，这是王景弘地券给予我们的又一重要贡献。

（本文原刊《东南文化》2014 年第 1 期）

㊲（明）巩珍著、向达校注：《西洋番国志》，中华书局 2000 年，第 5、10 页。
㊳（明）费信：《星槎胜览》之《序言》和卷一“占城国”条，上海涵芬楼《学海类编》本，第一一九册，1921 年。
㊴（明）郎瑛：《七修类稿》卷一二“三保太监”条，上海书店出版社 2001 年，第 124 页。
㊵《金陵梵刹志》卷二《钦录集》“宣德三年”条，第 81 页。
㊶ 分别见《天妃显圣录》“历朝褒封致祭祀”条和“东海护内使张源”条，《文献丛刊》第 77 种，银行经济研究所 1960 年，第 9、39 页。
㊷ 龙村倪：《郑和布施锡兰山佛寺碑汉文通解》，《中华科技史学会会刊》第 10 期；吴之洪：《郑和〈布施锡兰山佛寺碑〉碑文考》，《黑龙江史志》2009 年第 20 期。
㊸《郑和史迹文物选》，第 23、54 页。
㊹ 刘东瑞、卢保康：《郑和铜钟考》，《文物》1985 年第 1 期。

牛首山弘觉寺塔地宫石盖的发现及相关问题

刘文庆　符永利

一、地宫石盖的发现过程

弘觉寺塔位于南京南郊的牛首山东峰南坡，始建于唐大历九年（774），为代宗“感梦敕修”[①]，明代正统年间重建，至清代乾隆年间此塔木结构部分遭雷击而焚毁，仅存塔身部分[②]。1956年7月14日，弘觉寺塔地宫被发现，由江苏省文物管理委员会派人作了及时调查和清理，出土有鎏金喇嘛塔、瓷罐、玉瓶、佛像等一批珍贵文物，现藏于南京博物院[③]。相对于重要的出土文物，地宫石盖是很不起眼的，最容易被忽略，但当年发表的简讯中特意提起：“（地宫）口部上边的圆形石盖已经被揭起，盖的反面刻有41.5厘米直径的圆形花纹。”可见当时地宫石盖是在现场的，为圆形，并刻有圆形花纹，但具体是什么花纹，不能详知。此后相当长的时间内，学界并未给予弘觉寺塔及地宫足够的重视。直到20世纪90年代，才开始有人关注它，并进行相关的考证研究。在考察地宫的性质时，为破解弘觉寺塔和郑和墓的关系，有研究者终于将目光投向地宫石盖，以为可从中找到新的有价值的线索。但是，这时才发现地宫石盖竟然不知所踪。有人推测，当初考古清理后，地宫被封，石盖可能仍被置于地宫口之上。“当初清理地宫时，由于匆忙而没有拓下地宫石盖背面的圆形花纹，其花纹中极有可能刻有阿拉伯文字，或许还隐藏着更为重要的线索，这种推测希望在重开地宫时能得到证实。”[④]于是在2005年，弘觉寺塔地宫第二次被打开，但令人失望的是并未找到石盖。

地宫石盖到底去了哪里？笔者为此到牛首山周边村落进行了仔细走访，希望能找

①（宋）周应合：《景定建康志》，南京出版社2009年，第1130页。
②易家胜、毛晓玲、张蕾：《山水城：南京历史文化之旅》，中华书局2006年，第62页。
③蔡述传：《南京牛首山弘觉寺塔内发现文物》，《文物参考资料》1956年第11期。
④葛晓康：《南京牛首山弘觉寺塔地宫初探》，《东南文化》1996年第2期。

到相关线索。几经周折，终于在周村了解到了石盖的下落。原来 1956 年地宫发掘后，石盖被置于塔外。由于 1957 年开始大开铁矿，塔的四周堆满了一层塔高的矿渣，地宫石盖便被掩埋其中。直到 1996 年对塔实施维修时，用推土机推去了塔外的矿渣，地宫石盖也随之暴露出来。但不久，有村民上山寻找砌墙的石头，相中了石盖，在用拖拉机运回的途中，不慎将石盖滚入弘觉寺塔西北侧约 60 米的矿坑中。此坑是 20 世纪 30 年代为采铁矿所开，50 年代后又曾被使用，至 80 年代停工后早已废弃，面积达 16200 平方米，矿坑内积有 50 多米深的水，石盖就落入了这个“人工湖”中（图 1）。为此，有关部门特邀请福建水下打捞队来打捞，但终因水深，地质状况复杂，无功而返[5]。直至 2012 年，由于牛首山要利用这个矿坑建设佛顶宫项目，必须先抽干矿坑内的积水，

图 1　出土地宫石盖的矿坑

图 2　地宫石盖出土时情景 1

图 3　地宫石盖出土时情景 2

⑤有关弘觉寺塔地宫的再次打开、寻访石盖的下落以及进行水下打捞等情况，《南京日报》曾作过相关报道。李冀：《弘觉寺塔地宫再次被打开》，《南京日报》2005 年 5 月 25 日版；李冀：《水下打捞地宫石盖有望揭开郑和埋骨之谜》，《南京日报》2005 年 6 月 9 日版。

笔者意识到地宫石盖重见天日的机会来了。经过 30 多天的持续抽水，2012 年 7 月 20 日上午，终于在矿坑东北的剖面上发现了地宫石盖。石盖周边积有很深的淤泥，图案面朝下，素面朝上（图 2、图 3），当天下午石盖即被抬运到弘觉寺塔内加以保护。由此，地宫、地宫出土文物、石质地宫盖所形成的一整套体系就此完整了。

二、地宫石盖现状

石盖为圆形，直径 63 厘米，厚 20 厘米，为红砂石制成，与地宫出土的鎏金喇嘛塔的底座是同一种质地。石盖顶面素面无纹，加工粗糙（图 4）。底面打磨光滑，中心

图 4　地宫石盖顶面

图 5　地宫石盖底面

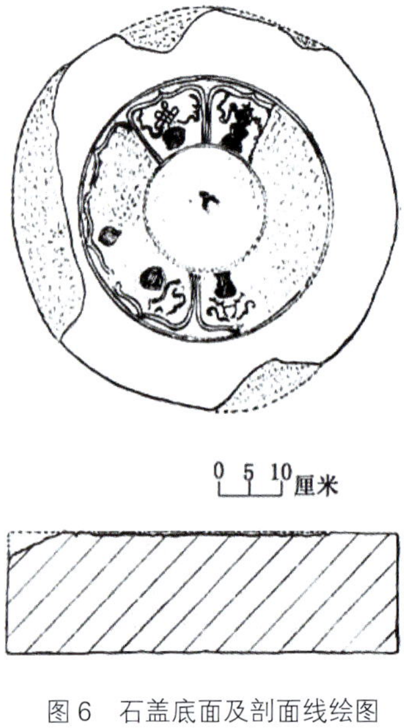

图 6　石盖底面及剖面线绘图

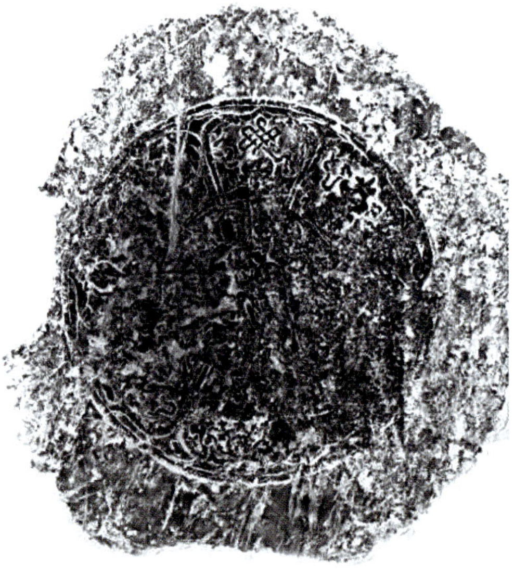

图 7　石盖底面图案拓片

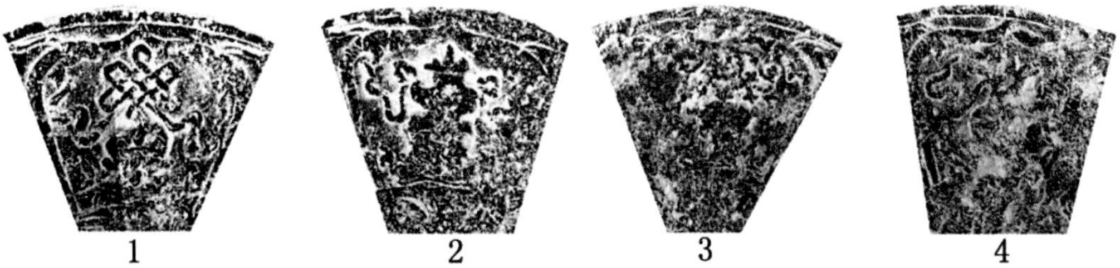

图 8　石盖八吉祥图案局部拓片　1. 盘长　2. 宝瓶　3. 宝幢　4. 宝盖

位置浅浮雕一个直径约 41.5 厘米的圆形图案，分内外两圈，内圈直径约为 20 厘米，内圈之中残损严重，似在最中心又雕一小圆，这个小圆与内圈之间的环面上似雕有等分扇形的界格，格内及小圆中原应刻有图案，但具体内容已难细辨。内圈与外圈之间等分为八格扇形，每格内雕一朵莲瓣，共八瓣，每个莲瓣长约 10 厘米，宽约 7—12.5 厘米，莲瓣内各雕一个法器，共八个，合为“八吉祥”图案（图 5、图 6）。八个吉祥物中，现能清楚辨认的仅有盘长、宝瓶两个（图 7、图 8），其他图案已经模糊不清。

三、“八吉祥”图案

1. 象征含义

“八吉祥”是一组以佛教的教义为题材和表现内容的图案，分别是轮、螺、幢、盖、花、瓶、鱼、结八种法物[⑥]（图 9）。相传当年释迦牟尼悟道成佛，转法讲经之时，由帝释天、大梵天等众施主为敬奉佛祖而呈献了这八种象征吉祥的供奉物，并因此而出现了很多吉兆，经佛祖加持成为众生永久吉祥之象征。此外，它还象征佛祖的身、语、意及功德[⑦]。具体而言，《北京雍和宫法器说明册》中有很好的概括：法轮，佛说大法圆转万劫不息之物；法螺，佛说具菩萨果妙音吉祥之物；白盖，佛说遍覆三千净一切药之物；莲花，佛说出五浊世，无所染着之物；宝瓶，佛说福智圆满，具完无漏之物；金鱼，佛说坚固活泼，解脱坏劫之物；盘长，佛说回环贯彻，一切通明之物[⑧]；至于幢[⑨]，《藏传佛教神明大全》载：“胜利幢，是世间一切胜利之代表，它象征着制服‘四魔’（蕴魔、烦恼魔、死鬼、天子魔）之功德。”

---

⑥一般又常将八种法物俗称作“轮、螺、伞、盖、花、瓶（罐）、鱼、长（肠）”，其实“伞”与“盖”本为一物，并无实质区别，佛教显密供养仪轨中多称为“盖”，而很少称“伞”。可见这种说法中的“伞”应该是“幢”的误称，将“伞”与“幢”相混淆所致。“长”就是“结”，为中国自古已有之吉祥物，但“长”不能称作“肠”，不论是人肠还是畜肠，均会有污于佛祖及教义。参见张向宇《八吉祥图案》，江西美术出版社 2008 年，第 5—6 页。

⑦普华才让：《论藏族吉祥符号及其象征意义》，中央民族大学硕士论文 2007 年 3 月，第 12 页。

⑧周丽丽：《瓷器八吉祥纹新探》，《上海博物馆集刊》第 4 期，1987 年，第 312—332 页。

⑨由于出现在八吉祥图案中的幢是以藏传佛教的幢作为素材的，而藏族地区的幢，外形颇似收合的雨伞，所以幢被后人误解为伞，其实幢因其内部为实心桶状，没有做伞撑辐条的榡，所以不能开合。参见张向宇《八吉祥图案》，江西美术出版社 2008 年，第 40—41 页。

2. 排列顺序

弘觉寺塔地宫石盖上的八吉祥纹样，可以清晰地辨认出宝瓶和盘长这两个吉祥物，另有两个处在与之相对位置的吉祥物，仅能见到局部，且模糊不清，因而很难据此准确地予以辨别。如何判定出其他吉祥物的所处位置和排列顺序便是摆在研究者面前的首要任务。

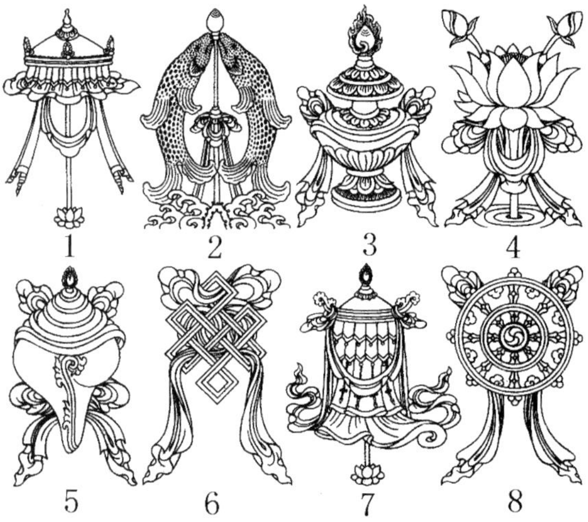

图 9　八吉祥图案

1. 盖 2. 鱼 3. 瓶 4. 花 5. 螺 6. 结 7. 幢 8. 轮

一般来讲，八吉祥图案的排列方式不外乎三种：第一种是按照顺时针或者逆时针方向一字排开，每一个图案单独排列，最后首尾相连，成为环形；第二种是第一种形式的简化，只是将八个图案两两相连，分成四组排列开来；第三种是将八吉祥分成两行，上下相间错开排列，顺序不变[10]。以此对照，弘觉寺塔地宫石盖上的八吉祥图案应该属于第一种形式，八个法物分别嵌在八个莲瓣中，正好形成一个轮状，那么其顺序则有两种可能，要么是顺时针方向要么是逆时针方向。

八吉祥具体的排列顺序在不同时期是有变化的，据研究，这一排列顺序也主要有三种：第一种是按照轮、螺、幢、盖、花、鱼、瓶、长的顺序排列，主要流行于明代初期到明代中期；第二种是按照轮、螺、幢、盖、花、瓶、鱼、长的顺序排列，主要流行于明代晚期至清代；第三种是按照轮、幢、长、螺、花、瓶、鱼、盖的顺序排列，主要流行于清代晚期，以同治、光绪时期为代表[11]。弘觉寺塔地宫石盖上的八吉祥图案中，盘长与宝瓶的位置是相互紧邻着的，不管是逆时针或是顺时针方向，瓶和长都是相连着的，而满足这一条件的只有上述的第一种排列顺序。由此可以推断，弘觉寺塔地宫石盖上的八吉祥排列顺序应该是轮、螺、幢、盖、花、鱼、瓶、长，是按照逆时针方向排列的（图 10）。同时也可以推测出与瓶、长相对位置的那两个仅能看到局部的吉祥物应该是幢和盖（图 8：3，4）。

3. 时代

由上述确立的八吉祥排列顺序，可以判断弘觉寺塔地宫石盖的年代大约在明代早期至中期。这里所说的明早期指的是洪武至天顺年间，中期则指的是从成化到隆庆时期[12]。从图案的时代风格上能否更进一步确认所属的具体时代呢？首先我们来判定此

⑩ ⑪ 龙霄飞：《清净通明 吉祥八宝——古陶瓷纹饰琐谈》，《收藏家》2009 年第 9 期。

⑫ 杨鸿姣：《明代藏传佛教八吉祥纹样在汉地的传播及其风格演变》，《西藏艺术研究》2008 年第 1 期。

图 10　弘觉寺塔地宫石

图 11　元代龙泉窑印花八吉祥纹残盘图案及局部

图 12　元代铁可墓铜镜纹样及局部

盖的上限年代。完整的八吉祥纹样始见于元代，这一时期八吉祥的排列顺序并未固定，比较随机，风格质朴，瓶一般为贯耳长颈瓶插花的样式（图 11），吉祥结呈现上下成尖状的特征（图 12）。而至明代早期，瓶则变为带盖的类似藏式贲巴瓶的形制，并在瓶的颈部和腹部下装饰莲瓣，显得更加庄重。吉祥结在永乐时期还保留元代的上下成尖状的特征，宣德时期则演变为上下各有一结的形制，这一形制被后世所承袭，成为吉祥结的固定样式。此外，飘带自永乐时期开始成为必不可少的要素之一[⑬]。以此比照，弘觉寺塔地宫石盖上八吉祥纹样中的瓶已经呈现带盖的藏式贲巴瓶的形制，吉祥结已经没有上下成尖状的特征，飘带刻画得自如成熟，且下承有莲台，这样看来，其年代上限应该在宣德时期。

至于下限年代，纯粹从八吉祥图案的自身特征来判断是存在一定困难的。宣德时期的八吉祥图案具有工整、精细、富丽、繁复等风格，而明中期则具有相对简单、轻巧、秀丽、轻盈的韵味，两个时期之间的这种细节上的区别，在这件地宫石盖上是无法展现出来的，因为石盖上的图案属于浅浮雕，局限了许多细部的描绘，之前是否有彩绘已不得而知，同时这件石盖上的图案又残缺不全，更影响了研究者对风格细节方面的整体把握。因此，对其下限年代的推断需要从其他角度入手。

我们回到弘觉寺塔的建筑上来，地宫是塔的附属组成部分，只要明确了建塔年代，那么此件石盖及八吉祥图案的年代也自当清楚了。已有研究者论及这个问题，有根据

⑬ 杨鸿姣：《明代藏传佛教八吉祥纹样在汉地的传播及其风格演变》，《西藏艺术研究》2008 年第 1 期。

文献记载认定此塔建于宣德八年（1433）的[14]；也有学者根据塔壁题记、地宫出土喇嘛塔的铭文与形制，断定在明正统初年，不晚于正统五年（1440）[15]；或综合而言，认为此塔创议于宣德末年，落成于正统四年或五年初[16]。无论哪种观点，其最晚的下限年代是可以确定的，即正统五年，因而可以认为弘觉寺塔地宫石盖及八吉祥图案的年代下限，当在明正统五年。

综上所述，弘觉寺塔地宫石盖的年代，应该在明代宣德时期至正统五年之间，八吉祥图案应属于明代早期这一阶段。

四、相关认识

1. 弘觉寺塔地宫的形制

弘觉寺塔在《金陵梵刹志》中被明确称之为舍利塔[17]。佛教传入我国后，逐渐地接受了中国的传统习惯，按照中国传统的埋葬方式瘗埋舍利，并将在塔下放置舍利的空间叫“地宫”[18]。可以说，以地宫埋藏舍利和其他供奉物，是佛塔建筑传入中国后与古代陵墓制度相结合而产生的[19]。弘觉寺塔地宫，位于塔内第一层底面正中，上圆下方，底部平面呈正方形，边长约为83.5厘米，深1.06米，由规格为长约20厘米、宽约14厘米、高7.6厘米的青砖错缝砌筑，上为拱券结构，口呈圆形，口径47厘米，属于竖穴砖室形制，规模比较小（图13）。地宫内未发现有石函，出土物就直接置于地宫底部偏西侧深约一层砖厚度的长方形浅坑内。这种规模较小的竖穴形制，体现的应是南方舍利塔地宫的地域特色[20]。

⑭ 此为葛晓康先生的论点，依据是明代盛时泰著《牛首山志》中所载：“宣德八年，……（南京内官监内使阮昔）见本寺荒废，自备木料砖瓦，倩工起盖，佛殿山门廊庑及宝塔一座完备。”参见葛晓康《南京牛首山弘觉寺塔地宫初探》，《东南文化》1996年第2期。

⑮ 章忠民：《南京牛首山弘觉寺塔建造年代及其风格考》，《东南文化》1998年第1期。

⑯ 李蔚然：《南京牛首山弘觉寺塔及其地宫出土文物综述》，《东南文化》2002年第9期。

⑰（明）葛寅亮撰、何孝荣点校：《金陵梵刹志》卷三十三《牛首山弘觉寺》，天津人民出版社2007年，第504页。

⑱ 韩金科、王焯：《法门寺唐塔地宫及中国舍利瘗埋制度》，《文博》1993年第4期。

⑲ 刘友恒、聂连顺：《河北正定开元寺发现初唐地宫》，《文物》1995年第6期。

⑳ 南京大学贺云翱教授认为，从目前所能掌握的有关舍利塔地宫的考古材料来看，似应存在着南北地区差异，北方地宫多仿自带斜坡墓道的土洞墓式样，外观呈横穴式，代表性例子如陕西扶风法门寺地宫。南方地宫多仿自竖井状土坑墓，外观呈竖穴式，以砖室搭建，如宁波天封塔和杭州雷峰塔地宫等。一般而言，南方地宫体积要比北方地宫小，北方佛塔地宫规模普遍较大。这种地宫大小方面的差异和佛塔等级高低并无直接关系，佛塔地宫的南北差异很可能是因为南北地区不同的地质构造决定的。一般地，南方地层结构较北方松软，建造大规模地宫容易出现承重问题，此外，南方地区地下水比较密集，地宫延伸过长容易阻断地下水脉，会出现渗水方面的破坏现象。贺先生的观点可参见卢咏梅、朱凯《中国古代佛塔地宫存在“南北差异”》，《南京日报》2008年7月18日第A05版。牛首山弘觉寺塔地宫的形制特征，无疑为这一论点又增添了新的实证。

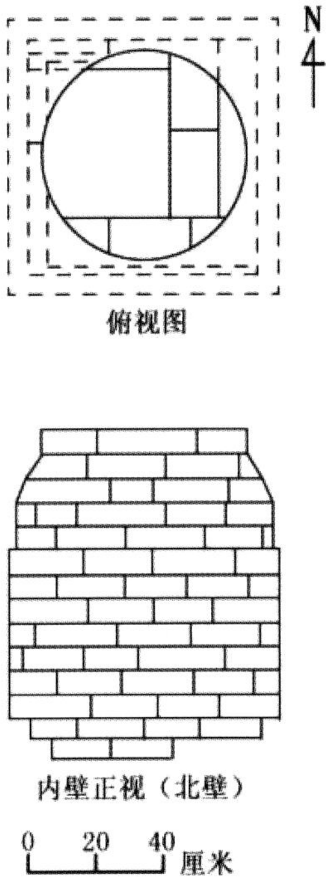

图 13　弘觉寺塔地宫平面图与剖面图

2. 石盖的学术价值

新中国成立以来，全国各地陆续发现、并得到不同程度清理的舍利塔基已达80余座，其建造年代上自北魏，下迄明清，涵盖了各个不同的历史时期[21]。根据笔者所见到的资料，发现遗存有地宫盖板的实例并不多，且以竖穴式地宫形制者多见，大体可分为这样几类：其一是石质盖板，多为长方形或正方形，也有少量圆形，此类数量最多；其二，用砖做盖板，最典型的莫如上海嘉定法华塔明代地宫，使用了由工部委官于苏州府设官窑烧造的大方砖，此砖质地坚硬，棱角方正，专用于皇宫和高级建筑物，俗称“金砖”[22]；其三，木质盖板，这一类发现极少，如辽宁朝阳北塔地宫，顶部即用柏木板覆盖，时代在辽代重熙十三年（1044）[23]。抛开后两类比较特殊的不论，单就第一类石质盖板而言，均以素面为主，除了浙江金华万佛塔北宋地宫盖上刻有陀罗尼经[24]之外，都未见刻饰或彩绘痕迹。因此可以这样认为，仅依目前已知的考古资料，舍利塔地宫石质盖板上还不曾发现刻饰有图案的，从此种意义而言，刻有八吉祥纹的地宫石盖在牛首山弘觉寺塔的首度发现，便具有了填补学术空白的价值。

3. 石盖的深层含义

前文已经交代，弘觉寺塔地宫石盖的图案刻饰在底面，石盖合上后，此八吉祥图案恰处于整个地宫的顶部正中，正好面朝着下面供奉的鎏金喇嘛塔。这种布局安排是否还具有更深层次的含义呢？就目前所知的资料，佛塔地宫中不曾见到与此相同的实例，但我们却在同时期的陵墓建筑中发现了一个十分相似的例子。建成于明宣德十年（1435）的蜀僖王朱友壎陵，位于成都东郊十陵镇南，通长27.8米，由前庭、前室、正庭、正室、中庭、后室等部分组成[25]，后室为主室（即棺室），顶施天花，用巨厚石板横铺而成，天花正中浅浮雕一个巨大的八瓣莲花轮，直径3米[26]，由外、中、内三个同心圆环构成，在外环与中环之间，等分为八格，每格刻一莲瓣，瓣中分别刻有宝盖、

㉑ 祁海宁、龚巨平：《北宋长干寺圣感塔地宫形制成因初探》，《东南文化》2012年第1期。
㉒ 上海市文物管理委员会：《上海嘉定法华塔元明地宫清理简报》，《文物》1999年第2期。
㉓ 朝阳北塔考古勘探队：《辽宁朝阳北塔天宫地宫清理简报》，《文物》1992年第7期。
㉔ 浙江省文物管理委员会：《金华万佛塔出土文物》，文物出版社1958年，第2页。
㉕ 成都市文物考古研究所：《成都明代蜀僖王陵发掘简报》，《文物》2002年第4期。
㉖ 薛登、方全明：《明蜀王和明蜀王陵》，《四川文物》2000年第5期。

金鱼、宝瓶、妙莲、右旋海螺、吉祥结、胜利幢和金轮等八种宝物（图 14）。在中环与内环之间亦为八扇，每扇面刻一莲瓣，瓣中为垒成塔形的三朵莲花。在内环中央部分为一梵文装饰体图案，其左旁有圆点、弯月、卷勾三个小图形[27]。此幅图案与弘觉寺塔地宫石盖上的图案如出一辙，除了八吉祥排列顺序略有不同之外，其构图方式、分布位置十分接近，年代也几乎处于同一时段，因此对蜀僖王陵图案的解读将有助于对弘觉寺塔地宫的认识。

图 14　成都明代蜀僖王陵地宫主室顶部雕饰图案

目前，对蜀僖王陵这一藏式石刻图案的解读，最具权威性的当属任新建先生的《明蜀僖王陵藏式石刻考释》一文[28]，笔者从中所受启发颇多。在将这两处石刻图案进行比照之后，结合任先生的观点，我们对弘觉寺塔地宫及石盖似可形成以下一些初步认识。

第一，弘觉寺塔地宫虽属于佛教建筑，但本身即具有墓葬的某些性质或功能。这一点从地宫内发现金棺银椁中的涅槃像、三设、瓷罐中的佛牙（一颗为牛牙、一颗是老年人的双尖牙齿）、骨灰等现象已经有所体现。而蜀僖王陵受当时社会风气所熏，也深受佛教尤其是藏传佛教因素的影响。这二者之间具有相通性与可比性。

第二，弘觉寺塔地宫石盖上的八吉祥纹饰，应与蜀僖王陵棺室顶部的图案一致，也应是由三个同心圆环组成，最外一圈可称之为外区，饰八瓣大莲花，花内雕八吉祥，代表的是吉祥如意，每种宝物又各具有特定的含义，对此前文已有涉及，不再赘言。

第三，中间一圈可称之为中区，这一区亦八等分，形成八朵小莲瓣，瓣中可能也有垒成塔形的三朵莲花，如果将莲瓣的顶部看作是托放这三朵莲花的托盘，再将外区八瓣莲花之边视作八根轮辐，如此则正好一起形成八个朝向中心的“朵玛”供。“朵玛”为藏族特有之供品，用以献敬神鬼。

第四，最内一圈是为内区，为整个图形的中心，其中可能也饰有类似于蜀僖王陵的梵文图案，喻义藏语中所称的“星祥”（mtshan—byang）[29]，因其形与密宗代表阿弥

㉗ 任新建：《明蜀僖王陵藏式石刻考释》，《四川文物》1995 年第 3 期。
㉘ 任新建：《明蜀僖王陵藏式石刻考释》，《四川文物》1995 年第 3 期。
㉙ 另有余茂智先生解释认为，内区所浮雕的是藏传佛教中象征寿命自在、心自在、愿自在等十相自在的梵文字母“朗久旺典”。参见余茂智《明蜀王陵精美的地下宫殿》，《西南航空》2012 年第 6 期。

陀佛的种子字十分相近，再结合整个图形采用莲花（象征修成正果）围绕、法轮永转的构思，可以认为这一梵文符号象征的是阿弥陀佛，代表的是西方清净吉祥之境，整个构图应表示佛法遍照，接引往生极乐之意[30]。

第五，内区“星祥”左侧，也当刻有与之组合关系紧密的圆点、弯月、卷勾三个小图形，其所表示的应是太阳、月亮和明点，用以象征所依本尊之身、语、意。

第六，石盖图案所处位置，正在地宫顶部正中，此区域一般代表天空，这也为判定内区梵文图形象征天国净土的结论，提供了另一个角度的佐证。

第七，按蜀僖王陵的图案采用了藏族绘画中传统的色调，以红、蓝、黄、绿为主色，色彩比较浓重，由此可推知弘觉寺塔地宫石盖的图案原可能也饰有彩绘。

第八，弘觉寺塔地宫石盖上的图案可能表示的是一个坛城[31]，坛城为藏传佛教密宗修法之物。石盖下面正对的便是由李福善奉施的鎏金喇嘛塔，已有学者指出喇嘛塔内造像与塔外瓷罐构成的应为坛城[32]，那么地宫石盖上的八吉祥图案本身是否也具有坛城的性质，或者是与喇嘛塔及造像等一起构成一个坛城，这个坛城到底是什么性质，又具有什么样的意义，它与奉施者之间的关系如何等，这一系列的问题将是摆在我们面前的下一步任务。

（本文原刊《东南文化》2014 年第 6 期）

㉚ 任新建先生在分析蜀僖王陵棺室顶部图案时，主要从丧葬观念出发，认为圆心中的“星祥”是藏族特有之“灵牌”，主要用于死去的喇嘛、贵族、土司等上层人士，作为死者之木主，其含义为“动身前往天国之人”。“星祥”的位置正对着下面的棺椁，正象征着肉身虽留此地，灵魂已飞升于天，处于清净吉祥之境。笔者实际考察牛首山弘觉寺塔地宫石盖图案的拓片时，起初颇怀疑在内区中似乎浅雕有一个头戴高方冠、身着长袍、呈拱手状的人形，但苦于从未见过此类以世俗之人作为佛教莲花中心的构图先例，又考虑到石盖因年代久远而造成的自然与人为损坏等方面的因素，所以不敢遽断。若原本于此刻画有人形，当是表示此图正下方的鎏金喇嘛塔内供奉的骨灰所属之人，已经飞升于天，进入净土并且于莲花中化生，永处于佛法庇佑、清净吉祥之境。但为求稳妥起见，笔者还是将圆心内图形暂定为梵文符号，以佛教地宫之因，而取阿弥陀佛、极乐净土之意。

㉛ 杨爱国先生论及成都蜀僖王陵棺室顶部图案时，认为是“圆形曼荼罗图，外围刻以宝瓶、双鱼等佛教八吉祥”。曼荼罗即坛城。参见杨爱国《明代墓室建筑装饰探析》，《贵州大学学报》（艺术版）2013 年第 1 期。

㉜ 葛晓康先生认为喇嘛塔内的造像组合，构成的是不空罥索观音坛城，而廖旸则将塔内七身造像与塔刹两侧的小像结合起来考虑，认为是一个立体的顶髻尊胜佛母九尊坛城，并进而认为喇嘛塔底座四隅的盖罐有可能也是坛城的法器，属于坛城的组成部分。上述二人关于坛城具体性质的论点虽不一致，但表明是坛城的立场则是统一的。参见葛晓康《南京牛首山弘觉寺郑和德塔考证——兼考“三宝”和“三保”太监》，《中国历史文物》2008 年第 5 期；廖旸：《南京弘觉寺塔地宫出土金铜尊胜塔像新考》，《故宫博物院院刊》2011 年第 6 期。

牛首山兜率殿遗址及部分出土遗物考论

刘文庆　符永利

牛首山位于南京城南中华门外10千米处，因双峰突起似牛头双角对峙而得名。早在南朝时期牛首山就开建有佛窟寺，至唐代又成为佛教牛头禅宗的开教处和发祥地，延及明清，佛教文化在这里得到进一步发展，现为远近闻名的佛教名山。近年来，文物管理部门在牛首山舍身崖发现了兜率殿遗址，出土了一些带有文字的碑刻和残瓦资料，现将基本情况介绍于下，并作初步考述。

一、兜率殿遗址发掘清理情况

兜率殿坐落在牛首山东峰最险峻的兜率岩（又称舍身岩），地势十分险峻，三面临崖，南侧遥对远处的献花岩。兜率殿地基平台，长约16米，宽约17米，共出土石柱础12个。柱础规格分为两类：大柱础长和宽分别为64厘米，高30厘米，直径40厘米；小柱础长和宽分别为42厘米，高23厘米，直径为29厘米。由于石柱础出土的地表层不在一个水平面，可初步认为是两次建殿的基础。石柱础中，靠西北角和东北角的两处形制较为奇特，中部为空心，是为方便立柱插入石础后防止移动以达到固定之目的。一般来说，常见的是立柱平放在石础之上，靠建筑的自重来固定，而悬空建筑多采用不垂直的斜支撑，才会使用这类半空心的石础。

台基北、东两侧建有宽1.7米的两条青砖路，路两侧设有排水沟。紧靠山崖的西北角发现一口深17米的水井，应是该寺储存泉水、雨水之用。

据碑文记载，兜率殿原为三楹，而就目前发现的遗址来说显得面积较小，不似能建造这么大体量的建筑，只有再进一步拓展空间才能实现。考古发掘中，在兜率殿遗址的东侧又清理出宽约6米，长约10米的文殊洞遗址平台，这两处遗址高低落差正好是一层楼的高度，两处遗址之间建有台阶。说明只需少量立柱、斜柱支撑到文殊洞遗址平台，就能形成一个整体楼面，建成三楹兜率殿。两处遗址地面的“金砖”大小一致，应为同一时期所建。同时，在岩壁之上还发现多处雕琢规则的方孔，一般长、宽分别为16厘米，深为16厘米，与兜率殿地面的距离为2.2—3米不等，应该是悬空建筑与岩壁的支撑点，这既利于扩大空间，又增加了建筑的牢固度。据此我们认为兜率殿是依附于悬崖的狭小地块悬空而建，这一种比较特别的建筑风格，在当时应是牛首山一大奇景。

二、新出土文献资料情况

（一）石井栏

井栏为八角形，上小下大，每面宽度21—24厘米，高42厘米，井口直径（上下）35—45厘米，井栏直径（上下）54—63厘米，井栏厚9厘米。上刻“白龟池”三个楷书大字，落款为“宝祐癸丑二月八日题”。“宝祐癸丑”即南宋理宗宝祐元年（1253）。

（二）1号碑

碑体左上半部分残缺，残宽85厘米，厚15厘米，高58—108厘米。文字为楷体，竖行共13行，字径长3厘米、宽2.5厘米，行间距为2厘米，从右向左第1行25字，第2行25字，第3行23字，第4行23字，第5行22字，第6行21字，第7行20字，第8行19字，第9行19字，第10行18字，第11行17字，第12行16字，第13行5字，合计253字。具体内容释读如下：

……为最余再登临跻石磴抚杏树窥塔影探辟支洞如结蜃气如列/……舍身崖凭栏俯视群山如摄浮屠露顶旷远险峻别换耳目若阁/……其旧贯乎曰否否此古佛窟也不戎于祝融蓁芜久矣独舍/……纳鸠聚十有余年次第落成凌空构阁供大士其中曰观音/……觉生台循曲廊而下负兜率崖有殿三楹曰兜率殿其/……犬马之力竭矣子大夫盍为记之死且不朽余叹曰兴/……似之续之守成之人也且夫劫灰所烧名蓝大刹有/……存人听天也攘剔芟荑盖茨丹濩能令荒埠穷岩/……人述之而增饰其所未备人与人灯灯相引也余/……劝尔毋穿凿岩洞而损其天趣又与山之众衲/……穴其中而游人酒食徼逐以溷清净山灵有/……不坏而老衲之半生苦心亦常住不坏于/……住持僧续宽

（三）2号碑

碑体上半部残损，残碑下宽70厘米，厚15厘米，高53—70厘米，楷书，竖行13行，字径长3厘米、宽2.5厘米，行间距为2厘米，碑文竖行由右向左第1行19字，第2行19字，第3行13字，第4行16字，第5行18字，第6行3字，第7行被毁，第8行16字，第9行15字，第10行14字，第11行14字，第12行12字，第13行4字，残碑共计163字。具体内容释读如下：

牛首山弘觉寺舍身岩兜率宫观音阁向系游人/……益行交付徒弟悟满悟恤法眷居住情愿单身募/……永作公处执照存验今已完成蒙……/……当凭本寺住持邻佑尘眷人等公议觉仙……/……如若有犯清规即当更易有德者居住立有清/……等于夫/……/……灯之用今觉仙去世宁可易僧不可易田/……不得不将文书四张投应天府上纳税/……名山舍身岩香火田地既系众善所/……顷田地紫山刻入碑文永远供养读/……凭重究决不轻贷须至告示者/右仰知悉

（四）3号碑

残存碑额部分，宽63厘米，厚10厘米，高6—30厘米。中部为长方形凹面，内刻文字，四周饰云纹。文字为篆书“临济正宗”四字，“济”字不存，“宗”字仅存上半部分。篆字之上又重刻“圣旨”两字，楷书，“旨”字已半残。“正”“临”二字，长宽均为8厘米；“圣”字长8厘米，宽5厘米。

（五）4号碑（非牛首山出土碑文）

为南京读碑者《非幻庵香火圣像记》，部分内容如下：

……有师牧庵谦公继之。至宣德改元，师主牛头。时灵监公深契往谒，览兜率崖辟支佛洞，愕然有感，乃伐木鸠材，复崇栋宇。像设起人之瞻敬。尝谓师曰：吾因经西洋番邦诸国，其往返叨安，感戴皇上、佛天之诃护，出……

（六）铭文残瓦

破损严重，残瓦下宽10.5厘米，厚1.5—2厘米，高17厘米，背面饰有网状纹，并有铭文“工部宫瓦右”等字样。

三、相关问题考订

（一）白龟池井

盛时泰在成书于明嘉靖年间的《牛首山志·池泉志》中写道：“白龟池在天王殿左，栏楯有铭，是成化七年修。”而新出土“白龟池”的井栏铭为“宝祐癸丑（1253）二月八日”。显然是盛时泰已经没有看到宋代“白龟池”的井栏实物所致。查阅相关资料，在江宁地域内被列为文物保护单位的古井仅有四口，年代最早的为明万历时期，以此判断这口宋代井栏算是该地域现今所见最早的。

（二）关于1号碑

1号碑为住持僧续宽亲立，虽然仅存三分之二内容，且缺少立碑年代，但仍然成为研究牛首山历史的第一手资料。

1. 关于兜率殿的记载

1号碑记载“兜率崖有殿三楹，曰兜率殿”，而且是“凌空构阁，供大士其中，曰观音”。不仅说明了兜率殿的规模和形制，也提到所供奉的主尊神像。

明代《牛首山志》的《岩洞志》中是这样描述的："兜率岩，一名舍身台，在东峰之阳。由石磴盘旋以上，垒石为浮屠，游人每绕之，云当得福。台下有殿，殿傍僧寮一，题为凭虚阁，面视无蔽。" 令人费解的是作者只提凭虚阁，不言兜率殿。相反兜率殿右侧的文殊洞，却有明确的记载，说："（文殊洞）容可一二人，旧有屋覆其间，今僧易为重楼，名文殊阁。" 目前文殊洞保存较好，右壁残损，左壁较直，平顶，正壁半圆形佛坛上置一仰覆莲石座，座长 0.68 米，宽 0.46 米，高 0.3 米，莲瓣表面原曾鎏金，可能即为文殊菩萨的底座。洞的实际大小与盛时泰所描述的洞"容可一二人"相吻合。由此说明，兜率殿早在盛时泰编撰《牛首山志》的明嘉靖三十三年（1554）之前已经不存在或已被毁。

我们可以再来参考明代葛寅亮的《金陵梵刹志》，此书卷三十三《牛首山弘觉寺》记载道："缘石径而上，为观音阁。又上为兜率崖，即舍身台，乃东峰最高处，万仞壁立。崖下有地涌泉，甚清澈。折而西，为文殊洞。" 同样未提及兜率殿。在"山水"条中介绍兜率岩时，说："一名舍身台……台下有殿，被火毁。今复建有小殿，面视无蔽。" 参考上述《牛首山志》的内容可知，原来的大殿被火毁，后建的小殿"面视无蔽"，应是凭虚阁。另外，《金陵梵刹志》还详细记载了弘觉寺各殿堂的大小，如金刚殿五楹，天王殿三楹，正佛殿七楹，左观音殿三楹，右轮藏殿三楹，后佛殿三楹，左伽蓝殿三楹，右祖师殿三楹，方丈殿十四楹，公学二大楹，斋堂五大楹，卧佛阁三楹，藏经殿五楹，舍利塔七级，文殊殿三楹，辟支殿三楹，方塔一座，弥勒殿三楹。唯独不见兜率殿的记载，当是因为兜率殿已被火毁不存在的缘故。由上可见，1 号碑对兜率殿的记载，正好可以补充以往历史文献的空白。

2. 开首缺句的补充

1 号碑开头内容已失，只有"为最"两字。《金陵梵刹志》所载明代都穆《游牛首山记》首句即言："金陵多佳山，牛首为最。" 另外明代钟继英《游牛首记》中亦有云："金陵诸名胜甲江南，而世传牛首山为最。" 可见 1 号碑"为最"之前所缺内容亦当与此相类似。

3. 饮酒之风

1 号碑文中，续宽对游人在兜率岩"酒食徵逐"现象提出了批评，认为这有"溷清净"，对神灵不敬。我们在牛首山名人诗文中，也可寻找到相关辅证，如：明代钱琦《游牛首山》中"青山傍帝城隈，结客相将命酒杯"；钟继英《游牛首山记》中"则又相与跻攀眺视，至凭虚阁，例榼一殇……各饮以数大觥……饮余数杯乃别"；沈曦《牛山宴别分韵得天字》中"坐爱松风吹酒醒"；沈晖《牛山宴别分韵重得天字》中"花满瑶台醉八仙"；陈璃《牛山分别分韵重得岭字》中"酒酣漱齿寒泉井"；黄乔栋《同山人黄吾野游牛首山》中"峰头坐爱秋风清，醉把茱萸还后倾"；皇甫汸《归自牛首同诸君携酒访徐公子》中“共载酒肴逢好事，淹留车马为论文”。更有趣的是明代倪岳因为酒酣未能与同游诸公登上兜率岩，而作致意诗一首，其中有“兜率岩高紫翠层，酒酣无力倦重登”。以上列举诸多文人诗句，从侧面反映出游人爱在兜率岩饮酒的习惯，这些诗句的年代有不少晚于住持续宽，表明续宽要求游人保持山林清净的善言，并不奏效。

（三）2号碑所反映的问题

2号残碑未见立碑年代，通过碑中“应天府纳税”，可以判定该碑为明代。碑中称“兜率宫、观音阁，向系游人（向往）”，虽然与1号碑载“兜率殿”有一字之差，但应指的是同一座建筑，也再一次证明兜率岩曾建有兜率宫或殿。据此可以推断，这两碑的立碑年代大致接近。

这块告示残碑核心内容，表述了“如若有犯清规，即当更易有德者居住”及“宁可易僧，不可易田”。将《牛首山志》中《牛首山弘觉寺原设碑记》和《金陵梵刹志》中《拨还弘觉寺田山帖文》进行对比，发现两文同出一处，只不过《金陵梵刹志》少载一段，其内容如下：“臣系已故太监王谨名下，宣德八年，本官到于南京公干，为见本寺荒废，自备木料砖瓦，倩工起盖佛殿、山门、廊庑及宝塔一座完备。正统年间，敕赐弘觉禅寺，一向命僧，朝夕焚修，祝延圣寿。及南京域内，本官原有旧宅一所，景泰二年十一月内钦蒙敕赐改为承恩禅寺，命弘觉寺住持僧福宽兼住掌管。臣思得二处寺院，俱是一处常住供给，僧众数多，别无分毫田土。”两书同载内容如下：“先于洪武年间，本寺名为佛窟禅寺。原有山塘田地七十二亩，专一耕种收租，采斫柴薪，供给常住。彼时有住持李行琛，系本县安德乡三图人，后于洪武十九年还俗。至二十二年，本人因见本寺荒废，遗下山地无人收管，私自占入本户管业。至永乐二十二年，李行琛男李真，义男张福果，思得前项山地，原系本寺之数，却行转还本寺僧斗南管业。后僧斗南住持本寺，已后退院。因见山地与本县长泰北乡大户李哲家附近，不合诡记在李哲户内收租采薪，以此本寺僧含忍不敢具告。给至正统七年造册，李哲与僧斗南，将山平分，至今各自管业。”

由此可见，2号碑所指犯有清规的无德者当为住持李行琛、斗南等。到了景泰三年（1452），牛首山寺产山塘田地有了更大的扩展，“右敕赐牛首山弘觉寺山塘田地周围共计二十一里零三十步，与寺焚修供众”。如此巨大的寺田，当然需要一位德高望重的住持来管理。这才有“宁可易僧，不可易田”的说法。尽管有了“决不轻贷”的告示碑，但至万历三十三年（1605）还是发生了“贱价谋吞”事件：“（牛首下院）慈相寺田地山塘共计五百二十八亩三分九厘，被牛首等寺僧昌顺等以贱价谋吞……昌顺等本当究罪，姑念愚僧豁免。如再执占，即行参送。余依拟。奉此。今将昌顺等名下田、地、山、塘尽数追出，另着牛首弘觉寺带管 。”

（四）3 号碑所反映的问题

3 号碑碑额部分，刻有“临济正宗”，四字之上又重叠刻有“圣旨”两字。据碑的石质、饰云纹、并刻有“圣旨”等字，综合判断此碑应非一般民间之物，这是研究中国佛教临济宗的重要实物依据。那么如此珍贵的碑刻如何遭到严重的破坏，这当中一定隐藏着更深远的秘密。

提到牛首山，人们关注最多的是它作为牛头宗的发源地，其实临济宗在牛首山文化中也占有相当的地位。如盛时泰《牛首山志·殿庐志》中，在介绍卧佛阁时云：“阁在天王殿左，阁上列像，庄严甚都，下塑临济二十二世南虚白像。”这就透露出临济宗的有关信息。此次发现的 3 号碑，明确写的是“临济正宗”碑，为进一步了解临济宗在牛首山的发展历史提供了新的线索。

临济宗，为禅宗南宗五个主要流派之一，始于唐代义玄大师。“临济正宗”之说则源于宋代圆悟克勤禅师。至元代赵孟頫奉敕撰《临济正宗之碑》，主要记载以海云印简一系为中心的临济宗一派的历史，并将号为临济中兴名匠的印简列为中兴禅宗的临济第十六代祖师。《临济正宗之碑》的撰写，不在于其禅法义理的正确与否，而强调的是其在宗门中的正宗地位，具有维护宗门正统地位、取得教内领导权的含义，也成为国家与政府意志的体现。临济正宗更多代表了宗派的意义，具有正统法脉的含义，至明代以后，其宗派的意思明显地超过了禅法的意义。自赵孟頫之后，佛教界多出现以临济正宗为名的碑文，可以说赵氏正式开启了后出的临济正宗碑的模式，对明清此类碑的产生影响深远 。故牛首山发现明代临济正宗碑，更加印证了这类碑的流行，也凸显出牛首山在佛教史上的重要地位。

牛首山临济正宗碑遭到破坏，可能与建文帝时任右善世的溥洽有关。“溥洽，字南洲，浙江山阴人，洪武初荐高僧入京，历升左善世。靖难兵起，为建文君设药师灯，忏诅长陵。金川门开，又为建文君削发。长陵即位，微闻其事，囚南洲十余年” 。后“至道衍临终前求情方得释” 。溥洽在明初曾任天界寺的住持，还任临济宗天下总掌门。朱棣登上皇位后，将溥洽囚禁了十余年，其主要原因就是溥洽与建文帝关系密切。永乐年间临济宗寺院被烧毁三十座，几千名僧人被惨杀，造成临济宗的突然衰微。直至明万历年间建文年号恢复，临济宗才慢慢恢复元气。在此背景下，临济正宗碑自当不能幸免，其被毁坏的时间可能就发生在明永乐年间。

（五）郑和与兜率殿

4 号碑为《非幻庵香火圣像记》（下文简称《圣像记》）的残存部分，此碑全文可见于国家图书馆柏林寺分馆藏本，撰于明天顺元年（1457），其文字已由学者互校刊出 。其中郑和与牛首山相关联的记载颇能引人注意。

郑和长期生活在南京，并一度任南京守备。在道衍和尚（姚广孝）引导下，皈依佛门，早在永乐元年（1403）即受菩萨戒。宣德年间，郑和到牛首山拜访住持宗谦，并且“览兜率崖辟支佛洞，愕然有感。乃伐木鸠材，复崇栋宇，像设起人之瞻敬”。也就是说，郑和曾在牛首山捐资征集木材，建寺立像。那么，郑和营建的建筑到底是哪一处呢？

早在1983年，郑一钧先生就依据《圣像记》所载，直接指明郑和在牛首山营建的是兜率殿。其后，林梅村先生也有相同的推断，认为舍身崖兜率宫“当即郑和当年捐资兴建的佛寺”。我们知道，郑和一生致力于航海事业，平时还负责宫殿的修建，曾督造过金陵大报恩寺。可以说郑和是建筑上的行家里手，他选择舍身崖地形最险的地段建寺，就是要建造一座与众不同的寺院，“凌空构阁”形式的悬空寺，更能显示出他的建筑才能。

另外，值得注意的是在《明宣宗实录》中，可以看到郑和曾经有过动用国库修造佛寺的企图，并为此受到明宣宗的指责。郑和不得已自己捐资来修造牛首山佛窟寺。因此，兜率殿的建造，不排除郑和动用国家工匠人力与物资的可能。如郑和督造金陵大报恩寺时，曾造成“监工内外官员人等，将军夫人匠，役使占用，虚费粮赏，以致迁延年久。今特敕尔等即将未完处，用心提督，俱限今年（1428）八月以里，都要完成”。这很有可能是郑和擅自将人力役使到牛首山工程而造成的。在兜率殿遗址发现的背面铭有“工部官瓦右”款的残黑瓦片，似亦可从侧面揭示一些线索，说明郑和在营建兜率殿（宫）时，可能专程去工部官窑定制了黑瓦，或者可能直接使用了国家其他工程项目的物资。

据《圣像记》载，宗谦于“宣德改元”，方“主牛头”，“时太监公（郑和）深契往谒”，游览兜率崖，“愕然有感”，随之开始施工营建。可以这样认为，宗谦是在宣德元年（1426）到牛头山做住持，郑和也正是在这个时候来游谒，并随后展开施工活动的。那么郑和兴建兜率殿的时间上限当在宣德元年。《圣像记》另一个重要处在于，由碑文可以明确推算出郑和的卒年在宣德八年（1433）。而在1号碑中，住持僧续宽明确说兜率殿的建造，“纳鸠聚十有余年，次第落成。”也就是说自宣德元年施工开始，花费十多年才建成。那么由此可见，至郑和逝世之际，兜率殿应该还没有完全竣工。

郑和逝世的宣德八年，有南京内官监内使阮昔在郑和最后归宿地——牛首山弘觉寺起盖佛殿、山门、廊庑及宝塔一座。不过，这一耗资巨大的工程，单凭阮昔一人之力是难以完成的。他的背后当有一群权势较大的宦官在支持，如御用监太监李童便是其一，这在弘觉寺塔地宫出土鎏金喇嘛塔铭文中已有明确证据，同时与郑和共下西洋的杨公惠泉、袁公普性、黄公宗深、杜公普明、高公定柱等人也当参与其中。在这些纪念郑和的工程中，还未完工的兜率殿也应在继续建造的名单之列。若按十余年来算，正统年间，兜率殿应该完全竣工。不过，至少在明嘉靖三十三年（1554）之前，这一宏伟建筑便已被火所毁，后代曾于原址建有小殿（凭虚阁），已非原来郑和所营造的了。

最后，欲就郑和当年营建兜率殿的动机略作几点分析：第一，据《圣像记》，郑和曾对宗谦说过这样的话："吾因经西洋番邦诸国，其往返叨安，感戴皇上、佛天之呵护。"可见，郑和是为了感恩皇上与佛天神灵的护佑。第二，"兜率"二字出自佛经"兜率天"，乃佛家梵语，亦作兜术，兜率陀等，义译为知足喜。兜率天分内院和外院，外院为天众所居，内院为弥勒净土。人们到了兜率殿就会产生超尘脱俗的感觉。营建兜率殿不仅反映了郑和对兜率净土的向往，也暗示了他知足者常乐的心态与大海一般的胸怀。第三，着眼于身后之事。明刘若愚在《酌中志》中一语中的："（明代）中官最信因果，好佛者众，其坟必僧寺也。" 说明当时中官葬于寺院已成惯例。那么，作为受过菩萨戒的佛门弟子，太监郑和自然也会选择寺庙作为最后归宿。他晚年在牛首山的一系列活动，包括捐资建寺、造像、捐印《大藏经》 等，都表明他已经有意将牛首山作为自己最终的归宿之地。兜率殿的营建正是这一心理关照下发生的行为。

（本文原刊《江苏地方志》2015 年第 1 期）

《咸阳世家碑》的初步认识

刘文庆

一、《咸阳世家碑》的发现对郑和墓的重要性

1.《咸阳世家碑》的发现。碑发现于牛首山西面，2014 年郑和墓文保所将其征集。碑文长 105 厘米，宽 48 厘米，厚 12 厘米，共计 559 字。碑文为光绪甲申年间其外孙上元县书生丁赵麟书写，墓主人其（子）二十二世孙郑积仁和其（孙）二十三世孙郑厚陶公元 1884 年所立，已有 132 年的历史。

2. 碑文内容如下：（见图 1）

咸阳世家

安人讳大姑德星陈公之长女外祖锡萱郑公之元配室人也麟按公家本姓马其先祖瞻思丁公佐有元德封爵为咸阳王墓在云南大理府南郊八世祖三保和公掌明宫司理监出使西洋印度诸国者凡九次赐姓郑守备南京马府街即赐第处也殁敕奠于牛首山西偏赐袭锦衣尉千户赐祀田若干亩建广缘寺以祀之礼也国朝来寺宇既非土田亦失犹有存者例有家奴耕之守之而其地历五百年皆称为郑家村九世祖义公以天文地理术数百家之学见赏于明太祖其宠眷与伯温先生相埒墓在周村土人所谓回回坟者即其地马十八世祖尚言公深于清真经典曾为太平街南寺掌教十九世祖存蘭公延先君之道统衍古教之真傅精粹博雅一以贯之燕赵诸邦担笠负笈而来者几百人当时直谓执经一言方得声价十倍然苟非能得清真实际不等于虚无荒谈偈为今人景仰一至于此由此观之郑氏之先亦多人杰矣哉降及安人又

图 1 《咸阳世家碑》

以贤德遇人为里党望噫嘻异矣安人生于嘉庆十年九月二十九日时卒于光绪六年八月十六日葬于南林家罔与锡萱公之墓相隔半里相其以名儒之女薳世族之家事翁姑极其孝事天子极其顺抚子女以死自誓逾历艰难励苦节而教子成人克勤俭而持家有道四十年志如一日吁斯人也斯德也不几与其先祖宗并无不朽也哉是为志铭曰懿哉大母贤淑温良仪修苹藻节励永霜圭璋金石松筠桂姜其人已往而德弥彰咸阳之第林家之罔憑此片石为亘

上元县邑庠生外孙丁赵麟未首拜譔并书

光绪甲申十年九月吉日　奉祀子积仁孙厚陶敬立

3. 碑文发现的意义。碑文中对郑和出生、赐姓、赐府邸、赐葬牛首山、赐祀田以及管理祀田人的身份、奉命下西洋次数、郑和后裔的辈分等内容进行了较全面的记载。

郑和为永乐皇帝的功臣、内官监太监、南京守备，身世显赫。明史《明孝宗实录》载：明朝功臣以及四品以上的大臣均规定有数量不等的家奴配备。

图 2　祭祀时郑氏族谱挂像（中间为郑和牌位）

《咸阳世家碑》载："于牛首山西偏赐袭锦衣尉千户赐祀田若干亩建广缘寺以祀之礼也国朝来寺宇既非土田亦失犹有存者例有家奴耕之守之。"牛首山郑家冲有家奴管理多亩良田，同时百亩良田以郑家冲命名且与郑家村相邻。郑和墓西面的郑家冲应为钦赐祀田所在位置，与郑和墓、广缘寺在一条中轴线上。另据《抄郑氏家谱首序》记载，赐祭田万顷虽然有夸张成分，但是钦赐给郑和的田地也不应少于钦赐给罗智（郑和下西洋同僚）的龙山田地十六顷面积。

郑家冲田地明清时期均由郑家村坟亲家劳作，六百多年前郑家冲应是钦赐给郑和的祀田。此外，郑家村坟亲家还有一项重要使命是守坟，家谱上绘有祖宗郑和像，每年清明都举行祭祀活动，一直延续至今（见图 2）。

二、郑和在牛首山活动及赐葬郑和的文献记载

1. 明代刘若愚《酌中志》记载："大明宣德四年（1429）己酉三月十一日发心印造大藏尊经一藏，奉施喜舍牛首山佛窟禅寺流通供养 。"

2. 最早记载郑和在牛首山活动的碑文为南京碧峰寺《非幻庵香火圣像记》碑文，其内容如下："师主牛头。时灵监公深契往谒，览兜率崖，辟支佛洞，愕然有感，乃伐木鸠材，复崇栋宇、像设，起人之瞻敬。"

3. 康熙《江宁县志·陵墓》卷五记载："三宝太监郑和墓，在牛首山之西麓。"

4.《抄郑氏家谱首序》载："亡于王事，归葬牛首山赐祭田万顷。"

5. 民国期间牛首山调查。

朱偰著《金陵古迹图考》载："又寺东下里许有碑，隐丛木中，述郑和下西洋及乌斯藏取经事，盖花岩寺碑也。"1935 年 5 月 5 日，罗香林在牛首山调查寻找郑和墓址后记载："十二时半，返玉梅花庵打尖，旋雇乡人往狮子山，访郑和墓。盖据庵僧所述，曩年曾见狮子山西南麓有旧碑一方，相传其地为郑和墓遗址。"

三、郑和墓周边调查

当地老人称祖上传牛首山西边有座回回山，山上有马回回墓（原有碑文），是下西洋总兵墓的叙述和指认。居住在郑和墓附近的老百姓最有发言权，他们世代亲眼所见郑和后裔每年来上坟祭祀的事实。据郑和行香碑载：钦差正使总兵郑和，前往西洋忽鲁谟斯等国公干。永乐十六日于此生行，望灵圣庇护。镇抚蒲和日记立。郑和行香碑碑文中记载郑和为总兵身份，与周村当地老百姓所指牛首山西偏回回山墓为下西洋总兵墓是一致的；与罗香林走访当时居住在郑和墓附近的周村老人，并指认狮子山西南郑和墓所在位置是一致的。

图 3　墓砖长度对比示意图（左为洪保墓砖，右为郑和墓砖）

图 4　墓砖厚度对比示意图（左为洪保墓砖，右为郑和墓砖）

2016年6月1日走访周村村民金明保（退休教师），据他叙说16岁（1971）时随父亲在郑和墓挖砖运回来建房子。目前家中还有两块从郑和墓运回的砖盖在地下排水沟上，同时还运回一砂石柱础。郑和墓砖头尺寸：长32厘米，宽14厘米，厚6.5厘米。砂石柱础尺寸：长65厘米，宽55厘米，柱高30厘米，柱直径25厘米左右。2016年6月2日，将郑和墓砖与祖堂山跟随郑和下西洋太监洪保墓出土的墓砖进行尺寸对比，发现洪保墓部分墓砖的尺寸为长32厘米，宽14厘米，厚6.5厘米，与郑和墓用砖大小一致，整体风格、材质皆吻合，为同一时代。结合郑和墓周边村民的指认、南京郑和后裔的走坟、清代康熙《江宁县志·陵墓》文献记载、清代郑和后裔《咸阳世家碑》郑和墓祭祀记载、郑家村坟亲家的祭扫，与下西洋太监洪保墓砖的对比，确定郑和墓为郑和在牛首山的归葬地无疑。

表1　郑和墓砖与洪保墓砖对比

名称	石质	长度	宽度	厚度	备注
郑和墓砖	青砖	32厘米	14厘米	6.5厘米	
洪保墓砖	青砖	32厘米	14厘米	6.5厘米	

四、跟随郑和下西洋有关太监墓及同期大臣归葬牛首山周边案例

罗智墓与静明寺（坟寺）所在地在牛首山东北面高家库村龙山西麓，曾受“免其税粮”的“钦赐龙山田地十六顷”田地可供静明寺僧人生活，又没有税赋之忧。罗智墓与静明寺（敕赐小刹）和钦赐龙山田地十六顷，构成了一个高规格体系。

王景弘，福建漳平人，伟大的航海家、外交家。史书记载王景弘参加了第一、二、三、四、七次下西洋。另有记载王景弘参与了郑和一到七次下西洋的所有行程。王景弘地券于2012年在牛首山北风凰村西南发现，地券中多次提到其坟寺崇因寺。据同时期太监葬制推测，墓应在其坟寺周边。

杨庆在永乐和宣德年间极为受宠，备受重用，参与了下西洋活动，明太监杨庆墓于2005年在牛首山之山脉韩府山东麓的正德学院出土。

洪保是云南大理府太和县人，生于洪武三年（1370）。奉命（单独或分船）五次出使西洋。墓志铭载：生前捐舍宝钞五百千贯，修造祖堂寺轮藏一所。正统间。中使至西洋诸国，船回，遇海风，念佛号解脱。奏闻赐建此寺。宁海寺为祖堂寺所辖小刹。洪保墓的考古发掘工作已于2010年7月在祖堂山结束。

沐英是明初杰出将领，死于昆明，与南京远隔数千里，朱元璋下令“归葬京师（南京）”运回尸体，是明初皇帝赐葬的案例。明初功臣死于异地，远距离运葬的案例不在少数。据明丘浚的《寰宇通志》卷一百一十八《暹罗国》记载：“人死，则灌水印，以养其身。”可知明初水银尸体防腐技术已经相当成熟，通过灌入水银达到尸体不腐。郑和死于第七

次下西洋归途，需要远距离运送，极有可能采用了此种方法运送尸首。由此可知，牛首山现存的郑和墓为郑和真体墓，客观上是符合当时尸体长距离运送技术条件的。

五、从广缘寺判定牛首山郑和墓位置

1. 南京碧峰寺《非幻庵香火圣像记》载：“……至宣德改元，师主牛头。时灵监公深契往谒，览兜率崖，辟支佛洞，愕然有感，乃伐木鸠材，复崇栋宇、像设，起人之瞻敬。”给我们的信息是郑和在游览牛首山时也捐建了某处寺庙，牛首山周边有多座小刹，郑和选择了哪座寺庙为自己的坟寺呢？《咸阳世家碑》给了我们答案，即建广缘寺以祀之礼也。

表 2　郑和坟寺、广缘寺与洪保坟寺、宁海寺的数据对比

<table>
<tr><th>名称</th><th colspan="4">规格</th><th>范围</th><th>位置</th><th>备注</th></tr>
<tr><td rowspan="2">广缘寺（敕赐小刹）</td><td>佛殿（殿堂）</td><td>山门</td><td>僧院</td><td>基址</td><td rowspan="2">田、地、山、塘公产共五十五亩六分寺庙</td><td rowspan="2">东至牛首山弘觉寺山，南至口口口，西至樊家民山，北至大石凹</td><td rowspan="2">郑和坟寺。东去所领弘觉寺二里</td></tr>
<tr><td>五楹</td><td>三楹</td><td>一房</td><td>一亩六分</td></tr>
<tr><td rowspan="2">宁海寺（敕赐小刹）</td><td>正佛殿（殿堂）</td><td>禅堂</td><td>僧院</td><td>基址</td><td rowspan="2">东至本寺山，南至本寺地，西至本寺山，北至本寺山</td><td rowspan="2"></td><td rowspan="2">洪保坟寺。西去所领祖堂寺相望</td></tr>
<tr><td>三楹</td><td>三楹</td><td>一房</td><td>五亩</td></tr>
</table>

2. 明朝盛时泰是明代史学家、诗文家、画家，上元人。盛时泰《牛首山志》记载：……广缘寺有山茶，不在寺封内。由此可知，广缘寺在明代中期仍香火不断。

3. 明朝葛寅亮《金陵梵刹志》载：广缘寺（小刹）敕建，在郭外。南城建业乡，东去所领弘觉寺二里，北去聚宝门三十五里，殿堂：佛殿五楹、山门三楹，僧院一房。基址一亩六分，公产：田、地、山、塘共五十五亩六分寺庙，东至牛首山弘觉寺山，南至口口口，西至樊家民山，北至大石凹。

4. 2016 年 4 月，郑和墓园文物保护管理所根据葛寅亮《金陵梵刹志》的记载，对广缘寺所涉位置四周地名进行了实地调查，调查发现广缘寺东南西北地名与现地名一致。同时在郑和墓西面发现大量遗址构件和佛教阿弥陀佛（西方极乐世界教主）咒轮纹青花瓷器残片等。广缘寺为敕赐小刹，符合规制。钦赐祀田与郑和墓、广缘

寺在一条轴线上，皆向西方。郑和希望身后受到西方极乐世界教主阿弥陀佛接引和庇护。

5. 郑和坟寺、广缘寺与洪保坟寺、宁海寺的数据对比

由表 2 可知，位置上广缘寺给出了明确的地名范围，广缘寺的面积稍大于宁海寺。广缘寺依附次大刹牛首山弘觉寺，宁海寺依附中刹祖堂寺。两座寺庙规制相当，皆为同一时期产物。《咸阳世家碑》中关于广缘寺、南京郑和后裔及郑家村坟亲家（家奴）的记载，脉络清晰，证据确凿，是一份重量级的实物资料，有力地佐证了牛首山西偏回回山墓为现郑和墓所在地。

六、未载入七下西洋的另外二次航海（试航）

郑和七次下西洋的历史已家喻户晓，本文不再赘述。然而，另两次下西洋的历史没有载入七下西洋的序列之中。据《敕封天后志》载：“永乐元年（1403）差太监郑和等往暹罗国至广州大星洋，遭风将覆，舟人请祷于神。和祝曰：和奉使出使外邦，忽风涛危险。身固不足惜，恐无以报天子，且数百人之命，悬于呼吸，望神妃救之。俄闻渲然鼓吹声，一阵香风飘飘来。”

明末王稚登《客越志》载：“桃花渡为永乐中太监三保奴出西洋处，海舟征倭时。”桃花渡在宁波港周边，当地有郑和征倭寇的记载。郑和于永乐二年（1404）奉命出使日本。郑和在 1405 年前出使暹罗、日本等国实际是为七下西洋积累经验，也为大规模下西洋做准备。《咸阳世家碑》记载“出使西洋印度诸国者凡九次”进一步补充了七次下西洋之外的两次航海活动。

七、郑家村九世祖义公身份信息及郑和后裔家族墓

1. 南京碧峰寺《非幻庵香火圣像记》载：“……至宣德改元，师主牛头。时灵监公深契往谒，览兜率崖，辟支佛洞，愕然有感，乃伐木鸠材，复崇栋宇、像设，起人之瞻敬……有本族户侯郑均曰义、有侄曰珩……天顺元年岁次丁丑秋八月十五日。”

2. 清康熙《江宁县志·陵墓》卷五记载：“阴兄之子义，世袭锦衣千户，后遂衬焉。”

3.《咸阳世家碑》记载：“……郑家村九世祖义公……墓在周村土人所谓回回坟者。”

从三者关系看应为同一人，即九世祖义公（原为郑和兄长的儿子，后过继给郑和）。世袭锦衣千户侯，居马府街，据南京郑和后裔家传，“义”死后葬于牛首山郑和墓旁。《郑和家谱》记载：南京郑和后裔祖传，郑和墓旁边还有两座与郑和有关的墓，牛首山西偏回回山为郑和及郑和后裔家族墓无疑。家族墓早在牛首山开采铁矿及农田改造中被破坏，一些墓砖和构件被当地老百姓起出来拖回去建房子，九世祖义公墓也不可幸免，光绪年间郑和后裔《咸阳世家碑》在牛首山遭到破坏就是典型案例。

表 3　南京郑和后裔辈谱

南京郑和后裔辈谱																					
南京郑和后裔辈谱	大	尚	存	忠	孝	积	厚	流	自	宽	繁	衍	更	万	代	家	道	泰	而	昌	备注
南京郑和后裔辈谱									十九世孙郑自海	二十世孙郑宽涛											郑和家世研究资料汇编
光绪年间《咸阳世家》墓志铭内郑和后裔辈谱		十八世祖郑尚言	十九世祖郑存兰			二十二世孙郑积仁	二十三世孙郑厚陶														

南京郑和后裔家传与清代《咸阳世家碑》的记载是吻合的，碑文将八世祖三保和公（郑和）与郑家村九世祖义公（郑义）的墓地同时指向牛首山西偏回回山。九世祖义公的墓与八世祖和公的墓紧邻并同葬一个区域，符合传统葬制。

八、南京出土郑和后裔《咸阳世家碑》与南京郑和后裔家谱辈分比较

郑和有着显赫的地位，赐姓、赐府第、赐田地、赐葬、赐广缘寺。南京是郑和生活和下西洋决策地，牛首山是郑和长眠之地。南京一支郑和后裔与郑和关系最为直接，南京出土的郑和后裔碑文最具说服力。南京郑和后裔辈谱 20 字：大尚存忠孝、积厚流自宽、繁衍更万代、家道泰而昌。从碑文反映的信息来看，郑尚言为马十八世祖，郑存兰为马十九世祖，二十二世孙郑积仁和二十三世孙郑厚陶与南京郑和家谱记载的辈谱文字排列也是相对应的。

1. 辈谱分析。南京牛首山出土的清代光绪年间《咸阳世家碑》，碑文中记载的郑和后裔的辈分与现南京郑和后裔的辈谱有多处重叠吻合，对应关系一致，与南京郑和后裔是一脉相承的。

2. 称谓出现偏差。《郑和家谱研究资料汇编》载：原郑和府邸 72 间房子在清代咸丰年间及太平天国战争中被毁，家谱原件也付之一炬。辈谱仅凭老人回忆为依据。而光绪年间《咸阳世家碑》碑文内郑和后裔辈分是以出土实物记载为依据。根据表格以“自字辈”为例，两者辈分称谓相差六代（见表 3），碑文的辈分记载可作为南京后裔辈分的最新实物参考依据。

3. 时间推断。根据南京牛首山出土的清代光绪年间《咸阳世家碑》中记载“光

绪甲申十年九月吉日　奉祀子积仁孙厚陶敬立”，立碑人为清光绪年间人，即二十二世孙。按每代 22 年左右推算，可推断续谱年代为 1770 年左右，即乾隆年间。

九、郑和司理监身份之谜

据《明史》记载：“洪熙元年二月，仁宗命和以下番诸军守备南京，南京设守备自和始也。”刘若愚《酌中志·内府职掌》记载：司礼监外差有南京正副守备太监二员，南京守备太监关防大印一颗，实际履行了司礼监外差的任务。《郑和下西洋资料汇编》载有因和之卒，司礼监出缺以王振为司礼监太监。罗懋登《三宝太监西洋记通俗演义》，称郑和为司礼监掌印太监，故郑和后裔认为郑和乃寄衔于司礼监。

十、结语

清光绪年间的《咸阳世家碑》在南京牛首山是首次以实物形式出土，与南京郑和后裔一支有直接关系。碑文的发现确定了郑和的归葬之地在南京牛首山西偏郑和墓。郑和墓的坟亲家在明朝时期是家奴的身份在碑文中也得到了印证。其中“郑和九下西洋”也绝非空穴来风，是有据可考的。碑文的发现也为南京郑和后裔的辈分称呼提供了重要的参考依据。

（本文原刊《文物鉴定与鉴赏》2016 年第 7 期）

参考书目

1.〔明〕葛寅亮著:《金陵梵刹志》，民国廿五年十月金山江天寺影印天启七年本。
2.〔明〕盛时泰著:《牛首山志》，南京出版社 2009 年版。
3.〔明〕陈沂著:《献花岩志》，南京出版社 2009 年版。
4.〔明〕朱之蕃编、陆寿柏绘:《金陵四十景图像诗咏》，南京出版社 2012 年版。
5.〔清〕张廷玉等著:《明史》，中华书局 1974 年版。
6.〔清〕高岑编绘:《金陵四十景图》，南京出版社 2012 年版。
7.〔清〕徐上添绘:《金陵四十八景》，南京出版社 2012 年版。
8.〔民国〕徐寿卿编、韵生绘:《金陵四十八景全图》，南京出版社 2012 年版。
9. 郑鹤声、郑一钧编:《郑和下西洋资料汇编》，齐鲁书社 1980 年版。

后记

南京文化底蕴深厚，留有大量古代碑刻，其中牛首山地区的碑刻具有非常特殊的地位。南京牛首山逶迤于长江和外秦淮河之间的丘陵地带，由牛首山、祖堂山、将军山、天幕岭、隐龙山等诸多大小山岭组成，因其主峰山势奇特、状如牛头双犄而得名。作为南京文化名山，牛首山至今还保留有弘觉寺塔、摩崖石刻、感应泉等遗迹和南唐二陵、郑和墓等历史名人墓葬。但由于社会和自然因素的变化，一些著名的文化遗产、人文景观遭到了损坏，而流传下来的历代题刻，却可以帮助我们去寻找那些已经消失的历史，引导人们去探究这座历史悠久的文化名山。

关于南京的题刻辑录，前人已积累形成《南京历代碑刻集成》《金陵碑刻精华》《贞石——南京栖霞地区历代碑刻集成》等成果，但关于牛首山的题刻未有系统整理。今郑和墓园文物保护管理所以其日常收集牛首山题刻所得，凝其所思，集腋成裘，编为《牛首山题刻释读》结集出版，这也是牛首山文化遗产得以保护传承的重要举措。

该书收录了牛首山相关图片多幅、文章多篇，首次对弘觉寺塔内外壁题刻文字、祖堂寺祖师洞内题刻文字、摩崖石刻崖壁上题刻文字、祖堂山祖堂寺砖上的文字进行仔细寻找收录，同时对一些在当时因条件限制导致考古发掘过程中遗漏的文物题刻进行了收录，并对其历史信息进行了释读。该书题刻内容涉及了牛首山地区寺庙、宝塔、摩崖石刻、岩洞、陵墓以及遗址出土的古代碑刻等，从文物研究的角度深刻诠释这一历史文化名山和佛教圣地的精神内涵，是系统挖掘、整理、弘扬牛首山历史文化资源的又一成果。

该书中的文物资料大多来源于作者的精心收辑，有些文物资料是近年新出土、新发现的；有些是已经发表多年的，作者又提出了自己的新观点，释读出新的内容。

在本书即将出版之际，衷心感谢提供支持与帮助的领导和朋友。他们分别是南京出版社卢海鸣社长、徐智博士，南京地方志办公室杨永泉老师，南京师范大学王志高教授，南京博物院葛晓康老师，西北大学符永利老师，南京市博物馆邵磊、祁海宁、龚巨平、王光明先生。

“嘤其鸣矣，求其友声。”相信本书的出版，一定能够帮助读者朋友深入了解牛首山无处不在的自然之真与人文之美，从而更加热爱牛首山，热爱江宁，热爱南京。本书尽管数易其稿，殚精竭虑，但在校勘、释读方面，错讹仍在所难免，还请各方专家学者斧正。

刘文庆